普通高等教育"十三五"规划教材

交通运输发展规划理论与实践

孙彦明　赵树宽　刘　向　吕文红　著

电子工业出版社
Publishing House of Electronics Industry
北京·BEIJING

内 容 简 介

本书涵盖交通发展规划的理论方法、专题分析和实践应用，全书分理论篇、专项篇和实践篇，框架体系比较完整，注重理论联系实际，理论性、创新性、应用性比较强。主要内容包括绪论、交通运输发展规划的基本理论、交通运输需求、交通运输供给、交通与经济社会融合发展、交通运输高质量发展、综合交通运输发展、共享交通发展、国外交通运输发展、国内交通运输发展和交通运输发展规划文本。

本书可作为本科生和研究生交通发展规划、交通经济与管理课程的教材，也可供交通运输领域研究人员和行业企业管理人员阅读。

未经许可，不得以任何方式复制或抄袭本书之部分或全部内容。
版权所有，侵权必究。

图书在版编目（CIP）数据

交通运输发展规划理论与实践 / 孙彦明等著. —北京：电子工业出版社，2019.8
ISBN 978-7-121-36953-7

Ⅰ. ①交⋯　Ⅱ. ①孙⋯　Ⅲ. ①交通运输规划－高等学校－教材　Ⅳ. ①F502

中国版本图书馆 CIP 数据核字（2019）第 125599 号

策　　划：王志宇
责任编辑：刘真平
印　　刷：北京七彩京通数码快印有限公司
装　　订：北京七彩京通数码快印有限公司
出版发行：电子工业出版社
　　　　　北京市海淀区万寿路 173 信箱　邮编：100036
开　　本：787×1092　1/16　印张：14.75　字数：377.6 千字
版　　次：2019 年 8 月第 1 版
印　　次：2019 年 8 月第 1 次印刷
定　　价：45.00 元

凡所购买电子工业出版社图书有缺损问题，请向购买书店调换。若书店售缺，请与本社发行部联系，联系及邮购电话：(010) 88254888，88258888。
质量投诉请发邮件至 zlts@phei.com.cn，盗版侵权举报请发邮件至 dbqq@phei.com.cn。
本书咨询联系方式：(010) 88254523，wangzy@phei.com.cn。

序

《交通运输发展规划理论与实践》是孙彦明同志等在出版《运输项目管理与评估》后的又一本交通运输类著作，也是一本关于交通专项规划方面的参考书。本书聚焦交通运输领域，运用发展规划理论方法，着眼于解决现实中的热点、难点问题，理论性、实践性和创新性比较强。

首先，深刻领会到党中央关于交通强国建设的理论高度。党的十九大提出中国特色社会主义进入新时代，开启了建设社会主义现代化国家新征程，明确提出了交通强国建设的宏伟目标，这为我国未来交通运输高质量发展奠定了总基调。习近平总书记曾强调，交通基础设施建设具有很强的先导作用，"要想富，先修路"不过时；把握好交通运输发展的黄金时期，建设好"四好农村路"，加强物流业"降本增效"，积极服务国家"三大战略"，创新建设综合交通运输体系，弘扬"两路"精神等，这些重要论述既总结了经济发展的深刻规律，又高度概括了交通运输业在促进国民经济和社会发展中的功能地位。这本著作能够紧紧围绕交通运输领域的战略性、全局性、综合性重大问题，系统梳理交通发展规划的理论方法，并就交通与经济社会深度融合发展、交通运输高质量发展等方面展开深入分析，契合党的十九大精神，具有强烈的时代感。

其次，紧扣重大现实问题提出了交通发展的一些独到见解。交通运输业与国民经济大系统相互协调、相互促进。"强国建设、交通先行"，加快交通强国建设，是新时代之需，转型发展之急；也是家国社稷之需，人民百姓之急。如何促进交通运输更好地服务经济社会发展，是政府、社会、智库、学界长期普遍关注的问题。交通规划是国民经济和社会发展总体规划在交通运输领域的细化，是政府进行交通运输资源优化配置的重要手段。科学编制交通运输发展规划，对于促进交通运输业高质量发展、推动新时代交通强国建设具有重要意义。本书对此进行了诸多阐释，例如，提出交通运输不仅要"自身强"，更要"强国家",通过科学编制交通运输发展规划,引领国民经济和社会发展,促进城乡区域协调发展,推动城市群都市圈一体发展,不断优化生产力国土空间布局,积极发展交通运输通道经济,打造"一带一路"国际经济合作走廊,等等,对于进一步完善有关政策体系具有积极的借鉴意义和应用价值。

最后,探索性提出了交通运输发展规划的一些理论方法。交通运输发展规划的逻辑起点是什么,关系到交通规划的科学性和可行性。本书从交通运输需求入手,对于如何进行交通调查、需求分析,更好满足人民群众美好的出行需要进行了诸多阐释。规划是一种面向未来的供给,是为了更好地引领发展、有效满足社会需求。在实现交通需求与供给平衡的过程中,还需要把握交通适度供给、土地合理开发、空间布局优化、低碳交通与可持续发展等方面的理念和技术要求。本书通过对这些知识进行系统梳理,留给读者特别是交通运输规划人员一些启迪和思考,也为科学编制交通发展规划提供了一些理论方法上的参考。

总之,本书内容比较丰富,信息量大,视野宽广,论述精练,观点独到,创新性强。相信无论是交通运输领域的研究者,还是规划编制人员,抑或是莘莘学子,读后都会有所感悟,有所启发。

国家发展改革委发展战略和规划司副司长 周南
2019.6.17

前 言

党的十九大提出交通强国战略，对交通运输业发展具有重大指导意义，我国交通运输进入交通强国建设的新时代。经过改革开放 40 多年的发展，我国交通运输业谱写了举世瞩目的辉煌篇章，特别是进入 21 世纪以来，在交通基础设施、运输服务保障能力、技术装备水平等方面取得了长足进步，诸多指标已位居世界前列，并成为名副其实的交通大国，但是依然存在"大而不强"的问题。面向未来，如何贯彻落实交通强国战略，促进交通运输高质量发展，为社会主义现代化强国建设提供有力支撑和引领作用，是当前需要深入思考的一项重大课题。科学的交通发展规划，是实现规划战略导向功能、发挥资源配置和统筹协调作用、落实交通强国战略的重要手段。

作为支撑经济社会运行的基础产业，引领经济社会发展、促进国家重大战略实施的先行官，正如周南司长在本书序中所言，交通运输业与国民经济大系统相互协调、相互促进，交通运输发展应放在国内外宏观大背景下去考量。当前，我国经济社会发展进入新常态，正处在加快转变发展方式、优化经济结构、转换增长动力的关键时期，即将全面建成小康社会，开启社会主义现代化建设新征程。从国际上看，世界经济复苏艰难曲折，"逆全球化"思潮涌动，贸易保护主义和各国内顾倾向上升，发展失衡、治理困境、公平赤字等问题更加突出，世界经济格局正在加快调整。在这样的背景下，应着重发挥交通运输"强国"重任，以习近平新时代中国特色社会主义思想为指引，贯彻落实创新、协调、绿色、开放、共享的发展理念，加快交通运输高质量发展，引领城乡区域协调发展，有效支撑国家重大战略实施，促进交通运输与经济社会深度融合发展。

规划是系统预测和科学设计未来远景并决定现在应采取何种行动的方案。交通发展规划在国民经济和社会发展规划体系中占有重要地位，对交通运输领域的发展具有战略导向、资源配置和统筹协调作用，也是政府指导交通运输领域发展和审批、核准重大交通项目，安排政府投资，制定相关政策的依据。加强对交通发展规划方面的研究，有助于系统思考交通运输未来发展方向、战略路径，推进新时代交通运输行业变革，更好地担负起交通强国的历史重任。

作为战略导向和经营未来的方法，发展规划强调诊察问题、确定目标、设计方案、规划评估、规划实施、监测反馈这样一套基本的逻辑。编制发展规划涉及多个学科领域，是对多方面知识的反复甄选和有机集成。当前，尽管关于交通发展方面的文献比较多，但是系统论述交通发展规划的却比较少。基于研究和工作的需要，我们对以往教学讲义、科研项目报告、实地调研报告等进行了系统的梳理，同时也参考了国内外的一些文献、专家学者的观点，最终形成了这本书。希望本书中的一些观点，对于交通发展规划研究和编制，推动交通运输行业高质量发展，能够起到抛砖引玉的作用。

全书共分3篇10章，分别是理论篇的绪论、交通运输发展规划的基本理论、交通运输需求、交通运输供给，专项篇的交通与经济社会融合发展、交通运输高质量发展、综合交通运输发展、共享交通发展，以及实践篇的国外交通运输发展、国内交通运输发展和附录A中的交通运输发展规划文本。本书成稿过程中，参考了国内外大量的文献和专家学者的一些成果，在此致以诚挚的谢意。书中可能会存在部分参考文献疏漏或标识不全等规范性问题，在此向相关学者深表歉意。国家发展改革委发展战略和规划司、吉林大学、同济大学、山东科技大学的领导、专家和同事对本书给予了大力支持，在此深表衷心感谢。

本书可作为高校本科生和研究生交通发展规划、交通经济与管理课程的教材，也可作为交通运输领域研究人员和行业企业管理人员的参考读物。欢迎读者在阅读过程中提出宝贵的批评和建议（联系方式 sun3311@126.com），以便我们及时更正。由于时间仓促，加之作者水平有限，书中可能有一些观点上的偏差，敬请广大读者不吝赐教，以臻完善。

孙彦明

目 录

理 论 篇

第1章 绪论 ··· 2
  1.1 交通运输发展规划概况 ·· 2
    1.1.1 规划与发展规划 ·· 2
    1.1.2 交通运输发展规划 ·· 5
  1.2 研究背景及意义 ·· 6
    1.2.1 研究背景 ·· 6
    1.2.2 问题提出 ·· 9
    1.2.3 研究意义 ··· 10
  1.3 发达国家和地区交通运输规划 ··· 11
    1.3.1 美国交通运输规划 ··· 11
    1.3.2 日本交通运输规划 ··· 13
    1.3.3 欧盟交通运输规划 ··· 14
    1.3.4 国外经验做法启示 ··· 15
  1.4 本书主要研究框架 ··· 16
    1.4.1 研究思路 ··· 16
    1.4.2 研究框架 ··· 17
  本章参考文献 ·· 17

第2章 交通运输发展规划的基本理论 ··································· 19
  2.1 交通运输发展规划类型与体系 ··· 19
    2.1.1 交通运输发展规划类型 ··· 19
    2.1.2 交通运输发展规划体系 ··· 21
  2.2 交通运输发展规划的作用 ·· 23
    2.2.1 指导交通运输领域发展 ··· 23
    2.2.2 促进城乡融合发展 ··· 24
    2.2.3 推动区域协调发展 ··· 25
    2.2.4 助力全面建成小康社会 ··· 25
  2.3 交通运输发展规划编制 ··· 26

2.3.1　交通运输发展规划编制程序 26
　　2.3.2　交通运输发展规划编制实践 28
　　2.3.3　交通运输发展规划管理对策 29
2.4　交通运输发展规划方法 30
　　2.4.1　交通运输发展规划基本原则 30
　　2.4.2　交通运输发展规划主要方法 30
本章参考文献 38

第3章　交通运输需求 39
3.1　交通运输需求概述 39
　　3.1.1　交通运输需求内涵 39
　　3.1.2　交通运输需求特性 41
　　3.1.3　交通运输需求影响因素 42
　　3.1.4　交通运输需要 42
3.2　交通需求管理 43
　　3.2.1　交通需求管理提出背景 43
　　3.2.2　交通需求管理内涵 46
　　3.2.3　交通需求管理原则 48
　　3.2.4　交通需求管理实践 50
3.3　交通调查与分析 51
　　3.3.1　经济社会调查分析 51
　　3.3.2　交通调查与分析概述 54
　　3.3.3　交通运输需求预测主要方法 56
　　3.3.4　我国交通运输需求发展趋势 62
本章参考文献 63

第4章　交通运输供给 64
4.1　交通运输供给及管理 64
　　4.1.1　交通运输供给内涵 64
　　4.1.2　交通供给管理内涵 68
　　4.1.3　交通供给管理措施 68
4.2　交通供需均衡与交通供给适度 69
　　4.2.1　交通供需均衡 69
　　4.2.2　交通供给适度 71
　　4.2.3　交通供给适度规模 73
4.3　交通系统宏观控制与导向模式 74
　　4.3.1　交通供需控制导向机理 74
　　4.3.2　土地开发利用的规划控制 76
　　4.3.3　城市空间布局的规划控制 81
　　4.3.4　绿色低碳与可持续发展导向的交通供给 85

本章参考文献 86

专 项 篇

第5章 交通与经济社会融合发展 88
5.1 交通运输与经济社会融合发展 88
5.1.1 交通运输与经济社会融合发展背景 88
5.1.2 交通运输与经济社会融合发展特征趋势 90
5.1.3 交通运输与经济社会融合发展对策 91
5.2 交通与城市深度融合发展 94
5.2.1 交通与城市之间作用关系的演进 94
5.2.2 当前交通与城市发展中不协调性问题 95
5.2.3 促进交通与城市深度融合发展的对策 97
5.3 交通运输产业与国民经济发展 99
5.3.1 产业的内涵、类型和影响因素 99
5.3.2 交通运输产业的形成和发展 103
5.3.3 交通运输对国民经济发展的影响 106
5.4 城市群交通发展 110
5.4.1 城镇化发展的现状及趋势 110
5.4.2 城市群交通存在的主要问题 111
5.4.3 促进城市群交通发展的对策 111

本章参考文献 112

第6章 交通运输高质量发展 114
6.1 交通运输高质量发展趋向 114
6.1.1 交通运输高质量发展内涵 114
6.1.2 基础条件与主要短板 115
6.1.3 交通运输高质量发展的对策 117
6.2 交通运输供给侧结构性改革 119
6.2.1 交通运输供给侧结构性改革背景 119
6.2.2 交通运输供给侧结构性改革主要内容 119
6.3 交通运输科技创新 121
6.3.1 交通运输科技创新背景 121
6.3.2 交通运输科技创新部分重点领域 122
6.3.3 交通运输科技创新对策 123
6.4 交通运输现代化 125
6.4.1 交通运输现代化内涵 125
6.4.2 交通运输现代化框架 125
6.4.3 交通运输现代化发展方向 126

本章参考文献 127

第 7 章 综合交通运输发展 ... 129
7.1 综合交通运输发展概况 ... 129
7.1.1 综合交通运输发展基础条件 ... 129
7.1.2 综合交通运输发展主要瓶颈 ... 130
7.1.3 综合交通运输发展对策 ... 131
7.2 综合交通枢纽 ... 133
7.2.1 综合交通枢纽内涵 ... 133
7.2.2 综合交通枢纽分类 ... 135
7.2.3 综合交通枢纽协调机制 ... 137
7.2.4 综合交通枢纽发展重点 ... 139
7.3 综合交通运输网络化 ... 141
7.3.1 综合交通运输网络化背景 ... 141
7.3.2 综合交通运输网络化实践状况 ... 143
7.3.3 综合交通运输网络化对策 ... 145
本章参考文献 ... 147

第 8 章 共享交通发展 ... 148
8.1 共享交通内涵与发展趋势 ... 148
8.1.1 共享交通内涵特征 ... 148
8.1.2 共享交通发展背景 ... 150
8.1.3 共享交通发展实践 ... 152
8.2 共享交通技术与治理 ... 154
8.2.1 共享交通建设关键技术 ... 154
8.2.2 共享交通研究方法 ... 155
8.2.3 共享交通治理 ... 157
本章参考文献 ... 158

实 践 篇

第 9 章 国外交通运输发展 ... 162
9.1 国外交通运输发展实践 ... 162
9.1.1 美国交通运输发展实践 ... 162
9.1.2 日本交通运输发展实践 ... 164
9.1.3 欧盟交通运输发展实践 ... 165
9.1.4 印度交通运输发展实践 ... 168
9.1.5 巴西交通运输发展实践 ... 169
9.2 世界交通运输发展趋势 ... 170
9.2.1 世界交通运输发展总体趋势 ... 170
9.2.2 铁路运输业发展趋势 ... 171
9.2.3 公路运输业发展趋势 ... 172

  9.2.4 水路运输业发展趋势 ·············· 173
  9.2.5 航空运输业发展趋势 ·············· 174
  9.2.6 城市交通发展趋势 ················ 175
 本章参考文献 ································ 175

第 10 章 国内交通运输发展 ················ 177
 10.1 我国交通运输发展状况 ············· 177
  10.1.1 交通运输发展取得的主要成就 ···· 177
  10.1.2 交通运输发展存在的主要问题 ···· 179
 10.2 我国交通运输发展的主要趋向 ······· 180
  10.2.1 智能交通发展 ·················· 181
  10.2.2 低碳交通发展 ·················· 182
  10.2.3 一体化交通发展 ················ 183
 本章参考文献 ································ 184

附录 A 交通运输发展规划文本 ············· 185
 A.1 "十三五"现代综合交通运输体系发展规划 ···· 185
 A.2 国家物流枢纽布局和建设规划 ······· 209

理 论 篇

第1章

绪　论

本章导入

党的十九大提出交通强国战略，做出"我国经济已由高速增长阶段转向高质量发展阶段"的科学论断，对交通运输业发展具有重大指导意义，我国交通运输进入交通强国建设的新时代。经过改革开放40多年的发展，我国交通运输业谱写了举世瞩目的辉煌篇章，特别是进入21世纪以来，在交通基础设施、运输服务保障能力、技术装备水平等方面取得了长足进步，诸多指标已位居世界前位，并成为名副其实的交通大国，但是依然存在"大而不强"的问题。面向未来，如何贯彻落实交通强国战略，促进交通运输业实现高质量发展，为现代化经济体系和社会主义现代化强国建设提供有力支撑，发挥引领作用，是当前面临的一项重大课题。科学合理的交通运输发展规划，是有效发挥规划战略导向、资源配置和统筹协调作用，落实交通强国战略、推动交通运输业高质量发展的重要手段。

1.1　交通运输发展规划概况

交通运输业是国民经济中的基础性、先导性、战略性产业，是关系国民经济发展全局的重要领域，与整个经济社会系统互相协调、互相促进。交通运输发展规划是以交通运输领域为对象编制的规划，是国民经济和社会发展总体规划在交通运输领域的细化，是政府指导交通运输领域发展，审批、核准重大项目，安排政府投资和财政支出预算，制定特定领域相关政策的依据。

1.1.1　规划与发展规划

1. 规划与计划

规划（program）是个人或组织对未来有关整体性、长远性、基本性问题的战略考量和行动设计，是人类认识和改造客观世界、改变自身状况的重要方式，本质上体现出未来人与人、人与社会、人与自然之间的相互关系。

规划与计划（plan）之间既密切联系，又各有侧重。通常认为规划是对未来行动的战略方案，计划是实现规划的具体步骤，二者是战略与战术层面的关系，共同着眼于未来。规划更加注重战略层面，从时间角度来说，更加侧重长远，从内容角度而言，更加强调指导性、原则性及统揽全局的重要性；计划是规划的延伸与展开，偏重未来做事的具体内容、步骤和方法，时间上侧重短期，内容上体现执行性和可操作性。

从1953年至今，我国共编制了13个五年规划（计划）。其中，"一五"到"十五"为"五年计划"；"十一五"以来，由编制"五年计划"改为编制"五年规划"。

2. 规划的类型

（1）按照规划制定主体不同，可以分为个人规划、组织规划。其中，组织规划又分为政府规划、非营利性组织规划、企业规划。

（2）按照规划对象不同，主要分为经济社会发展规划、专项规划、区域规划、空间规划。

经济社会发展规划主要指国民经济和社会发展五年规划纲要，主要阐明国家战略意图、明确政府工作重点、引导规范市场主体行为，是经济社会发展的宏伟蓝图，是政府履行经济调节、市场监管、社会管理、公共服务、生态环境保护职能的重要依据。

专项规划主要指特定领域的发展规划，是指导特定领域发展、布局重大工程项目、合理配置公共资源、引导社会资本投向、制定相关政策的重要依据。例如，交通运输发展规划、能源发展规划、产业发展规划、人口发展规划、科技创新发展规划等属于此种类型。

区域规划主要指跨行政区的发展规划，是指导特定区域经济社会发展和制定相关政策的重要依据。例如，《东北振兴"十三五"规划》《京津冀协同发展规划纲要》《长江三角洲城市群发展规划》《长江中游城市群发展规划》《粤港澳大湾区规划纲要》等属于此种类型。

空间规划以空间治理和空间结构优化为主要内容，是实施国土空间用途管制和生态保护修复的重要依据。例如，主体功能区规划、土地利用规划、城乡规划、生态环境保护规划等属于此种类型。

（3）按照规划层级不同，可以分为国家级规划、省级规划、市县级规划。

3. 规划的特征

不管什么类型的规划，通常都具有战略性、导向性、系统性、时间性、空间性、动态性等特征。其中，政府规划除了具有规划的一般性特征外，还具有公共性、政策性、强制性、效力性的特点。

4. 发展规划

（1）发展规划的定义

发展规划是着眼战略目标，突出事物变化发展的阶段性、过程性和系统性的前瞻性计划。

杨伟民（2003）认为，发展规划是指政府就国民经济和社会发展在时间和空间上的战略部署及其具体安排[1]。

按照《经济大辞典》的定义，发展规划是"比较全面的、长远的、纲领性的计划，是国家对国民经济发展的总体谋划，它主要根据对科学技术发展及其成果应用的预测，对资源开发和利用的估计，对未来时期经济发展可能达到的目标做出科学的设想，制定总体的奋斗目标，确定经济和社会发展的主要方向和任务、战略目标、战略重点和战略步骤"[2]。

在中共中央、国务院2018年发布的《关于统一规划体系更好发挥国家发展规划战略导向作用的意见》中指出，国家发展规划，即中华人民共和国国民经济和社会发展五年规划纲要，是社会主义现代化战略在规划期内的阶段性部署和安排，主要阐明国家战略意图、明确政府工作重点、引导规范市场主体行为，是经济社会发展的宏伟蓝图，是全国各族人民共同的行动纲领，是政府履行经济调节、市场监管、社会管理、公共服务、生态环境保护职能的重要依据。

（2）我国发展规划的类型

从狭义上看，发展规划是特指我国国民经济和社会发展五年规划纲要，是国家重大战略、重大任务和重要工作在规划期内的阶段性部署和安排，主要阐明国家战略意图、明确政府工作重点、引导规范市场主体行为，是经济社会发展的宏伟蓝图，是政府履行经济调节、市场监管、社会管理、公共服务、生态环境保护职能的重要依据。

从广义上看，发展规划是统筹国民经济和社会发展、统筹重大战略和重大举措时空安排、统筹空间结构优化和重大生产力布局的规划体系。按照《国务院关于加强国民经济和社会发展规划编制工作的若干意见》（国发〔2005〕33号）、《国家级专项规划管理暂行办法》（发改规划〔2007〕794号）、《关于统一规划体系更好发挥国家发展规划战略导向作用的意见》等文件规定，事实上我国已形成三级四类规划体系，按行政层级分为国家级规划、省（自治区、直辖市）级规划、市县级规划，按对象和功能类别分为五年规划纲要（也称为总体规划）、专项规划、区域规划、空间规划。

（3）我国各类规划之间的关系

国家发展规划纲要居于规划体系的最上位，是指导特定阶段经济社会发展的纲领性文件，是其他各级各类规划的总遵循。在《中华人民共和国国民经济和社会发展第十三个五年规划纲要》中明确提出，国家发展规划主要阐明国家战略意图，明确经济社会发展宏伟目标、主要任务和重大举措，是市场主体的行为导向，是政府

---

1 杨伟民. 规划体制改革的理论探索[M]. 北京：中国物价出版社，2003.
2 刘国光. 经济大辞典：计划卷[M]. 上海：上海辞书出版社，1990.

履行职责的重要依据,是全国各族人民的共同愿景[1]。

专项规划是指导特定领域发展、布局重大工程项目、合理配置公共资源、引导社会资本投向、制定相关政策的重要依据。区域规划是指导特定区域发展和制定相关政策的重要依据。空间规划以空间治理和空间结构优化为主要内容,是实施国土空间用途管制和生态保护修复的重要依据。专项规划、区域规划、空间规划均须依据同级发展规划纲要编制。空间规划对专项规划具有空间性指导和约束作用。

按照"坚持下位规划服从上位规划、下级规划服务上级规划、等位规划相互协调"的原则,我国已初步建立起"以国家发展规划为统领,以空间规划为基础,以专项规划、区域规划为支撑,由国家、省、市县各级规划共同组成,定位准确、边界清晰、功能互补、统一衔接的国家规划体系"。当前,我国正开展市县"多规合一"试点工作,实现市县层面各类规划上位承接、等位对接、下位衔接已成为规划管理的发展趋势。

▶▶ 1.1.2 交通运输发展规划

1. 交通运输发展规划定义

现代交通运输是社会化大分工的产物,交通运输是国民经济中具有基础性、先导性、战略性地位的基础产业,是关系国民经济发展全局的重要领域,与整个经济社会系统互相协调、互相促进。

交通运输发展规划是以交通运输发展为对象编制的规划,是国民经济和社会发展总体规划在交通运输领域的细化,是政府指导交通运输领域发展,审批、核准交通基础设施重大项目,安排政府投资和财政支出预算,制定特定领域相关政策的依据,是促进交通运输资源优化配置的重要手段,对于交通经济与管理具有重要导向作用。

交通基础设施属于关系国民经济和社会发展大局、需要政府审批和核准重大项目及安排财政投资数额较大的领域[2]。在我国发展规划体系中,交通运输发展规划属于重大专项规划。

2. 交通运输发展规划类型

(1)从交通运输发展规划编制层级来看,主要包括:国家层面编制的全国性或区域性交通运输发展规划、省(自治区、直辖市)级层面编制的省辖区范围内的交通运输发展规划、市县级层面编制的市县辖区范围内的交通运输发展规划。

(2)从交通运输发展规划编制内容来看,主要包括:综合交通运输、综合枢纽、分不同运输方式的交通基础设施、交通运输服务、交通运输安全应急、交通运输科

---

[1] 中华人民共和国国民经济和社会发展第十三个五年规划纲要[M].北京:人民出版社,2016.
[2] 陈璟,李可,等.关于交通运输五年规划体系的思考[J].综合运输,2018(2):27-32.

技创新等方面的发展规划。我国"十一五"时期之前，交通运输发展规划的编制主要侧重于交通建设五年计划；"十一五"以来改为编制交通运输五年规划，其内容从以交通基础设施建设为主，逐步扩展到交通基础设施、运输服务、安全应急、综合交通运输体系、交通运输科技、交通运输标准化等行业发展的各个方面。"十三五"期间，交通运输部颁布了《铁路"十三五"发展规划》《中国民用航空发展第十三个五年规划》《邮政业发展"十三五"规划》《交通运输信息化"十三五"发展规划》《交通运输标准化"十三五"发展规划》《交通运输科技"十三五"发展规划》《城市公共交通"十三五"发展纲要》《"十三五"公路养护管理发展纲要》《水运"十三五"发展规划》《综合运输服务"十三五"发展规划》《全国航道管理与养护发展纲要（2016—2020年）》《救捞系统"十三五"发展规划》等。

（3）从交通运输发展规划表现形式来看，主要包括：国民经济和社会发展五年规划纲要中涉及交通运输发展规划的内容、交通运输专项规划。例如，"十三五"时期，全国性的交通运输专项规划主要有《"十三五"现代综合交通运输体系发展规划》《综合交通网中长期发展规划》《中长期铁路网规划》《国家高速公路网规划》《全国沿海港口布局规划》《全国民用机场布局规划》《物流业调整和振兴规划》《国家物流枢纽布局和建设规划》等。

（4）从交通运输发展规划期来看，主要包括中长期规划（五年规划）和远期规划。

1.2 研究背景及意义

改革开放40多年来，我国交通运输业蓬勃发展，谱写了举世瞩目的辉煌篇章，交通基础设施、运输保障能力、运输服务水平、技术装备水平显著提升，实现了跨越发展，在很多领域位居世界前列。作为经济社会发展的基础性、先导性、战略性产业，对支撑和引领经济社会发展发挥着重大作用。我国已成为名副其实的"交通大国"，但是与世界主要发达国家相比仍存在很大差距，发展不平衡、不充分的主要矛盾，"大而不强"的问题仍较为突出。如何实现党的十九大提出的建设交通强国宏伟目标，推动从"交通大国"转向"交通强国"，是一个影响我国发展全局、关系长远的重大课题。

▶▶ 1.2.1 研究背景

交通运输作为支撑引领经济社会发展、促进国家重大发展战略实施的先行官，当前面临着一系列重大挑战。

1. 交通运输发展实现阶段性跨越

进入21世纪以来，特别是经过10余年来的大规模、高速度的投资建设，我国交通运输发展实现了大幅度跃升，各种运输方式的网络骨架和技术装备达到了较高水平，主要运输方式的线路里程指标已位居世界前列，交通运输滞后于国民经济发展的瓶颈效应基本消除，交通运输保障能力、运输技术装备水平、交通现代治理能力均显著提升。交通运输与经济社会发展的关系，实现了由最初的"瓶颈制约"到"总体缓解"再到"基本适应"的阶段性跨越，当前已进入"高质量发展"的新阶段。

当前，我国仍处于工业化、信息化、城镇化、农业现代化快速发展时期，正处在转变经济发展方式、实现高质量发展的关键时期，交通运输发展也面临着新的历史使命。与世界主要发达国家相比，我国交通运输在基础设施体系、运输结构、运营管理、技术装备、服务效率、服务水平、信息化水平、运输成本控制、体制机制及国际竞争力等方面仍存在很大差距。交通强国建设已成为交通运输领域的时代命题，如何加快实现交通运输系统从"有"向"优"、由"大"到"强"的转变，实现交通运输高质量发展，是一项亟待破解的重大课题；如何推动交通运输更好地满足人民群众的现实需求，让交通运输体系在现代化强国建设中发挥更大效用，是一项新的历史性任务。

2. 交通运输供给侧结构性改革

随着我国经济发展进入新常态，供给侧结构性改革成为有效应对当前经济新常态、针对经济当前阶段存在的主要矛盾和问题提出的一系列改革举措，是解决当前我国转型升级、提质增效问题的关键，是实现由低水平供需均衡到高水平供需均衡的主要途径，也是新常态下经济实现持续稳定增长的必然要求。供给侧结构性改革为今后一个时期国民经济发展的方式和重点指明了方向。供给侧结构性改革涉及投资、劳动力、技术创新、资源禀赋和制度等因素，主攻方向是提高供给质量，这对交通运输发展提出了新的要求。"十三五"时期乃至未来较长一段时期，交通运输发展仍面临总量问题，但主要是结构性问题，突出表现为有效供给不足，我国交通运输基础设施建设任务依然繁重，客运快捷舒适、货运经济高效的要求更加突出。交通运输供给侧改革应该扩大交通基础设施和运输服务有效供给，满足人民群众对交通运输的新期待，实现由"基本适应"向"适度超前"的历史性跨越，加速我国交通运输现代化进程，建设世界交通运输强国，为实现全面建成小康社会、第二个百年目标及中华民族伟大复兴的中国梦当好先行。

供给侧结构性改革应注重从"数量追赶"转向"质量追赶"，注重从"要素驱动"转向"创新驱动"。科技创新是提高供给质量和水平的发力点，创新驱动发展战略为交通运输提供了难得的机遇。技术创新将成为交通运输供给侧改革的主要动力来源，并将对产业结构和产品结构的调整，以及新产业、新业态和新服务的形成起到关键作用。在技术创新领域中，新一代信息技术、移动互联网、大数据、智能控制等已经融入交通工具、交通基础设施和交通运行管理各个方面，互联网+便捷交通、互联网+高效物流将对传统交通运输业产生深刻影响。信息化和智能化是未来一段时期交通运输领域技术创新的重要方向之一，以此加快交通运输新技术、新产品、新服务、新业态、新模式的出现。

3. 交通运输服务国家重大战略

面对国内外经济下行压力持续加大，经济结构优化调整、转型升级任务突出，我国启动实施了"一带一路"、长江经济带和京津冀协同发展战略，正推动粤港澳大湾区、长三角一体化建设，提出了实施创新驱动发展、乡村振兴、城乡融合发展、区域协调发展、加快形成全面开放新格局、军民融合发展等一系列重大战略。在这些重大战略实施过程中，交通运输条件是重要的决定性发展要素。

促进交通运输由"跟跑型"向"引领型"转变，成为促进区域协调发展、推动城市群发展、实现城乡融合发展等重大战略实施的内在要求。随着经济社会发展水平提升、经济圈的扩大，新时代人民群众对美好出行的新要求及社会整体运行效率提升的需求，加快构建智能化程度高、覆盖面广、连通性好、服务效能强的现代化综合交通运输系统十分紧迫。强化多种交通运输方式组织管理，提升交通运输效率，完善交通基本公共服务和交通安全保障体系，是交通运输适应新的生产方式、新的业态模式、新的运输需求的现实需要，也是交通运输创新发展的时代要求。

4. 交通运输面临应对气候变化新目标要求

交通运输是温室气体排放的三大主要来源之一，而我国已成为全球第一大二氧化碳排放国，国际气候变化谈判形势日益严峻，减排压力不断加大。2015年我国向联合国提交的《强化应对气候变化行动——中国国家自主贡献》，已确定了到2030年左右二氧化碳排放达到峰值并争取尽早达峰的目标，而且计划到2030年非化石能源占一次能源消费比重提高到20%左右。2016年国务院印发《"十三五"控制温室气体排放工作方案》，提出到2020年，单位国内生产总值二氧化碳排放比2015年下降18%，碳排放总量得到有效控制。氢氟碳化物、甲烷、氧化亚氮、全氟化碳、六氟化硫等非二氧化碳温室气体控排力度进一步加大。单位国内生产总值能源消费比2015年下降15%。交通运输领域，到2020年，营运货车、营运客车、营运船舶单位运输周转量二氧化碳排放比2015年分别下降8%、2.6%、7%，城市客运单位客运量二氧化碳排放比2015年下降12.5%。

目前我国仅公路、水路运输能耗就占到全国石油及制品消耗总量的30%以上，根据当前趋势预测，交通运输行业二氧化碳排放在2030年难以达到峰值。为实现2030年达峰目标，交通运输业未来一段时间将需要承担艰巨的减排任务，通过更加有力的管理措施和更加有效的技术手段，不断优化用能结构，节约燃油消耗，减少温室气体，构建低碳、智能、便捷的综合交通运输体系，加快低碳化进程，建设低碳交通运输体系，推进现代综合交通运输体系建设，加快发展铁路、水运等低碳运输方式，推动航空、航海、公路运输低碳发展，发展低碳物流，才能有效支持国家气候变化战略。同时，完善公交优先的城市交通运输体系，发展城市轨道交通、智能交通和慢行交通，鼓励绿色出行。鼓励使用节能、清洁能源和新能源运输工具，完善配套基础设施建设。严格实施乘用车燃料消耗量限值标准，提高重型商用车燃料消耗量限值标准，研究新车碳排放标准。

▶▶ 1.2.2 问题提出

尽管我国交通运输体系不断完善，交通运输发展取得重大成就，总体上适应经济社会发展需要，但是与高质量发展目标和人民群众新需求、新期待相比，还面临一些亟须解决的突出问题。

1. 如何促进交通运输高质量发展

我国社会主要矛盾已发生变化，经济发展已由高速增长阶段转向高质量发展阶段。交通运输作为国家竞争力的重要支撑体系，也进入有效整合交通资源、实现高质量发展的新阶段。新时代交通运输供给不足的状况已发生根本转变，进入由"量"的增长向"质"的提升的转型时期，特别是产业迈上价值链中高端，消费结构持续升级，出行模式和流通方式发生深刻变革，人民群众对交通运输需求呈现出高品质、多样化的特点。从交通运输发展实践来看，在交通运输规划布局、产业政策、标准规范制定方面对人民群众日益增长的美好生活需要关注不够，各种运输方式在更高层次、更广领域实现深度融合发展的程度不够，交通运输规划、设计、施工和监管方面与安全、便捷、高效、绿色、经济的价值取向还存在差距。

2. 如何推动交通运输科技创新

"交通强国，科技支撑"，交通运输业的快速、健康和可持续发展离不开强有力的科技创新。目前，全球即将迎来一场新的技术革命与产业革命，交通运输领域已率先推广并应用了以互联网、大数据、人工智能、新能源等为代表的新技术，不断涌现出共享单车、网约车等新模式、新业态。此外，无人驾驶等新科技正在被迅速推向市场。交通运输所依赖的资源环境形势也日益严峻，一些地区交通运输已逼近资源环境的利用"红线"，面对日益提升的运输服务高要求和日趋增强的资源环境硬约束，交通运输科技创新面临重大紧迫任务。

3. 如何加强交通运输统筹协调

交通运输技术进步和能源环境约束要求交通运输实现综合一体化，进一步提高不同方式之间在通道、枢纽及整个网络上的资源配置效率，提升各种运输方式的综合、集成、协调水平。尽管我国大部门管理体制已基本建立，但在统筹各种运输方式深度融合发展方面还不够深入，铁路市场化、交通投融资等方面改革仍需继续深化，行业分割和部门化现象还比较严重，各种运输方式的比较优势和组合效率没有得到有效发挥，尚未做到"宜陆则陆、宜水则水、宜空则空"。交通运输发展规划对科学确定规模、优化结构布局等方面的约束力不够，各类运输方式平行规划，通道内线位布局和建设时序缺乏有机统筹，导致综合利用土地、岸线等资源水平不高。铁路、内河水运的比较优势尚未得到充分发挥，公路运输中存在低附加值货物中长途运输的不合理现象，既消耗了优质能源，增加了运输成本，又增加了交通拥堵、尾气排放的负外部性。

  4. 如何提升交通运输现代治理能力

  长期以来的分部门管理模式，导致许多领域出现大量资源浪费和运输系统低效的情况。在资源环境承载力有限和现有能力不足的双重约束下，需要通过有效的管理措施，改变割裂发展的模式，从交通规划到建设再到运行，需对能源、土地和环境进行通盘考虑，发挥综合交通运输的系统优势，以最少的投入和环境代价实现运力的最大化。此外，现阶段政府职能转变仍不到位，部门职能交叉仍未根本解决，依法全面履行政府职能不够，"放管服"改革有待继续深化；交通基础设施和运输服务的城乡区域差距明显，各种运输方式的市场化程度、发展水平存在差异；交通运输行业市场化、系统化治理手段仍显不足，交通运输治理方式与新技术、新业态、新模式发展要求不相适应，跨部门信息资源共享机制还不完善；重审批、轻监管、弱服务的倾向不同程度地存在，依法行政、监管服务能力仍显不足；在改革推进和实施中，有关部门认识不到位，行动不够主动，尚未形成整体合力。

  5. 如何更好发挥交通运输发展规划作用

  交通运输发展规划是促进交通运输资源优化配置的重要手段，是政府指导交通运输领域发展，以及审批、核准重大项目，安排政府投资和财政支出预算，制定特定领域相关政策的依据。我国交通运输发展规划的内容不断演变，时代性、综合性、集成性、公共政策等特点日益突出，但是也存在一些突出问题，例如，长期以来交通运输发展从规划、建设到运营缺乏有效协调，交通运输系统的组合效率和整体优势难以得到有效发挥，交通运输发展规划编制、实施和落实未能有效统一起来，交通运输发展规划的战略导向、资源配置和统筹协调作用还有待加强，交通运输发展规划遵循科学性、协调性、严肃性、操作性的原则导向需要强化。

▶▶ 1.2.3 研究意义

  交通运输业是国民经济和社会发展系统的重要组成部分，是支撑引领经济社会发展、促进国家重大发展战略实施的先行官，其自身发展对于构建现代化经济体系、实现社会主义现代化强国建设具有重要意义。如何实现党的十九大提出的建设交通强国宏伟目标，推动我国从"交通大国"迈向"交通强国"，是一个影响我国发展全局关系长远的重大课题。

  本书在前期系列研究基础之上，着眼交通运输领域具有战略性、全局性、综合性、前瞻性的重大问题，立足交通运输高质量发展现实需要，综合运用经济学、管理学、工程学的研究方法，系统总结交通运输发展规划理论和实践，阐释交通运输发展规划理论基础，密切联系现实，分析当前交通运输发展过程中存在的主要问题，提出促进交通运输发展的思路和建议。在实践案例部分，就交通运输领域具体问题，提出主要任务和手段，形成具体的对策建议。

在研究过程中，以习近平新时代中国特色社会主义思想为指导，贯彻创新、协调、绿色、开放、共享的发展理念，紧紧抓住交通运输供给侧结构性改革主线，通过研究交通运输发展规划理论与实践，力求推动交通运输高质量发展和交通强国建设。本书研究成果对于揭示交通运输发展规划内在机理，形成规律性认识具有较强的理论意义；对于提升交通运输发展规划的科学化、规范化、法制化水平具有较高的应用价值；对于更好发挥交通运输发展规划的战略导向和协调作用，促进交通运输发展方式转变和高质量发展，推动交通强国战略实施具有积极的现实意义。

1.3 发达国家和地区交通运输规划

美国、日本、欧盟等发达国家和地区在交通发展领域制定和实施了一系列政策、战略和规划，体现出交通运输发展方向，并产生了深远影响，值得我国参考借鉴。

1.3.1 美国交通运输规划

1. 美国交通运输管理体制

美国于1966年10月成立联邦运输部（Department of Transportation，DOT），集联邦公路、铁路、航空、航海等职能管理于一身，其使命是在美国建立一个安全、高效、便捷、经济的交通运输系统，实现国家重大利益，提升人民生活质量。后来逐步整合了公用道路局、铁路管理局、航空局等在内的30多个机构，实行公路、水路、铁路、民航、管道五种运输方式综合管理模式，并一直延续至今。

2. 美国交通发展主要政策手段

在美国交通发展史上，法案和战略是联邦政府促进交通发展的两大政策手段。其中，联邦交通资助法案把握发展方向、提供资金支持；战略则明确短期发展重点和具体考核目标。由于联邦宪法赋予地方政府较大的行政权力，联邦政府通过行政干预、发展规划等手段进行协调的作用相对薄弱。

（1）美国交通法案

从1916年伍德罗·威尔逊总统签署美国历史上第一个法律授权的《联邦公路资助法案》开始，美国的联邦交通立法至今已有百余年历史。其中，1956年艾森豪威尔总统签署的《州际高速公路法案》具有里程碑意义，根据这部法案，美国成立了公路信托基金，作为公路发展的主要资金来源。这部法案被公认为是影响美国城市发展的最重要的因素，促成美国近4.6万英里联邦州际公路建成，推动了美国交通快速发展。

进入 20 世纪 90 年代后，随着州际公路的基本建成，美国开始思考更加清洁的交通发展模式，以冰茶法案（IS TEA）、续茶法案（TEA-21）、露茶法案（SAFETEA-LU）为代表的交通法案陆续出台，美国以公路建设为主的交通发展方向开始转变，多式联运、可持续交通发展得到了美国政府的关注和支持。

（2）美国交通战略计划

1993 年，美国政府颁布了《联邦政府绩效和结果法》，要求所有的财政资金都要制定滚动的战略计划来落实。从 1997 年开始，美国开始制定联邦交通发展五年战略计划，以配合每一部交通法案的落实，至今已经颁布了 6 个五年战略计划。美国交通战略计划为五年计划，通常第三年进行滚动修订。

这些战略计划明确了美国交通发展的战略目标和重点。从近 20 年的战略计划中，主要体现出美国"3S"交通（Safer、Simple、Smarter）、"4I"发展理念与价值目标（国际 International in reach、综合 Intermodal in form、智能 Intelligent in character、包容 Inclusive in nature），"提高机动能力、保持经济活力、保障运输安全、增进国家安全、保护生态环境"等发展重点，以及"安全第一"、应对自然灾害、建设宜居社区等与时俱进的发展态度。

3. 美国国土空间战略中的交通规划

2000 年之前，美国尚没有一个全国性国土空间战略规划，以州市层面的地方规划和部门专项规划为主，包括城市规划、公共用地规划、土地利用规划等。20 世纪 30 年代以前，以城市规划为主，如土地利用分区规划；30～60 年代，以资源开发规划为主，如"田纳西流域开发法案"；60～90 年代，美国跨州区域规划多为经济发展规划，如跨州经济区划分与建设规划。2000 年以来，美国的空间规划开始进入面向区域可持续发展的综合规划阶段。

2006 年由联邦政府提议，由洛克菲勒基金、福特基金、林肯土地政策研究所等资助，由多个政府部门、区域规划机构、企业、大学等共同组建"美国 2050"国家委员会，联合美国区域规划协会、林肯土地政策研究所、大学等机构的专家、学者和政策制定者，共同编制《美国 2050 空间战略规划》。这是美国第一个综合性的全国国土空间战略规划，在分析美国 2050 空间战略规划制定的背景的基础上，从基础设施规划、巨型都市区域规划、发展滞后地区规划、大型景观保护规划等各方面系统介绍了美国 2050 空间战略规划的核心内容，构建美国未来空间发展的基本构架，成为区域可持续发展的综合规划。《美国 2050 空间战略规划》并非涵盖全部国土，而是针对美国当前及未来面临的关键问题和挑战，瞄准重点区域进行规划，包括巨型都市区域、发展相对落后地区和大型景观保护区。规划强调针对特定区域、特定时段和特定背景的要求，突出重点，以提高规划的有效性。

《美国 2050 空间战略规划》中涉及交通运输部分，主要包括高速铁路规划和交通运输规划。美国的高铁规划主要考虑大都市区的人口规模、城市间的距离（100～

500 英里)、交通体系(已有区域交通网络的大都市区)、经济发展水平(GDP 总量和人均 GDP)、交通拥堵状况、巨型都市区域等 6 大因素。高铁分为 3 个等级：一级为国家高铁网；二级为连接美国综合排名前 100 名的主要城市；三级为连接巨型都市区域 500 英里以内的中等城市。"美国 2050"空间发展战略要求提供强大、具有竞争力和可持续性的交通运输系统。在交通运输系统规划中，优先投资国家级大都市经济区，通过稳固和建立世界门户、海港、贸易通道、联合运输网络中心等，提高全球、国家和区域的可达性，不断提升美国在全球经济中的竞争力。同时，城市交通系统需要特别关注老人、残疾人和低收入人群，通过规划建设"完整街道"(Complete Street)，为人们提供多种交通方式选择，如人行道、自行车道等。

1.3.2 日本交通运输规划

1. 日本交通运输管理体制

日本交通运输管理体制体现了由分散管理、各自为政向集中统一和综合管理的方向发展的改革取向。目前，日本交通运输实行纵横结合、以横为主的管理体制，从总体上加强对全国交通运输的规划、建设和管理。2001 年，日本政府机构改革中将原运输省、建设省、北海道开发厅和国土厅合并而成国土交通省(Ministry of Land, Infrastructure and Transport)，统一对全国的公路、水路、铁路、民航等进行综合管理，对国家有关土木、建筑、国内外海陆空运输事务管理、国土整治、开发和利用等进行统筹管理。通过建立比较畅通的交通运输管理体制，使长期以来成为协调难题的铁路与公路的立体交叉、高速公路与机场和港口的衔接等问题能够得到很大程度的解决。

2. 日本交通发展主要政策手段

日本交通发展主要采用立法、规划等法制政策手段。日本早在 1970 年制定《交通安全对策基本法》；2013 年通过《交通政策基本法》，已在日本交通政策领域产生一系列重要影响[1]。

（1）日本交通政策基本法

《交通政策基本法》明确了一定时期内交通政策的基本框架，规定了国家、地方政府、交通企业和普通国民的相关责任与义务，被认为是日本交通立法领域的一个重要事件，对交通政策的制定和实施产生深远影响。

该法规定，国家具有制定综合交通政策措施和实施的责任与义务，通过提供信息等活动促进国民对基本理念的理解并取得国民的合作，特别是要从国民立场出发，尊重国民的意见，制定反映国民意见的相关政策和措施；政府在实施交通政策过程中必须构建必要的法规及财政措施，每年向国会提交关于交通动向的书面报告，其

---

1 荣朝和，罗江，张改平. 日本交通政策基本法对提升政策水平的启示[N]. 中国经济时报，2017-07-11.

中要明确交通政策措施的内容。

地方政府必须在交通方面与国家分担相应责任，并负有制定与本地区自然经济社会条件相适应的政策措施和实施义务；要通过信息和其他活动促进国民对基本理念的理解，并取得国民的合作。

交通相关企业和交通设施管理者在基本理念的实现过程中也负有重要责任，在努力实施自身业务的同时，必须对国家及地方政府所实施的交通政策措施给予协作，必须提供与自身业务相关的信息。

国民应对国家及地方政府所实施的交通相关政策措施给予协作，对交通基本理念的实现发挥积极作用。

（2）日本交通政策基本规划

为了推进与交通相关的综合政策措施的实施，《交通政策基本法》规定政府必须制定相配套的交通政策基本规划，具体应包括确定交通政策措施的基本方针、交通政策措施的目标、关于交通的政府综合规划措施及有计划推进交通相关政策措施所必需的其他事项。规定交通政策基本规划必须与国土综合利用、治理和保护的国家规划及环境保护基本规划相协调。规定由内阁总理大臣、经济产业大臣和国土交通大臣负责制定和变更交通政策基本规划的方案，同时规定了规划制定、修订和及时向国会报告、向社会公布的程序。

从2014年4月开始，国土交通省利用交通政策审议会和社会资本审议会研究讨论交通政策基本规划的制定，并向公众征求意见，在此基础上，两个审议会的会长于2015年年初向国土交通大臣提交了书面文件。2015年2月《交通政策基本规划（2014—2020年）》由内阁决议通过。《交通政策基本规划（2014—2020年）》是日本政府以交通政策基本法为依据制定的具体政策措施。该政策规划的主要内容包括3部分，即交通政策的基本方针、规划期间实施的具体目标、为实现实施目标应采取的措施。

日本内阁还按时向议会提交了《2015交通政策白皮书》和《2016交通政策白皮书》，汇报政策和法律落实情况。与此同时，日本国会在2014年11月对从2007年开始实施的《地方公共交通活性化与再生法》进行了修订，并在2015年和2016年又进一步补充完善，包括多项促进地方公共交通的实施步骤和财政预算措施，以便作为落实交通政策基本法的重要法律依据。

▶▶ 1.3.3 欧盟交通运输规划

1. 欧盟交通运输管理体制

欧盟基本上实行"大交通"一体化管理体制，致力于构建统一开放、高效便捷的区域交通运输体系，提高欧盟在全球运输体系中的地位。欧盟各国均由一个综合的国家部门来统筹管理各主要交通运输方式，并将城市交通作为综合运输体系的重要组成部分。相对于城际交通而言，城市交通问题目前在一些发达国家的综合交通运输政策中更受重视。

2. 欧盟交通发展主要政策手段

（1）定期发布共同交通运输政策白皮书

欧盟委员会第一个关于共同交通运输政策的白皮书于1992年颁布，其主旨是开放交通运输市场，除铁路部门外，这一目标已基本实现。

2001年欧盟颁布了《面向2010年的欧盟交通运输政策：时不我待》白皮书，作为欧盟经济体的共同运输政策，在共同交通政策目标方面做出重大变革，主要包括：对各国交通运输系统予以优化，注重优化交通运输方式组合，整合综合运输体系，以人为本，恢复交通方式与交通拥挤之间的均衡，发展高质量的城市交通运输，提供高质安全的服务，保持高度的灵活性，同时重视技术创新和应用，改革运输税费标准，促进清洁高效型运输技术的发展。

2011年欧盟颁布面向2050年的题为《迈向统一欧洲的交通发展路线图：构建竞争力强、高效节能交通系统》的白皮书，作为欧盟交通运输发展的指导性文件，体现了国际交通运输政策的发展方向。白皮书提出的总体发展目标是：建立面向统一欧洲的、竞争力强、便捷高效、可持续发展的交通运输体系，2050年交通运输领域碳排放量比2008年减少60%。具体包括发展可再生燃料和动力推进系统、优化物流、充分利用节能高效的运输方式等10项具体目标。

（2）欧盟科研框架中的交通工作计划

"欧盟科研框架计划"始于1984年，以研究国际前沿和竞争性科技难点为主要内容，是欧盟成员国共同参与的中期重大科研计划。2015年，欧盟委员会通过了"地平线2020"工作计划，欧盟运输研究和创新2016—2017工作计划的主题为"智能交通、绿色交通、综合交通"，确定了工作计划的主要框架，旨在为欧盟公民、经济和社会建立恢复力强、资源节约型、气候环境友好型、安全无缝的欧洲交通运输系统，推动欧盟形成一个充满竞争性的、环境友好型的、安全无缝的交通运输系统，符合乘客、企业和社会利益。欧盟运输研究和创新计划将进一步开发欧洲研究领域，以进一步打破壁垒，使知识、研究和创新成果应用于市场。

▶▶ 1.3.4 国外经验做法启示

发达国家和地区在交通发展领域制定和实施了一系列政策、战略和规划，其中不乏一些有益经验做法，值得我国参考借鉴。

（1）优化一体化交通管理体制，发挥交通立法、战略规划协调作用

交通政策水平是现代社会治理体系与能力的重要组成部分。随着我国政府职能向服务型政府转变，基本公共服务均等化也在逐步落实之中。借鉴发达国家做法，注重加强交通领域的基本服务，优化一体化交通管理体制，健全公益性交通供给管理机制，

加强交通运输政策的系统化、集成化，发挥交通立法、战略规划协调作用，科学合理规范交通运输公共政策程序，鼓励公众积极参与，加强公众参与的广度和深度。

（2）进一步健全一体化综合交通运输体系

国外普遍重视一体化综合交通运输发展，从而构建多种交通运输方式协调发展的综合优势。鉴于我国各运输方式分散管理的交通运输管理体制，以及城市交通和城际交通管理相分割、城市交通不纳入交通运输体系的体制现状，应当注重建立和完善一体化的综合管理体制，积极构建城市交通和城际交通有效衔接的一体化综合交通运输体系。

（3）加强交通科技创新，促进交通运输高质量发展

加强交通科技创新，不断提高交通科研与创新投入，促进交通基础研究、应用研究、成果转化有效对接，稳步提升创新产出成效。加强交通产学研合作，推动交通创新型产业集群建设，探索基于交通产业创新联盟的基础研究、创新成果、产业化和商业化环节的整体支持模式，推动形成创新型交通产业集群。

（4）着重推动交通运输低碳化和智能化发展

交通运输现代化是我国经济社会现代化的重要组成部分和必要条件，是交通运输未来的发展方向。低碳和智能发展是交通运输现代化的必由之路。贯彻落实创新、协调、绿色、开放、共享的发展理念，加快交通强国建设，转变交通发展方式，走资源节约、环境友好、智能创新发展之路，促进交通运输现代化与可持续发展。

1.4 本书主要研究框架

本研究立足我国交通运输发展现状，遵循理论与实践相结合、中国国情与国际经验相结合、前瞻性与现实性相结合的研究方法，系统总结交通运输发展规划理论和实践。

▶▶ 1.4.1 研究思路

在前期系列研究基础之上，着眼交通运输领域具有战略性、全局性、综合性、前瞻性的重大问题，以贯彻落实创新、协调、绿色、开放、共享发展理念为基本原则，以交通强国建设为目标导向，研究遵循理论与实践相结合、中国国情与国际经验相结合、前瞻性与现实性相结合，以管理学、经济学、发展规划、公共政策、系统工程学、低碳经济、可持续发展等相关基础理论为指导，以文献综述和典型调研为基础，充分吸收借鉴国内外交通运输发展规划相关理论成果与实践经验，系统总结交通运输发展规划理论和实践，阐释交通运输发展规划理论基础，密切联系现实，分析当前交通运输发展中存在的主要问题，提出促进交通运输发展的思路和建议。

本书能够为交通运输学科领域的研究和教学活动提供全新视角；同时，为相关部门统筹规划和科学部署我国交通运输发展提供决策参考。

1.4.2 研究框架

本书主要研究框架如图 1-1 所示。

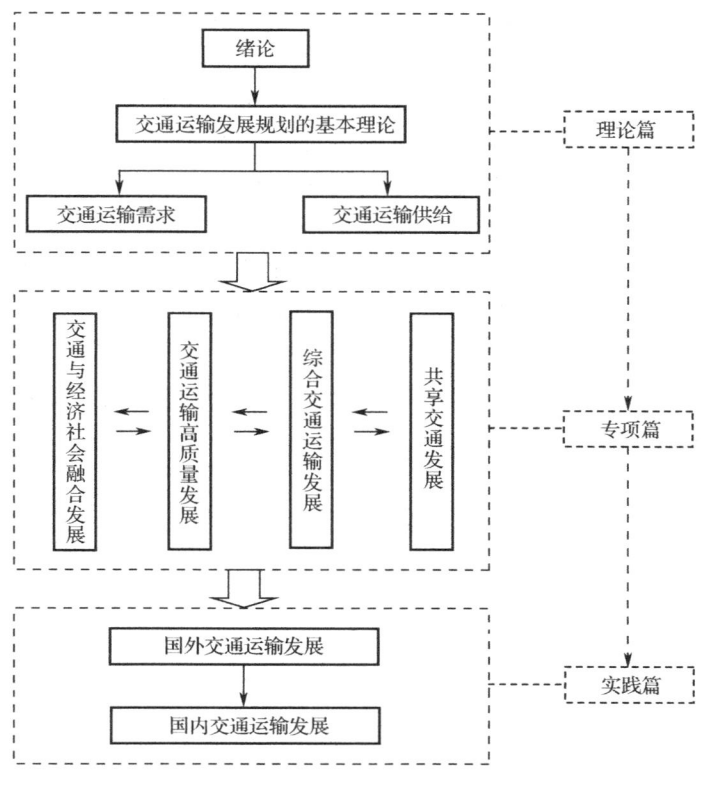

图 1-1 本书主要研究框架

本章参考文献

[1] Healey P. Collaborative Planning. Shaping Places in Fragmented Societies. London: Macmillan Press, 1997.21.

[2] Louis A. 侯丽, 译. 对空间战略规划的创新审视[J]. 国外城市规划, 2003, 18（6）: 66-70.

[3] Regional Plan Association.America2050: A Prospectus. http://www.america2050.org/ 2008-11-19.

[4] Yoav H.Defining U.S.Megaregions, America2050. http://www.america2050.org/, 2009-11-03.

[5] Yoav H, Petra T.Where High-Speed Rail Work Best. http://www.america2050.org/, 2009-09-17.

[6] 蔡玉梅. 美国国土规划及启示[J]. 国土资源：2003，（10）：49-51.

[7] 荣朝和，罗江，张改平. 日本交通政策基本法对提升政策水平的启示[N]. 中国经济时报，2017-07-11.

[8] 陈璟，李可，等. 关于交通运输五年规划体系的思考[J]. 综合运输，2018（2）：27-32.

[9] 顾林生. 国外国土规划的特点与新动向[J]. 世界地理研究，2003，12（1）：60-70.

[10] 刘国光. 经济大辞典：计划卷[M]. 上海：上海辞书出版社，1990.

[11] 刘慧，姚杰，王传胜. 欧盟空间规划研究进展及启示[J]. 地理研究，2008，27（6）：1382-1389.

[12] 杨伟民. 规划体制改革的理论探索[M]. 北京：中国物价出版社，2003.

[13] 张丽君，刘新卫，孙春强，等. 世界主要国家和地区国土规划的经验与启示[M]. 北京：地质出版社，2011：200-207.

[14] 中华人民共和国国民经济和社会发展第十三个五年规划纲要[M]. 北京：人民出版社，2016.

第 2 章
交通运输发展规划的基本理论

本章导入

　　交通运输发展规划在国民经济和社会发展规划体系中占有重要地位，对交通运输领域的发展具有战略导向、资源配置和统筹协调作用，也是政府指导交通运输领域发展和审批、核准重大交通项目，安排政府投资，制定相关政策的依据，对于促进城乡区域发展具有战略意义。新中国成立以来，我国编制和发布了多类交通运输规划，形成分类型、分方式、分领域、分层次的交通运输发展规划体系。交通运输发展规划的内容不断演变，时代性、综合性、集成性、公共政策等特点日益突出。交通运输发展规划的立项、起草、衔接和论证、报批、备案和公布要遵循特定的程序。

2.1 交通运输发展规划类型与体系

　　新中国成立以来，我国编制和发布了多类交通运输发展规划，形成分类型、分方式、分领域、分层次的交通运输发展规划体系。在实践中，交通运输发展规划体系不断演变。随着人们认识水平的提升，规划体系不断趋向优化。

▶▶ 2.1.1 交通运输发展规划类型

　　从我国编制和发布的交通运输规划来看，已构成不同类型、方式、领域、层次的交通运输发展规划体系（见图 2-1）[1]。

　　1. 根据规划内容及用途分类

　　根据交通运输发展规划的内容及用途差异，通常可以分为交通运输发展战略和远景规划、五年发展规划、布局规划、建设规划等类型。

　　交通运输发展重大战略规划通常认为是远期规划，通常需要经过数个五年规划来实施。五年发展规划通常认为是中长期规划，交通运输五年发展规划在发展重点方面具有一定的连续性，需要围绕重大战略规划的目标和任务来制定任务和具体指

---

[1] 陈璟，李可，等. 关于交通运输五年规划体系的思考[J]. 综合运输，2018（2）：27-32.

标。从规划文本内容上看，交通运输发展重大战略规划、五年发展规划、布局规划、建设规划的内容依次由粗到细。

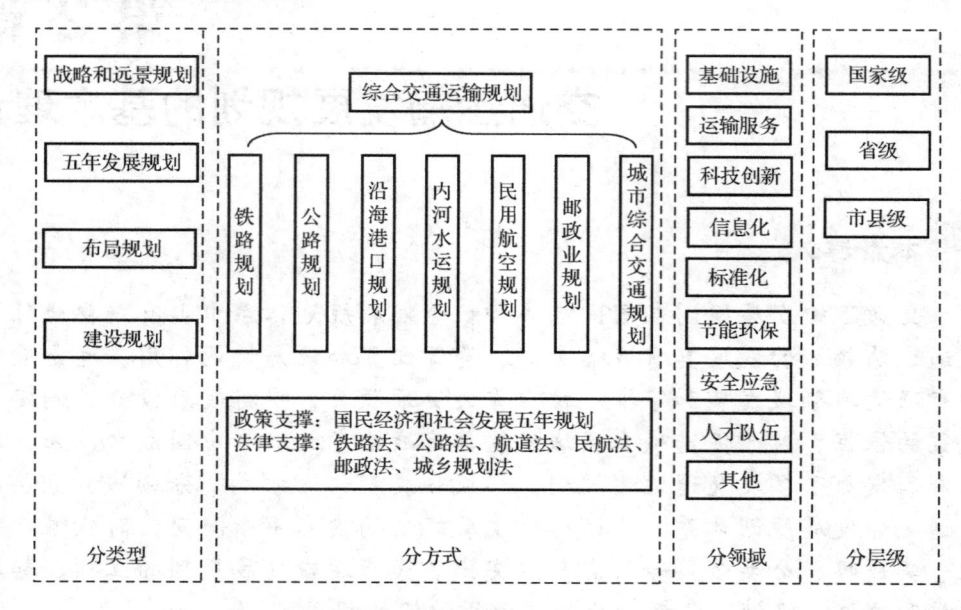

图 2-1 我国交通运输发展规划体系现状示意图

2. 根据运输方式分类

根据交通运输方式不同，通常可以分为铁路、公路、沿海港口、内河水运、民用航空规划5大类，此外，还包括邮政业规划、城市综合交通规划。

综合交通运输规划涵盖各种交通运输方式，有以基础设施布局为主的综合交通网规划，也有包括各个领域的综合交通运输发展规划，还有侧重于衔接多种运输方式的综合运输枢纽专项规划，以及促进多式联运等发展的规划或指导意见。

城市交通规划由各城市编制，是城市总体规划的重要组成部分，主要包括分交通运输方式规划、城市公交、城市轨道交通、城市道路规划等城市内部交通规划，以及集成城市对外交通与城市内部交通的城市综合交通规划。

3. 根据交通运输发展领域分类

按照推进交通运输发展的主要领域不同，通常可以按照交通基础设施、运输服务、科技创新、信息化、标准化、节能环保、安全应急、人才队伍、行业精神文明等不同领域，编制分领域的交通运输规划。

4. 根据交通运输发展规划编制层级分类

按照交通运输发展规划编制或发布主体的行政层级不同，通常可以分为国家级、省（自治区、直辖市）级、市县级交通运输发展规划。

此外，交通运输发展规划还包括跨行政区的区域交通运输规划、城市群交通运输规划等类型。

2.1.2 交通运输发展规划体系

交通运输发展规划体系按行政层级可分为国家级、省（自治区、直辖市）级、市县级，可按照"总规划+综合协调/专项执行"的分层次思路，设置总规划和专项规划。应遵循科学性、协调性、严肃性、操作性原则，合理设置专项规划[1]。

1. 设置原则

建立层次合理、功能明确、有机衔接、统一协调、实施有效的规划体系，既要增强规划的前瞻性、指导性，又要增强规划的权威性、严肃性和约束力，应遵循以下基本原则。

（1）科学性。适应经济社会发展要求，符合交通运输发展规律和价值取向，遵循科学决策的程序，运用科学思维方法，科学制定交通运输中长期规划，坚持全面深化改革要求，涵盖综合交通运输体系发展主要领域。加强分类指导，针对各领域政府和市场作用的不同，设置专项规划、指导意见等不同性质的规划成果。

（2）协调性。通过统筹协调各类规划，构建综合交通运输体系，强化各种运输方式间的协调衔接。统一认识、明确分工，促进不同部门间相关职责规划内容的协调衔接。确保规划间协同一致，专项规划遵循行业总规划，行业总规划根据专项规划内容进行调整和完善，专项规划之间有机衔接。同时，应注重以大局为重，妥善处理局部与整体、一般与重点、城市与乡村、近期与远期的关系，将各类规划与发展战略统一起来。

（3）规范性。突出政府宏观调控、公共服务、市场监管和环境保护职责的内容，减少由市场机制在资源配置中发挥决定性作用领域的内容。规划指标可考量、规划任务可评估，能够规范、引导和约束市场主体的行为，规范政府行为，避免专项规划过多过滥。

（4）适用性。既要发挥各方面的积极性，便于全行业共同制定实施，又要考虑大交通管理体制改革的现实需要，确保形成综合优势。坚持适用、经济、合理和节约用地的原则，通过多种规划之间的有效衔接，做到综合开发利用国土空间。

2. 设置方案

在规划体系设置时，应充分考虑规划编制主体的管理事权、现行体制机制、行业发展内外部环境等。具体可分为3种方案，各有优缺点，适用的规划管理体制机制环境存在差异。

（1）分方式设置专项规划

延续以往思路，按照铁路、公路、水路、民航、邮政等不同方式设置专项规划

---

[1] 陈璟，李可，等. 关于交通运输五年规划体系的思考[J].综合运输，2018（2）：27-32.

的大类，各方式分别编制五年期发展规划。各方式专项规划中均包括基础设施、运输服务、科技与信息化、绿色交通、安全应急等内容。此外，还可根据实际需要编制有关指导意见或相关研究。规划体系设置框架如图2-2所示。

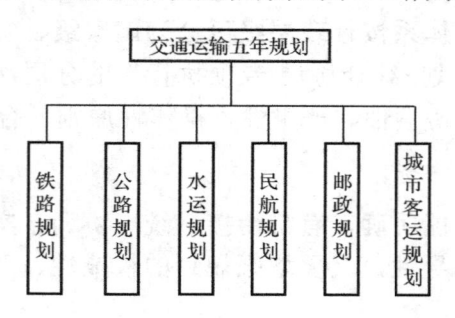

图 2-2 分方式设置专项规划

该方案的优点是专项规划数量较少，单方式内部建设、养护、运营管理等内容统筹协调充分；缺点是各方式之间协调衔接不够，综合交通运输发展要求体现不足。

（2）分领域设置专项规划

该方案以推进综合交通运输体系建设为核心，注重协调方式间、机构间交叉职责，对交通基础设施建设、交通运输服务发展、智慧交通、交通科技、绿色交通、安全应急、政策研究等各大领域分别设置规划。在各类专项规划下，细分若干个专项规划、发展纲要、研究报告。规划体系设置框架如图2-3所示。

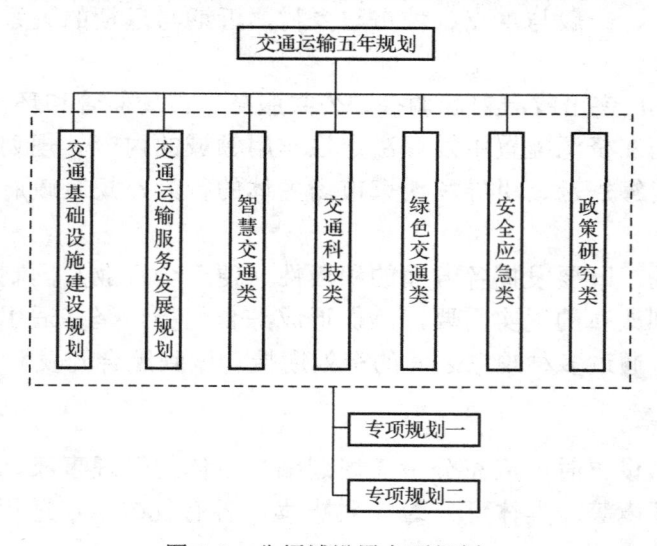

图 2-3 分领域设置专项规划

该方案的优点是注重各方式之间的协调衔接，体现了综合、集成的规划编制理念，设置统筹协调各种运输方式的专项规划、发展纲要或研究报告，大大减轻了行业总规划协调衔接的任务；缺点是专项规划的设置数量较多，且各类专项规划需要由多部门共同完成，在基础设施、运输服务、安全应急等领域需要顺利整合民航、铁路内容，受长期以来部门分割遗留的影响，现阶段在实际编制中存在一定困难。

（3）分方式+分领域设置专项规划

根据我国现行交通运输管理体制，考虑铁路、公路、水运、民航、邮政、城市客运分别编制发展规划，统筹各方式的建设、养护、运营、管理。同时，结合部门职责，集成各种运输方式，编制综合交通枢纽、综合运输服务、智慧交通、绿色交通、安全应急等领域的发展规划。规划体系设置框架如图2-4所示。

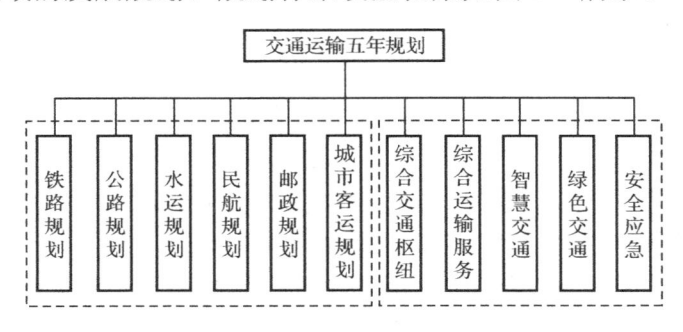

图 2-4　分方式+分领域设置专项规划

该方案的优点是根据各种运输方式的特点，分别制定发展规划，涵盖基础设施、运输服务、政府管理等内容，充分体现建养运管并重的思路，有利于集成司局相关职责、形成统一的观点，同时分领域就各方式间需要协调衔接的内容、智慧交通、绿色交通、安全应急等制定专项规划，能够与当前管理体制机制相符合，也适应了交通运输发展的时代特征。缺点是单一运输方式发展规划与分领域规划之间可能存在内容的交叉重叠，需要协调衔接确保一致，并且各方式在交通基础设施建设方面缺乏衔接平衡，直接影响到交通投资决策。

2.2　交通运输发展规划的作用

交通运输发展规划是国民经济和社会发展总体规划在交通运输领域的细化，对于政府指导交通运输领域发展、促进城乡区域协调发展、服务国家重大战略具有重大意义。

2.2.1　指导交通运输领域发展

交通运输发展规划是政府指导交通运输领域发展及审批、核准重大项目，安排政府投资和财政支出预算，制定特定领域相关政策的重要依据。

（1）交通运输发展规划是政府安排投资的重要依据。交通建设规模和重点既要与经济社会发展规划的要求相匹配，又要符合中长期甚至更长时期的交通基础设施规划。例如，以连续多个五年计划和规划为指导，政府大规模投资交通运输基础设施建设，到"十二五"末，我国交通运输保障能力由以往瓶颈制约到总体适应国民经济和社会发展的需要。"十三五"中后期，我国交通运输将进入引领发展的新阶段。

（2）交通运输发展规划是政府指导行业发展的公共政策。适应经济社会发展要求和交通运输阶段性特点，交通运输发展规划逐步由建设规划向行业发展规划转变，涵盖内容更加广泛，不仅包括交通运输基础设施五年建设规模和重点，还包括提升运输服务水平的方向和任务，市场监管的重点环节和举措，节能保护、安全应急等政府职责的约束性要求，信息化建设、法规体系建设等方向和任务。因此，交通运输发展规划不再局限于单纯的技术、空间规划，已经成为政府指导行业发展的公共政策。

（3）交通运输发展规划是约束政府和企业的行为准则。交通运输发展规划通常由总规划（五年规划）和若干个专项规划组成，其中专项规划对于各种运输方式、各领域的五年发展目标、主要任务、重大项目安排都制定了详细的规划方案。目前总规划采取在政府网站公开发布和行业内印发的形式，规划执行情况是考核政府业绩的重要指标。强化市场监管、促进节能减排和环境保护等方面的五年专项规划，则是约束企业行为、引导公众行为的纲领性文件。例如，从"十二五"时期开始，节能减排和环境保护方面的专项规划对于政府的约束力不断增强。

▶▶ 2.2.2 促进城乡融合发展

交通运输发展规划对于促进城乡融合发展、有效满足和推动城镇化发展具有积极意义。

近些年来，农村交通发展不断取得突破，截至 2017 年年底，农村通车总里程 400 万公里，为农村致富、农业发展提供了重要保障。农村公路在发展过程中还存在着缺路少路、质量不高、安全保障不到位、养护不及时等问题，农村交通短板已是城乡差距的突出表现之一。统筹城乡融合发展，补齐农村交通短板是关键，这主要体现在以下几个方面。一是需要在农村交通基础设施方面加大投入，确保具备条件的乡镇和建制村通硬化路，农村公路建设尽量向进村入户倾斜；二是发展农村公共交通，确保具备条件的建制村通客车；三是加强农村地区道路安保工程，农村危路要全面进行改造，确保行路安全；四是探索建立健全农村公路建设管理养护和运行的体制机制，确保"四好农村路"建好用好，作为服务乡村振兴战略和打赢扶贫脱贫攻坚战的重要载体；五是积极发展农村产业路、旅游路，并成为农民致富路，促进农业农村现代化。

交通运输作为促进经济社会发展的先行官，为国家区域发展战略实施提供了有力支撑。

随着城镇化水平的提高，对交通运输服务水平和运输质量提出更高的要求。随着我国城镇化率逐年提升，在大城市继续有所发展的同时，更多的将是中小城市的形成与拓展。城镇化的深入发展还将大大提高城镇居民的物质文化生活水平，对交通运输的要求也将在"货畅其流，人便其行"的同时，在快速、舒适、安全等服务水平和运输质量方面提出更高的要求。因此，交通运输发展规划面临的任务，既要在规模和数量上满足城镇化发展的需要，扩大覆盖面，提高通达深度，密切城镇联系，又要促进交通运输的高质量发展。在实现城市交通发展的同时，还要有效推动城际交通的发展，为城市群、都市圈一体化发展提供有力保障。

2.2.3 推动区域协调发展

我国区域发展不平衡主要指地区经济增长存在差异性，东部地区将在今后相当长的时间内继续领跑，中西部地区则相对落后，南方地区发展程度又普遍优于北方地区，这决定了东部地区内部的交通运输需求强度会远高于中西部地区，南方地区的高于北方地区的。另外，老少边穷地区的交通供给通常比较滞后。在区域经济增长过程中，地区产业分工与集聚将影响地区之间初级产品、能源、原材料工业及加工工业的结构变动，进而影响交通运输的空间布局和结构调整。

做好区域交通运输发展规划，东部地区要引领现代化交通体系建设；中部地区要着力于紧密连接东西、高度畅通南北的通道能力建设；西部地区要尽快补足交通短板，改善偏远贫困地区的交通条件；东北地区要着力于出关通道运输水平和综合交通运输网络品质的提高，有助于充分发挥交通运输作为统筹区域协调发展的桥梁作用。未来一段时期，还要着重加强中西部落后地区交通基础设施建设，形成连接东、中、西部的大通道，进一步建成全国范围内的能源、原材料、产成品及人员交流的运输通道网络，以促进地区间的分工协作，促进区域协调发展。

通过健全交通运输发展规划，构建交通运输互联互通体系，有利于统筹协调以"四大板块"为主体的区域协调发展战略。交通运输发展规划服务于国家区域发展战略，创新性谋划和构建区域协同发展的交通主骨架，持续推进交通运输互联互通，加快推进一批现实急需、示范作用显著的重大项目，构建和完善区域交通一体化协调机制，从而推动国家战略实施，促进区域之间优势互补、分工合作与联动发展，有力支持东部率先发展、西部大开发、中部崛起、东北振兴区域协调发展，推动"一带一路"建设、长江经济带、京津冀协同发展。

2.2.4 助力全面建成小康社会

全面建成小康社会的重点和难点在农村，只有农村建成了小康社会，才能实现我国全面建设小康社会的战略目标。当前还存在农村交通运输供给不足、农村群众出行"最后一公里"、农村交通发展资金缺乏等难题。加快建成农村小康社会，一是需要加强农业基础地位，促进农业产业化经营，壮大县域经济，健全农产品市场体系，提高农业集约化经营水平；二是逐步提高城镇化水平，坚持大、中、小城市和小城镇协调发展，走中国特色的城镇化道路，鼓励农村富余劳动力向非农产业和城镇转移。这两个方面都需要农村交通运输发展的支撑。为改变农村交通设施数量少、基础差的状况，需要充分发挥交通运输发展规划的作用，有效促进农村交通建设和发展，进而促进农村人流、物流、信息流，推动农村发展。改善农村交通，为农村创造良好的交通条件，有助于实现交通精准扶贫，加快农村全面建成小康社会的进程，为开启社会主义现代化新征程奠定基础。

2.3 交通运输发展规划编制

交通基础设施属于关系国民经济和社会发展大局、需要国务院审批和核准重大项目及安排国家投资数额较大的领域，需要编制全国性专项规划，相应的省、市也需要编制交通基础设施五年规划。

▶▶ 2.3.1 交通运输发展规划编制程序

交通运输发展规划属于发展规划体系中的专项规划类型。为推进国家级专项规划编制工作的规范化、制度化，依据《国务院关于加强国民经济和社会发展规划编制工作的若干意见》（国发〔2005〕33号），国家发展和改革委员会出台了《国家级专项规划管理暂行办法》（发改规划〔2007〕794号）。

1. 专项规划编制的领域

国家级专项规划的编制原则上应限于以下领域：一是关系国民经济和社会发展全局的重要领域；二是需要国务院审批或核准重大项目及安排国家投资数额较大的领域；三是涉及重大产业布局或重要资源开发的领域；四是法律、行政法规和国务院要求的领域。

2. 规划立项

国家级专项规划实行立项管理制度。国家级专项规划由国务院有关部门依据相关法律、行政法规和国务院规定的职责负责编制。

编制国家级专项规划均需制定工作方案。工作方案包括规划编制必要性、规划期、衔接单位、论证方式、进度安排和报国务院审批的依据或理由等。

工作方案是国家级专项规划立项的依据，由发展改革部门统筹协调后予以立项确认。

3. 规划起草

编制国家级专项规划，必须认真做好基础调查、信息搜集、课题研究及纳入规划重大项目的论证，采取多种形式广泛听取各方面意见。

国家级专项规划文本一般包括现状、趋势、方针、目标、任务、布局、项目、实施保障措施及法律、行政法规规定的其他内容。

内容要达到以下要求：符合国家总体规划，发展目标尽可能量化，发展任务具体明确、重点突出，政策措施具有可操作性。对需要国家安排投资的规划，要充分论证并事先征求发展改革和相关部门意见。

4. 衔接和论证

国家级专项规划的发展方针、目标、重点任务要与国家总体规划保持一致，相关规划之间对发展趋势的判断、需求预测、主要指标和政策措施要相互衔接。

国家级专项规划草案应送发展改革部门与国家总体规划进行衔接，涉及其他领域的，还应送相关部门进行衔接。有关部门自收到规划草案之日起30个工作日内反馈衔接意见。

国家级专项规划草案由发展改革部门与有关部门共同组织论证。

国家级专项规划应委托规划专家委员会、有资质的中介机构或组织专家组进行论证。参加论证的其他相关领域专家不少于专家总数的1/3。

论证后应出具论证报告。论证报告应全面、客观、公正，由专家组组长签字并附每位专家的论证意见。

5. 报批

（1）国家级专项规划审批计划。需由国务院批准的专项规划，要拟订年度计划。编制部门应在已确认的立项基础上，于每年10月向发展改革部门提出下一年度国家级专项规划报批建议。发展改革部门商有关部门在此基础上拟订国家级专项规划年度审批计划，于每年12月前报国务院，经国务院批准后执行。基础工作不深入，不能保证在一年内完成上报程序的规划，不应列入年度审批计划。

各部门应按照审批计划有序报批。未列入审批计划的，原则上不予受理。

（2）国家级专项规划报批材料。除规划文本外还应附下列材料：

- 编制说明，包括编制依据、编制程序、未予采纳的相关部门和专家意见及其理由等；
- 论证报告；
- 法律、行政法规规定需要报送的其他有关材料。

（3）国家级专项规划审批。报国务院审批的国家级专项规划，编制部门须会签发展改革部门后上报，也可与发展改革部门联合上报。国务院授权由有关部门批准的国家专项规划，编制部门应会签发展改革部门。

6. 备案和公布

国务院授权有关部门印发或批准的专项规划应在印发同时报国务院备案，并抄送发展改革部门。

除法律、行政法规另有规定及涉及国家秘密的内容外，国家级专项规划应在批准后一个月内向社会公布。国家级专项规划报批时，应明确公布事项，即全文公布、删去涉密内容后公布或不公布，以及公布机关。

发展改革部门建立规划信息库。有关部门在印发的同时，应将电子文档和纸质文件送发展改革部门入库。

2.3.2 交通运输发展规划编制实践

1. 交通运输发展规划编制实践

交通运输五年规划是由多个规划按照一定的秩序和内部联系组合而成、具有特定功能的集合，是交通运输规划编制工作的顶层设计。在明确规划作用的基础上，确定规划编制的基本理念、总体思路、重点内容和专项规划的设置，根据专项规划之间、专项规划与总规划之间的互动关系来设定规划编制的工作机制。

交通运输发展规划具有显著的阶段性特点，不同时期的发展重点、重大项目安排各有不同。"十一五"之前国家及各地都编制交通建设五年计划，"十一五"以来改为编制五年规划，其内容从以交通基础设施建设为主逐步扩展到基础设施、运输服务、科技创新、安全应急等行业发展的各个方面。

无论国家还是省市层面，在编制交通运输五年规划时都设置了若干个专项规划。交通运输部在编制交通运输"十二五"发展规划时[1]，设置了基础设施建设、基础设施养护、运输服务、科技与信息化、绿色交通、安全应急、行业自身建设共7类20多个专项规划；在编制交通运输"十三五"发展规划时，设置了综合交通、智慧交通、绿色交通、平安交通、不同交通方式共5类10多个专项规划。

国家发展改革委在编制"十二五"综合交通运输体系规划时，采取系统集成的方式，除依托交通运输部、铁道部、中国民航局、国家邮政局所编制的公路、水路、铁路、民用航空、邮政业专项规划外，还设置了17个专题研究，将各种运输方式专项规划集成到综合交通运输体系的统一框架下，针对基础设施、技术装备、运输服务三大组成，力求各种运输方式相互衔接协调。

省市交通运输五年规划编制工作在体系框架及内容设置上，则重点考虑以下3个方面：一是涵盖部门职责，尤其是在地方实施大交通管理体制改革后，规划内容包括了各种运输方式和城市客运管理，有些还包括了城市轨道、城市道路等城市交通建设；二是体现交通运输时代特征，如设置道路运输、物流业、绿色交通、信息化等专项规划；三是专项规划设置与事权对应，由对应的部门承担编制工作，明确编制主体的责任，便于凝聚全行业力量组织制定和实施规划[2]。

2. 交通运输发展规划编制实践中的一些误区

在交通运输发展规划编制实践中，仍然存在一些突出问题和误区，主要表现如下。

（1）规划体系整体设计不足，对专项规划间的统筹协调考虑不充分。例如，在

---

1 交通运输"十二五"发展规划[Z]. 交规划发[2011]191号.
2 陈璟，李可，等. 关于交通运输五年规划体系的思考[J].综合运输，2018（2）：27-32.

规划阶段，针对综合交通体系的协调发展问题阐述较少，各交通运输方式在选择自身的发展目标、发展模式时缺乏对其他运输方式的综合考虑，从能源、土地及环境等方面进行充分考虑则更远远没有达到；目前各种运输方式的网络规划都有相关的法律依据，而综合交通网络规划作为其他方式规划的上位规划，却缺乏相关的法律依据，在一定程度上影响了综合交通规划的实际效力。

（2）不同规划间的关系有待进一步理顺。例如，高速公路与铁路之间、高速公路与民航之间的关系未能在规划过程中予以充分研究；各种运输方式长期以来完全独立运作，在管理理念、思维模式上存在一定的误区，即使是《综合交通网中长期发展规划》，与各交通方式规划的关系也有待进一步明确；由于存在条块管理体制，城际交通与城市交通之间在某种程度上还缺乏高效衔接。

（3）政府作用界定不够清晰。对政府在交通运输各领域发展中的职责、手段缺乏系统研究，中央、地方政府事权划分还不够清晰，一些完全由市场配置资源、政府发挥引导作用的领域，也制定了量化的目标。

（4）专项规划设置较为随意。发展规划、建设规划、发展纲要、发展规划纲要等多种成果形式表述并存，对各类专项规划的属性缺乏统一规定。

2.3.3 交通运输发展规划管理对策

1. 明确规划地位与编制主体

以立法形式对交通运输发展规划地位与编制主体予以确认，树立交通运输发展规划编制的法律地位，明确交通运输规划的编制主体、规划内容及综合规划对单方式规划的指导作用。为促进各种运输方式之间协调发展，应着重在综合交通运输发展的方针、原则、主要内容及监督保障措施等方面加强立法。在国务院规范性文件制定方面，也可以明确规划编制所需要的协调机制、方法手段、编制程序。

2. 加快交通运输发展规划的科学化进程

注重提升交通运输发展规划的科学化水平，加强对于规划编制的新模型与新方法的探索，形成规范的编制程序，明确规划编制应提供的基础资料，对基础资料的公开、获取途径予以规范，将规划的报告内容、路径手段通过意见形式固定下来，保障规划编制的科学化。对综合交通的整体需求、网络布局、方式比例关系、枢纽衔接和分阶段建设规划等内容进行全面论证，并备有完整的起讫点调查报告和交通流预测方法、过程和结果及其他必要的基础资料。

3. 完善规划评估机制

完善规划评估机制，既包括对交通运输发展规划本身的评估，也包括规划实施过程中的年度评估、中期评估和总结评估机制。完善科学的评价方法和指标体系，加强对第三方部门或机构规划评估功能和资质管理，评估过程中鼓励公众参与，确保交通运输规划评估的科学化、民主化水平。

4. 健全规划实施监督机制

健全人大监督、公众参与、政府部门适时修订的动态规划实施监督保障机制，对规划的实施情况进行追踪检查。加强各部门、各行业的有效衔接和协调，及时跟踪规划实施情况，并及时纠偏。

2.4 交通运输发展规划方法

交通运输发展规划编制是各级政府的重要工作，编制高质量的交通运输发展规划，需要遵循科学的研究方法。

2.4.1 交通运输发展规划基本原则

（1）科学合理

加强交通运输发展规划与国民经济和社会发展、土地利用、城市建设、环境保护、主体功能区及产业布局规划的充分衔接，坚持战略导向、问题导向、目标导向和综合平衡，采用多种方法，科学预测产业、人口和城市规模的发展趋势，合理研判交通运输需求，确保高起点、高标准制定发展规划，严格按照规划建设发展。

（2）远近结合

交通发展规划必须符合国家、区域和城市经济社会发展的实际情况，正确处理近期建设和远景发展的要求，应当使交通运输发展规模、运输方式结构、各项建设标准、定额指标、开发时序同国家、区域和城市的社会经济发展水平相适应，既适应当前发展需求，又具有一定前瞻性。

（3）上下互动

自上而下编制规划的优点是站位较高，整体性较强，但是不容易深入，尤其当未充分掌握基础资料时，规划通常比较粗，缺乏针对性，很难具体化；自下而上则能够发挥地方的积极性，但往往过分注重局部、难以体现全局。应当坚持上下互动、多方参与、集思广益，克服单一方式存在的局限性。

（4）适用有效

依据经济社会发展基础、资源能源、产业结构、人口分布、空间布局、自然地理和建设条件，结合交通方式技术经济评价，编制适合规划区实际的交通发展规划；同时，为交通运输发展规划配备必要的要素保障措施，确保规划实施能够有效落地。

2.4.2 交通运输发展规划主要方法

交通运输发展规划编制过程中，采用系统分析法，按照发现问题、凝练问题、分析问题、解决问题的思路，可以分为收集数据、揭示信息、综合研判、形成方案四个基本环节[1]，每个环节都有一系列定性和定量的具体方法可供利用。

1. 收集数据方法工具

（1）问卷调查法

问卷调查法又称书面调查法或填表法，是一种以书面形式收集研究材料的间接调查手段。它通过向调查人员发送简明扼要的征询单（调查表），将待调查问题以纸质问卷的形式发送出去来收集信息，获取他们对相关问题的意见和建议，从而获得相关材料和信息。问卷一般由卷首语、问题与回答方式、编码和其他信息四个部分组成。①卷首语，问卷的自我介绍部分，主要包括调查的目的、调查的意义及主要内容、调查对象的遴选途径及方法、对调查对象的要求和希望、填写问卷的相关说明、调查对象的回答方式及时间、调查的匿名性和保密性，以及调查者的信息等；②问题与回答方式，一般包括调查主题相关的问题、回答方式及对回答方式的指导和解释等；③编码，为每一份问卷、问卷中的每个问题及每个答案编写一个唯一的代码，便于数据处理；④其他信息，主要包括问卷名称、调查对象的单位或者地址、调查时间及完成情况等。问卷调查法可以用于针对人的主观思想意识与行为表现方面的现象与问题的研究，能够在大数据技术无法介入的情况下完成对研究所需关键信息数据的收集与获取。

（2）面访调查法

面访调查法是调查人员通过走访被调查者，当面听取被调查者意见的一种数据收集方法。通过面对面的交流，来获取和把握规划研究所需要的信息。这是一种访问形式比较灵活的调查方法，通常用于特定人群的访问，调查内容也比较专业，因此具有一定的难度。面访调查通常包括准备、执行、收尾三个步骤。①准备，需要确认调查背景、研究目标、调查对象、调查地区、样本量、起止时间、复核要求等事宜；②执行，确保让所有访问员对问题十分熟悉，在访谈中认真做好记录；③收尾，所有记录要进行二次审核和复核，对于出现问题的记录要进行电话补问。面访调查的对象是特定人群，调查时需要组成调查小组，并建立较为完善的事前培训和即时沟通机制。

（3）文本分类法

文本分类法是通过定义一些规则来对文本进行分类，将待定文本划分到一个或多个预先定义的类别中，其主要任务是基于预先给定的类别标签集合，结合文本内容确定其类别。运用统计学方法和机器学习方法，利用文本分类法可以对海量、未知的待定文本进行分类处理，对象文本可以是各种题材、体量、结构、内容的文字资料。文本分类技术可以将大量无结构的文本数据组织成标准的文本数据，有助于提高信息检索的效率，大大减少组织和整理文档所需的人力资源。

---

[1] 潘教峰，等. 智库 DIIS 理论方法[M]. 北京：科学出版社，2019.

（4）网络数据采集法

网络数据采集法是指利用网络爬虫、开放数据接口，对互联网中公开公布的数据或者用户行为产生的数据，实现有针对性、精准性的数据抓取，并按照一定规则和标准进行二次加工，保存并形成数据库的一种方法。网络数据采集因其极高的数据收集效率和海量的数据源，在数据分析、数据挖掘的研究与实践中有着极其广泛的应用。网络数据采集面向的抓取数据一般为互联网中海量的信息和数据，很难人工操作采集。数据收集完成后，会进行进一步的分拣、清洗和二次加工，实现网络数据价值与利用更大化，支持更专业化的数据深度分析。

基于互联网的数据采集是现阶段最有效的数据获取方式，也是其他数据收集方式无法比拟的。首先，网络采集数据的时间成本、经费成本都远低于人工问卷调查或者通过自己安装仪器设备来采集数据。其次，网络采集的数据量远超人工问卷调查法收集的数据，同时互联网上各种类型数据繁多，往往可以通过挖掘与分析将许多看似无关的碎片信息串联起来，让科研与数据分析更精准、更高效。最后，网络采集的数据更具时效性，并且可以实时更新，根据研究问题可以很容易地实时调整数据来源。

2. 揭示信息方法工具

（1）聚类分析法

聚类分析是一种理想的多元统计技术，特别适用于研究多要素事物分类问题，主要从样本数据出发，把各个分类对象单独视为一类，根据聚类原则，不依赖既定的先验知识形成新的聚类。在此过程中，不仅可以对初始样本数据进行较为客观的分析聚类，而且之后还可以做出聚类谱系图形等对各个不同聚类的等级进行对比分析。聚类分析法具有简单直观的优点，且操作较为简便，最后做出的聚类谱系图还能够帮助人们加深对数据的理解，结论形式简明。该方法不需要事先给定分类标准，是一种理想的多变量统计方法。聚类分析法有直接聚类分析法、最短距离聚类分析法、最远距离聚类分析法三种。

（2）数据包络分析法

数据包络分析法（Data Envelopment Analysis，DEA）是运筹学、管理科学与数理经济学交叉研究的一个新领域。它是根据多项投入指标和多项产出指标，利用线性规划的方法，对具有可比性的同类型单位进行相对有效性评价的一种数量分析方法。这是一种基于相对效率概念的绩效评价方法，可以评价具有较复杂生产关系的决策单位的效率，不需权重假设，具有很强的客观性，并且可以有效处理多输入或多输出的有效性评价问题。数据包络分析法已经广泛应用于众多行业和部门，并因其具有无须对数据进行无量纲化处理、无须权重假设等特点而在使用时显现出独特的优势。数据包络分析法的基础是相对效率概念，其工具是凸分析和线性规划，其步骤主要包括确定评价目的、选择决策单元、建立输入或输出指标体系及选择数据包络分析模型。

（3）主成分分析法

主成分分析法又称为主分量分析法，这种方法在引进多方面变量的同时将复杂因素归结为几个主成分，通过降低维度，把多指标合成为少数几个互不相关的综合指标，使问题简单化，同时得到更加科学有效的数据信息。作为一种多元的统计方法，它是一种具有统计特性的多维正交线性变换。由于主成分分析法将所有的原始指标变量转化为彼此独立的主成分，各指标之间的相关性越高，主成分分析的效果就会越好。一般数学上最经典的做法就是用第一个综合指标的方差来表示，方差越大，表示这个指标所包含的信息越多，将这个指标称为第一主成分。如果第一主成分不足以代表原来多个指标的信息，再考虑选取第二指标。在综合评价函数中，每个主成分的权重是其贡献率，它反映了主成分原始数据中所包含的信息量与信息总量的比率，因此权重的确定客观合理，克服了一些评价方法考虑权重确定的缺点。

（4）层次分析法

层次分析法（AHP）是一种融定性与定量分析方法于一体的多目标决策分析方法。该方法的主要思想是通过将复杂问题分解为目标、准则、方案等若干层次和若干因素，对两两指标之间的重要程度做出比较判断，建立判断矩阵，通过计算判断矩阵最大特征值及对应特征向量，并对其做一致性检验，得出不同方案重要性程度的权重，为最佳方案的选择提供依据。层次分析法通过揭示复杂问题的内在联系，为遴选出最佳方案提供科学途径，为决策提供理论参考。

（5）回归分析法

回归分析法是一种利用数据统计原理，对大量统计数据进行数学处理，试图以回归方程（函数表达式）拟合自变量和因变量相关关系的具体形式，并以此来预测今后因变量变化的定量分析方法。作为一种处理多变量间相关关系的数学方法，回归分析法按照涉及自变量、因变量的多少和关系可以分为一元回归分析、多元回归分析、简单回归分析、多重回归分析、线性回归分析和非线性回归分析。运用回归分析法可进行预测分析、构建时间序列模型、明确变量间因果关系等。此外，还可以对结果进行残差检验，检验模型的精度。

（6）灰色预测法

所谓灰色系统是白色系统与黑色系统之间的过渡系统，但在实际中，很多情况下，在一个系统内，当一部分因素的信息已知，另一部分因素的信息未知时，称其为灰色系统。灰色预测法是指通过对已知和未知的信息进行统计、收集，揭示杂乱无章现象之下的规律性信息，用来在信息不透明、不对称的情况下，综合研判求得序列未来发展的态势。灰色预测模型利用较少的数据量，便可做较为准确的预测，且精度较高。所收集的样本分布不要求具有规律性，计算相对简单便捷，且检验方便。

（7）SWOT法

SWOT法是一种战略分析方法，它基于内外部竞争环境和竞争条件下的态势分析，发掘内部优势与劣势，研判外部机会与威胁，建立基于内外因素的矩阵，根据重要程度或影响程度，对调查得出的因素进行排序，构建 SWOT 矩阵，进而确立 SO、WO、ST 和 WT 战略组合。通过四个因素相匹配，找到一种适应战略目标的经营战略。其中，S 代表 Strengths（优势），W 代表 Weaknesses（劣势），O 代表 Opportunities（机会），T 代表 Threats（威胁）。运用这种方法，可以对研究对象所处的情景进行全面、系统、准确的研究，从而根据研究结果制定相应的发展战略、计划及对策等。SWOT 方法自形成以来，在战略研究与竞争分析方面得到了广泛应用。

（8）案例研究法

案例研究法是从大量的既往信息中总结、凝练关键信息，并经过整合处理从而得到研究问题的研究方法。研究者选择一个或几个场景为对象，系统地收集数据和资料，进行深入的研究，用以探讨某一现象在现实环境下的状况。对于具有重复性的事件、现象、问题等，案例是其各方面信息的重要载体，从大量的既往案例中提炼有价值的共性规律与特征，也是深入探究问题的重要信息来源与基础。有些问题用一个案例便可以说明问题，但有的问题却需要集中多个案例研究才能得出结论。单一案例研究常被用于证明一个问题的某个方面的对错，也可以用于分析极端的、特殊的、少见的管理情景。多案例研究由于样本较多，可参考的资料也多，为更好地抓住多个案例的有效成分，首先需要对单个案例进行深入分析，根据研究需求确定研究目的，然后在案例分析的基础上整理出可服务于研究目的的内容，最后对所研究的内容进行归纳、总结，抽象出结论。

（9）价值链分析法

价值链分析法是一种战略分析工具，通过系统考察企业各项活动和相互关系，找到具有竞争优势的方法，进行战略规划与管理。每一种最终产品从其最初的原材料投入到形成产品，要经过无数个相互联系的作业环节，形成作业链条。企业将自身的作业成本和成本动因信息，与供应链中节点企业的作业成本和成本动因信息联系起来，对价值链的构成、价值活动进行分析，可以发现企业价值链中存在的问题，进而找到解决问题的方法，最终提高企业的市场竞争力。价值链分析主要包括企业内部价值链分析、行业价值链分析、竞争对手价值链分析三种基本类型。价值链分析过程包括发现价值活动、构建价值链、对价值链内部活动及环节的深入分析、进行价值链的"价值—成本"分析、完善价值链等主要步骤。

（10）成本效益分析法

成本效益分析法是经济评价中常用的一种方法，通过比较项目（或规划、政策）的全部成本和效益以评估项目的经济效率，以此作为决策者进行选择和决策时的参考和依据。在该分析中，针对某一支出目标，提出几种实现目标的方案，某一项目或决策的所有成本和效益都将被列出，并以货币作为尺度进行量化，利用一定的技术方法，计算各方案的成本与效益，依据一定的原则，通过比较选择最优决策方案。成本效益分析法最初是一种国家公共事业部门的投资方法，随后逐渐发展起来，被应用于评估各种项目方案和政策的社会效益。成本效益分析主要包括标准成本效益分析、计质成本效益分析、修正成本效益分析、多目标综合分析等类型。成本效益分析一般包含以下五个步骤：①确定项目目标；②识别项目的成本和效益；③估计各种影响的成本和效益；④处理时间、风险和不确定的因素；⑤最终决策。

（11）S 型曲线比较法

S 型曲线基本可以分为发生、发展、成熟、饱和四个阶段，每一阶段有各自不同的特征。从发生阶段的缓慢变化到发展阶段的快速变化，再到成熟阶段的趋于平缓，最后到饱和阶段的稳定不变，以类似趋势发展得到的曲线称为 S 型曲线。S 型曲线比较法是以横坐标表示进度时间，纵坐标表示完成的任务量，从而绘制出一条按计划时间累计完成任务量的 S 型曲线，将项目的各检查时间内实际完成的任务量与 S 型曲线进行实际进度与计划进度比较的一种方法。在工程管理领域，S 型曲线可以用来定性分析施工设计中工作内容安排的合理性，并进行施工进度和费用控制；在市场营销领域，S 型曲线可以用来预测产品的销售情况；在规划领域，可以利用 S 型曲线预测事物的发展。

（12）因子分析法

因子分析法是多元统计学的一个分支，它的主要思想是降维，目的在于以最少的信息丢失把众多的具有较高相关度的观测变量浓缩为少数几个假想变量，并建立起最简洁的、基本的概念系统，以揭示事物之间的本质联系。该方法通过研究原始观测变量之间的相互依赖关系，将联系比较紧密的几个变量划分到同一类中，而不同类中变量之间的相关性较低，进而以较少的几个公因子反映原始变量的大部分信息，使得具有错综复杂关系的问题变得易于理解和分析。因子分析法通常包含以下四个基本步骤：①判断观测变量是否适合做因子分析；②提取因子，求解因子载荷矩阵；③因子变量的命名解释；④计算因子得分。

（13）效用函数法

效用函数法也可称为效用分析决策法，是风险型决策的基本方法之一。它是利用效用价值的理论和方法，对风险和收益进行比较，从而进行决策的方法。它不仅可以为评判决策者方案可能性提供一种计算方式，而且在进行决策时，可以为选择决策方法提供科学的方式。效用函数法的原理为：①在面对不同的风险程度（损益值）时，相同的决策者也会有不一样的反应或判断，即效用值不同；②效用值的大小变化组成了效用曲线，效用曲线是以决策者为主体的曲线；③效用曲线可用于决策最佳方案，其判断原则为效用值的最大化。

3. 综合研判方法工具

（1）博弈法

博弈法是在确定的游戏规则下对其他参与者的心理和可能采取的行动进行揣摩假设，并据此调整自己的行为，选择优化策略的方法。博弈是具有策略互动情形的行为活动，与行动相关的一个重要问题是行动的顺序，行动顺序往往决定博弈的结果。作为一种分析方法，博弈论也越来越多地被应用于商业、政治、军事、生物、统计等多个领域，对社会科学及自然科学研究发挥着巨大作用。

（2）德尔菲法

德尔菲法是在专家个人判断法和专家讨论法的基础上发展并逐渐完善起来的一种专家调查法。它是以专家作为收集信息的对象，依靠专家的知识和经验，由专家通过调查研究对问题做出判断、评估和预测的一种方法。其实质是由调查者制作调查表，按照既定程序，以公函的方式分别向专家征求建议，专家以匿名的方式各抒己见，经过几轮的征询和反馈，专家的意见终将逐渐趋于一致，最后获得准确度较高的集体判断结果。德尔菲法的实施一般分为组建预测小组、选择专家、设计问卷、实施调查、反馈汇总等步骤。

（3）多目标决策法

多目标决策法是对多个相互矛盾的目标进行科学、理性的择优，把许多不可比较的目标化为一个单一的最优化目标，以特定的数学方法作为工具来综合评判方案优劣的一种决策方法。该方法可根据专家的经验、知识和综合分析能力，将复杂问题转化为权值和评价值的形式，据此对数据进行客观准确的分析，然后依靠专家的经验、知识和综合分析能力进行综合研判，最后提供决策方案或建议，以实现多个目标的协调发展。

（4）趋势外推法

趋势外推法是在已有历史数据的基础上分析未来发展趋势，通过实际数据、趋势模型、函数曲线等，将预测结果的客观性和可靠性最大化的一种方法。趋势外推法通过选择预测参数、收集必要的数据、拟合曲线、趋势外推及进行预测说明等多个阶段，对时间序列进行分析和计算。它假设社会现象的发展过程是渐进的，没有跳跃式突变，从而按序列、分阶段将规律和趋势延伸到未来。该方法可以较为直观地预测和表述经济、科技和社会的发展趋势，形成解决问题的方案。趋势外推法已被广泛应用于经济学、管理学、工程科学、情报科学等领域中。趋势外推法的特色在于它的预测是有根据的，是有实际数据做支撑的。但并非所有的自变量与变量间都存在这种可拟合的函数关系，因而不具规律性的数据自然就没有办法应用趋势外推法。

4. 形成方案方法工具

（1）专家评议法

专家评议法是一种相对公平、合理、有效的评价事物的方法，通过召集从事该领域或相关领域的专家，根据待评价对象的过去、现在及发展趋势，进行积极的创造性思维活动，对评价对象的未来进行分析、预测与评价。参与评议的专家不局限于同一领域，能够对某个项目做出评估的任何专家都可以包含其中。

（2）多属性决策法

多属性决策法也称为多指标决策法，是对具有多个属性的备选方案进行决策，通过确定权重、矩阵归一化、计算综合值，对备选方案进行排序后择优选择的方法。其实质是利用已有的决策信息，通过一定的方式对一组被选方案进行排序来选择最优的方案，或进行方案排序。该方法被广泛应用于经济、社会、科研、工程等领域，在项目投资、方案评估、效益评价与人才考核等方面得到了较好的应用。

（3）因果分析法

因果分析法是强调从事物变化因果关系的本质出发，寻求变量之间相互作用关系的一种预测方法。通过逐层深入地分析问题原因，对主要问题中的重点影响因子进行筛选，结合各因子的特征加以分析，并进行分类和整理归纳，绘制由要因、主干、支干等组成的因果图，使之形成层次分明、条理清晰的图形，又称鱼骨图法。因果分析法的基本思路为：首先，根据现象把握现象背后隐藏的因果关系；其次，构建数学模型描述变量之间的因果关系；最后，根据数学模型得出的结果，结合对质的分析，综合考虑多种因素，得出最终预测结果。

（4）情景分析法

情景分析法又称前景分析法，是针对预测对象在未来时期内发展变化的复杂性和不确定性做出种种设想或预计的一种预测方法。情景分析法是主观的描述与客观的事理和数学模型支撑并重的综合方法，是定性分析与定量分析相结合的方法。基于对目标情景构建所需的各种数据信息充分掌握的前提下，综合构建研究对象在未来时间与条件下的势态。该方法的研究起点是未来，通过构建不同的假设情景对未来可能出现的情况和后果进行预测并加以分析比较，从而最大限度地做出最优决策。情景分析法一方面可以通过多样化的情景全面构建，对研究对象发展态势的横向维度进行系统揭示；另一方面可以通过科学完整的单一情景描绘，实现对研究对象发展态势纵向维度的深入理解。

（5）模糊综合评价法

模糊综合评价法可以理解为模糊数学和综合评价法相结合的产物，是一种将定性评价转化为定量评价的方法，是借助数学中的隶属度理论对事物或对象做出综合评价的一种方法。在综合评价的发展历程中，相关学科的联系越来越密切，交叉融合越来越深入，模糊综合评价就是在这样的背景下不断演化发展的。该方法的基本原理是：首先确定评价对象的指标和等级的集合，然后分别确定各个因素的权重和隶属度，得到模糊评判矩阵，最后由此得到模糊综合评价结果。

（6）标杆评比法

标杆评比法又称为基准化分析法，是把本企业的各项活动作为比较项，与本行业中领先企业在某项活动中的具体表现和结果做对比，并根据比较结果来提炼改进方法的一种分析方法。使用标杆评比法时，首先为企业所有能衡量的指标找到一个行业内较为领先的参考值，其本质是找到一个最佳实践参照基准，进而对本企业的产品和流程进行持续的改进。使用该方法既可以对自身的经营状况进行评价，又能够对本行业中的领先企业进行研究，学习它们的先进经验，把值得借鉴的做法和流程引入本企业中来。标杆管理并不只是简单地向他人学习，它还包括全面品质观、流程观、衡量标准观、学习观这四项基本原则，分别对应顾客的全面性满意、运营流程及组织内部计划的标杆管理、制定某些组织功能上的共同绩效衡量、对比标准和自我学习精神四个方面的应用。标杆评比法的一般步骤包括：①确定分析项目及比较标准，一般应从社会效益、经济效益、环境效益几个方面进行比较；②选择标杆或比较对象，注意不同国家、地区、时期客观条件的差异，切忌生搬硬套；③收集和分析数据，对所选的方案或目标在一定的时间尺度内做纵向比较，并在一定的空间尺度内进行横向比较；④制定实施方案；⑤实施并跟踪改进方案。

本章参考文献

[1] 陈璟，李可，等. 关于交通运输五年规划体系的思考[J]. 综合运输，2018（2）：27-32.

[2] 潘教峰，等. 智库 DIIS 理论方法[M]. 北京：科学出版社，2019.

[3] 潘教峰，杨国梁，刘慧晖. 智库 DIIS 理论方法[J]. 中国管理科学，2017，25（S）：1-14.

[4] 宋华东，马娇，等. 新时代交通运输供给侧改革的战略趋向[J]. 综合运输，2018（8）：42-47.

[5] 王德荣. 中国交通运输中长期发展战略研究 2017[M]. 北京：中国计划出版社，2017.

[6] 夏杰长，魏丽. 习近平新时代交通强国战略思想探析[J]. 河北经贸大学学报（综合版），2018（2）：5-12.

[7] 徐宪平. 我国综合交通运输体系构建的理论与实践[M]. 北京：人民出版社，2012.

第 3 章
交通运输需求

本章导入

交通运输需求是研究运输活动和交通运行规律的起点,交通的目的是实现人与物的空间位移,交通运输需求和供给都与社会活动密切相关,每一个出行单元的交通产生、交通分布、方式和路径选择无不打上经济社会活动的烙印,这也是交通的基本属性。同时,交通运输需求也是交通运输发展规划前期研究的基本内容之一,一方面交通运输需求源于人类社会生产、生活活动,另一方面又深刻影响经济社会发展,是影响区域发达程度甚至城市功能的基本要素,是过程中需要着重关注的基本内容。做好交通运输发展规划,需要深刻把握交通运输需求的特征和规律。

3.1 交通运输需求概述

交通运输需求是研究运输活动和交通运行规律的起点,也是交通运输发展规划过程中需要着重关注的基本内容。

3.1.1 交通运输需求内涵

1. 交通运输需求定义

交通运输需求(Transportation Demand)是社会经济生活中人或物在一定时间内,采用不同的交通方式、完成不同出行目的进行空间移动的需求。交通运输需求的一个显著特点就是在一定时间内完成空间上的位移。按照经济学中的观点,有效的需求必须满足两个基本条件,一是具有消费的意愿;二是拥有支付能力。

2. 交通运输需求测度

交通运输需求可以被衡量,通常采用交通运输需求量或交通运输流量来测度人和物采用不同方式实现空间位移所生成的交通运输需求的规模。交通运输需求具有时间分布和空间分布的特征,包含着交通运输需求产生的起止时间、起讫地点和移动路径。人和物空间位移的方式构成或分担比例成为交通运输需求结构,通常不同出行目的或不同移动距离的交通运输需求结构是不同的。人和物在空间位移的过程中所消耗的时间、费用、精力、排放等构成交通运输成本。

从城市功能活动上看，交通运输需求是城市功能活动的产物及其功能运行的动力，而交通的生成与分布又都与人（物）的出行行为（travel behavior）休戚相关，不同的出行者的属性（性别、年龄、职业、收入）及物流经济特征都通过"出行效用（trip utility）"的价值观念得以体现与度量，度量的尺度往往是时间、费用及相对可达性（relative accessibility）。

从民生角度看，衣食住行是人的基本需要，经济学上讲需求有一个必要条件就是"有支付能力"，在全世界范围内，随着人均收入的增加，人们不断地追求速度与舒适度更高的交通工具。例如，在低收入阶段，机动交通以一般公共汽车和低速火车为主，平均运行速度只有 20~30km/h；随着收入的增长，交通方式以摩托车或小汽车为主，平均速度可达 30~80km/h，而且具有较大的机动灵活性。

3. 交通运输需求类型

从不同的角度，交通运输需求可以划分为不同的类型。按照服务对象不同，交通运输需求可分为以人为主体的旅客交通运输需求和以物为主体的货物交通运输需求。在旅客交通运输需求方面，按照社会经济活动的目的不同，可以分为基本需求和非基本需求。

在比较确定的时段内习惯性运行，与城市自然地理、规模结构、形态布局及社会经济水平等相关，这类交通运输需求具有较大的稳定性，称为"基本需求"，有时称为"刚性需求"，像通勤、通学之类的需求是最基本的交通运输需求。在一般情况下，从保障城市正常功能的角度考虑，对交通运输基本需求应当予以满足，这是政府的责任。像购物、文化、娱乐等这类需求在确定的时段内并不是非常稳定的，往往受气候、天气、交通出行的经济性与方便性等外界条件的影响较大，其出行具有较大的不确定性，称为"非基本需求"，有时称为"弹性需求"。在一般情况下，非基本需求由基本需求派生而来，这类需求的满足往往取决于主客体的条件变化及市场机制。

4. 交通出行链

随着经济社会的发展，基于城市社会活动出行需求的一个重要的变化是多种目的系列出行需求，形成了交通出行链。像许多人在完成工作出行后，去接孩子、去商场购物、处理个人事务，从而产生其他目的的出行，形成若干次的出行组合。除了起、终点还有中间的"换乘点"和"出行段"，这种与"单一出行"不同的"组合出行"，需要多方式换乘与接驳过程，从而演绎着交通运输需求多样性的特征。

▶▶ 3.1.2 交通运输需求特性

（1）经济社会属性

交通运输需求是人类社会生产、生活活动派生出来的，社会经济属性是其基本属性。这也决定了交通运输与其他物质基础产业的不同，也就是交通运输具有强烈的社会属性，体现在其显著的服务功能上，起到基础性、服务性的作用。

（2）交通运输需求目的的多样性与异质性

社会经济活动的多样性产生了交通需求目的的多样性。不同的需求目的对出行方式的选择，出行的方便性、舒适性、安全性的要求也是不同的。例如，同一个人，为商务、娱乐活动目的的交通运输需求通常会倾向于舒适性较高的出行选择，而对于通勤、购物等则偏向于经济性的交通方式。不同的人群，对完成出行的时间、费用的敏感性存在差异，选择的交通方式大相径庭，完成同一目的可以有多种选择。

（3）交通运输需求的随机性

社会经济生活是一个高度开放性市场化的系统，这种高度开放性很大程度上决定了交通运输需求的随机性。介入系统的服务对象、介入时间、介入地点和方式等都是不确定的，影响系统交通出行的外部因素（如天气、拥堵等）也是随机的。相对而言，基本需求的产生与分布虽然有一定的稳定性，但就个体而言，其出行时间、出行方式、出行路径等都存在着选择的差异；弹性需求更受到系统开放性和市场机制的影响，其随机程度更大。人们出行距离的不同决定了对不同运输方式的需求存在差别。这是因为不同运输方式的技术性特点决定了它们对短途或长途出行具有不同的吸引力。

（4）交通运输需求的可控性

交通运输需求起源于社会经济活动，而社会经济的发展及增长速度具有一定的规律性，决定了交通运输需求也存在一定的规律，有规律的交通运输需求则具有可控性。在一定的时期内，对于一个确定的城市环境而言，交通运输需求及其总量和时空分布与人口、城市形态、土地使用布局、社会经济水平等构成的城市环境因素存在比较稳定的关系，与某些组织管理方式和措施之间存在相关关系。可以通过变量关系模型，达到预测、规划、管理与运行控制的目的。

（5）交通运输需求的时空波动性

交通运输需求最显著的特征之一就是它随着时间的变化做规律性波动。在城市里，人们对道路空间及公共运输服务的需求在清晨及傍晚最大；在城市间，旅客运输需求全年内都在波动，并且存在显著的季节性波峰；而国际货物运输需求在较长时期内呈现波动。空间上的波动性也是很显著的，表现为在同一时间段内，交通流在不同区域、路段、交叉口，甚至同一条道路不同车道上的分布差异。

（6）交通运输需求的外部性

交通运输需求的外部性可以是有益的，即正外部效应，例如，修一条公路给周边地区经济带来活力与生机；也可能是有害的，即负外部效应，例如，过度的汽车交通量可能带来交通拥挤、空气污染、交通事故等问题。交通外部效应的量化及如何将交通外部成本内部化，是非常重要的，可以体现社会公平，达到经济与资源环境利用更有效率的目的。

3.1.3 交通运输需求影响因素

（1）运输服务的价格

运输服务的价格不仅仅是在燃料、票价、运费上的花费，其他价格组成如时间成本、等待成本、危险成本等可能会结合起来形成一种笼统的成本指数。这里关注的主要是货币价格，尤其是运输使用者对运输服务价格波动的敏感程度。

（2）出行目的

个人出行比商业出行的价格更加富有弹性，因此，航空运输中的头等舱价格可以提高，这有助于增加总收入，经济舱服务的需求弹性约等于 1，对于折扣票和加价票有很高的价格弹性。

（3）收入水平

个人收入水平与交通运输需求增长是正相关的，随着人均收入的增加，人们会不断地追求速度与舒适度更高的交通工具和交通方式。收入水平会促进居民消费结构升级，进而促进以旅游为代表的发展型消费需求快速增长，成为推动客运需求增长的重要动力。

（4）收费方式

付费方式不同，对出行价格的感觉可能与实际花费不同。汽车驾驶人感觉出行实际花费很少，这是因为他们仅根据短期边际成本这一有限概念做出出行决定，即只考虑了燃料成本，很少考虑轮胎磨损、车辆维修成本，几乎不考虑对环境的影响和对他人产生的拥堵成本。

此外，消费者偏好、其他运输服务的价格有时也会显著影响交通运输需求。

3.1.4 交通运输需要

从经济学上看，需求函数是指在既定的经济条件约束下，人们愿意购买的商品的数量。但通常认为，由于家庭收入或其他条件的不同，以此为基础的资源分配有失平等和公正。因此，很多人主张应该将运输服务，至少其中的一部分，按照"需要"而非有效需求进行分配，鼓励发展低价、惠民、便捷的公共交通。从民生角度看，衣食住行是人的基本需要，正如文明社会中的每个人有权得到一定水平的教育、医疗保护一样，同样人们也有权享受某种最低标准的运输供给，这是人的出行权的体现，也是社会福利的体现。换个角度来说，政府或其他供应商应该依据价值来提供这些商品。

在所有社会需要中，对人们非常有价值的部分需要可以通过公共预算来满足，超出的部分则通过市场提供并由个人支付。与保证消费者权益相比，这种做法可以更好地提供社会福利。例如，我国在老少边穷地区修建交通运输线路，一些运输公司为老幼孕残特殊群体提供人性化的交通服务，在一些线路上继续开行"慢火车"等许多运输政策，都是以这个思想为基础的。还有，20世纪30年代英国颁布《公路交通法》，实行公路服务许可证制度，建立一种不考虑特定线路有效需求的地区性综合服务网络，政府颁发许可证，运营商用盈利线路的收入补贴亏损线路。依据1968年的运输法，英国政府给予亏损线路的铁路公司社会补贴，对通往苏格兰偏僻岛屿的海运和空运服务资助营运成本补贴。此外，美国的《1978年放松航线管制法》为服务于小社区的航线提供补贴（基本航空服务计划），加拿大的《1987年国家运输法》明确规定对加拿大北部地区的"基本"航空服务给予补贴。以上这些措施并未考虑运营线路是否有充分的有效需求，而是以政府、市场与社会共建、共享的思想为基础制定相关的交通运输政策，满足覆盖面尽可能广的社会交通需要[1]。

3.2 交通需求管理

交通需求管理是通过影响人们的出行行为，在时间和空间上重新分配出行需求，从而改善交通行为、缓解城市交通拥堵问题的一种管理方式。

▶▶ 3.2.1 交通需求管理提出背景

进入21世纪以来，伴随着我国城镇化与机动化快速发展进程，城市交通在供需关系上发生了巨大变化，突出表现在4个方面[2]。

1. 交通需求过度增长

进入21世纪以来，我国城市化水平不断提高，城市机动化交通特别是私人小汽车呈现爆炸式增长趋势，我国大部分城市进入"私家车时代"。相关数据显示，1999年年末我国私人汽车达1452.9万辆，比1990年增长163.5%；2010年年底全国已达6539万辆；2015年，私人汽车达到1.24亿辆，占小型载客汽车的91.53%；2017年，私人汽车达到1.85亿辆。与机动车保有量快速增长相适应，机动车驾驶人数量也呈现大幅增长趋势，近5年年均增量达2300万人。2015年，全国机动车驾驶人数量超过3.2亿人；2017年超过3.85亿人。机动车及驾驶人数量迅速增长，在给人们的生产生活带来便捷的同时，也带来了不容忽视的安全隐患。

城市机动化的高速发展在提升居民出行便捷性的同时，过度使用产生的负面效应也日益凸显，给城市和广大市民带来了城市道路交通拥堵、排放污染、环境恶化、能源短缺等严峻挑战，城市交通和城市环境问题堪忧。机动化交通尤其是私人小汽

---

1 肯尼斯•巴顿. 运输经济学[M]. 北京：机械工业出版社，2013.
2 晏克非. 交通需求管理理论与方法[M]. 上海：同济大学出版社，2012.

车数量爆炸式增长与过度使用产生的负面效应日益凸显，带来了道路拥堵、排放污染、能源消耗等方面的严峻挑战，尤其是大中城市路况拥堵问题愈加严重。机动化交通带来的城市交通拥堵不仅引发环境问题，而且带来了显著的社会问题，如增加了人们出行的时间，直接影响到人们生活的幸福感，并造成社会财富的巨大浪费。如何缓解城市交通拥堵成为社会各界共同关注的焦点。

2. 交通供给相对滞后

随着我国城市化日益发展、城市规模日渐增大，城市与城市间、城市与腹地区域间的经济联系和人员往来更加频繁，其结果将引起城市中的交通量剧增，增加了城市交通的负荷，对城市道路交通条件和交通组织、管理方式及能力提出更高的要求。很多城市道路交通存在着先天不足的缺陷，道路等基础设施建设不完善，城市建设缺乏统一规划，没有完善的道路交通系统，导致城市道路交通长期以来都处于超负荷运行状态。尽管我国城市交通事业发展迅速，交通条件得到了很大的改善，但仍满足不了城市化进程加速背景下的城市社会经济发展的需求，致使城市中的交通问题有日益严重的趋势。尽管我国城市交通设施投资总体上仍处于高强度投入阶段，但城市交通基础设施的建设和完善速度则远低于机动车数量和居民出行需求的增速，城市道路交通反而有日趋恶化的趋势，陷入了"路越修越宽，却越来越堵"的怪圈，这种局面在大、中、小城市几乎普遍存在。

我国诸多大、中城市面临的交通问题主要有以下几个方面。

（1）人多车少，运力不足。这主要指交通需求增加，城市交通运行出现明显紧张的局面，城市交通基础设施投资比例失当，道路建设投资比重过大，公共交通投资比重过小，从而使城市交通中的车辆供给与需求间的矛盾更加突出。

（2）车多路少，路网结构不合理，整体效能低。很多城市道路人均面积小，道路用地占城市用地的比重也小，路网密度也低。加上规划滞后，城市路网无论是布局还是空间容量，均存在明显的先天缺陷。公共车辆和货运车辆增加了很多，但仍满足不了城市客运量和货运量的需要，结果导致自行车、社会自备车大量增加，从而使车多路少的矛盾更加突出。

（3）城市道路系统缺乏统一合理的规划及设计。很多城市大都有着悠久的历史，但道路系统大都缺乏统一合理的规划布局。主要交通干道不能形成一个合理的网络，使得道路的功能得不到充分的发挥；道路性质混杂，致使道路的有效通行宽度大为缩减，进而导致车速下降，交通阻塞；道路交叉口设计不合理或管理不合理，均会加剧交通阻塞现象。

（4）交通管理水平低，信息化滞后。缺乏统一的、有权威性的交通管理机制，致使决策的系统性和综合性不够，难以实现决策的预期效果。没有灵敏高效的交通信息反馈系统，致使交通行业的信息资源缺乏整合，决策与管理得不到信息技术支持，因此不能对交通流量分布起到实时调控作用，也不能给市民出行提供及时有效的引导信息，从而使城市交通在规划、建设、运营、管理和服务等环节都存有一定的盲目性和片面性。

（5）公交优先落实步履艰难，公共交通出行结构比重仍然处于较低水平，步行、自行车等慢行交通难以得到改善与保障。如何整合目前的城市交通资源，探索科学有效的出行方式，实现城市交通的高效、便捷、低碳化，是城市面临的突出问题。

3. 城市用地资源较为短缺

我国城镇化过于集中，城市用地资源较为短缺，在国家"18 亿亩耕地"不可突破的红线下，城市规划人均用地指标不得超过 $100m^2$，城市道路面积率不得超过 15%，城市难以拿出更多的土地修建道路，交通建设只能走"集中、紧凑发展路子"，探索更加有效可行的交通管理模式。

美国 21 世纪初的"精明增长（Smart Growth）"运动，强调节约、集约土地和公共交通建设以促进城市持续发展。我国当前的城镇化发展也已经进入一个新的阶段，集约、智能、绿色、低碳、人本成为新的发展诉求。习近平总书记在 2015 年 12 月中央城市工作会议上提出，"要坚持集约发展，树立'精明增长''紧凑城市'理念，科学划定城市开发边界，推动城市发展由外延式扩张向内涵提升式转变。"这是我国首次引入"精明增长"理念，是在新阶段对城镇化和城市规划战略层面提出的新目标导向。基于需求管理导向的"紧凑城市""智慧城市"建设正是实现这些目标的重要动力，为城市化战略转型及新型城镇化发展提供新的手段和途径。

4. 生态环境压力日益增大

快速工业化与城市化为人们带来了财富增长和生活水平的提高，但同时也加速了气候变化、能源短缺、环境污染等问题的出现，进而对城市经济增长及城市基础设施与公共服务、健康与安全造成重大影响。针对日益严重的全球、区域与城市环境问题，国际社会开始了多方面的政策研究与实践探索。从《联合国气候变化框架公约》第三次缔约方大会通过的《京都协议书》（1997），到英国发布的《能源白皮书》（2003），技术进步、制度创新与节能减排成为关注的焦点，低碳经济正式纳入人类经济社会发展战略。在此背景下，"低碳城市"的理念应运而生，并迅速得到响应，拓展到城市各个层面及领域的广泛应用，美国、加拿大、欧盟、韩国、新加坡等国家和地区先后掀起了低碳城市建设的热潮。

城市交通的污染和排放正成为低碳交通目标的巨大障碍。我国已宣布，力争到 2020 年，单位 GDP 的二氧化碳排放比 2005 年要降低 40%，并作为约束性指标纳入国民经济和社会发展中长期规划。另外，城市交通的污染和排放正成为低碳交通目标的巨大障碍，单位 GDP 二氧化碳排放已作为约束性指标纳入国民经济和社会发展规划中，成为一个重要的考核指标。

上述问题的存在和发展势必会对城市社会、经济、生活的发展带来一系列的负面影响，单靠修路难以根本上解决机动车增长与道路供应的矛盾。解决我国城市化进程中交通问题的主要途径，就是要加强城市交通综合治理，充分挖掘现有交通潜力。城市作为一个综合性的大系统，涵盖了经济、社会、人口、土地、环境、交通等诸多因素，各类因素之间有着密切的联系，采取局部治理的方法不是良策，只有根据国家交通政策和城市规划方案，结合当地的特点，使城市交通与规划、建设、各有关经济部门协调起来，采取交通需求管理，实行综合治理，才能将城市中居民的流动和货物的运输在时间和空间上减至最短，才能充分挖掘现有交通条件的潜力。具体要重视路网结构缺陷的改善，不断优化调整出行结构，有效调节交通需求，摆脱对小汽车出行的过度依赖，制定务实可行、有效促进出行方式优化的交通政策，从供需关系上促使城市交通体系的建设要进行结构性改革。

▶▶ 3.2.2 交通需求管理内涵

1. 交通需求管理的含义

交通需求管理（Transportation Demand Management，TDM）是指为缓解城市交通拥堵问题，通过采取针对交通需求侧的管理手段，影响人们的出行行为，以减少旅客出行需求，或在时间和空间上重新分配出行需求，从而改善交通行为的一种管理方式。交通需求管理不再单纯从满足需求上考虑，而是从供需关系上进行规划协调与互动式管理，强调从源头上调控交通生成（分布）与设施供应（交通网络体系）的平衡，强调精细地设计与配置交通设施资源，克制滥用，对出行结构优化管理，减少对小汽车出行的依赖，促进公交优先、保障慢行交通，引导人们更加睿智、高效、安全出行[1]。

交通需求管理的目的是缓解城市交通拥堵问题；目标是优化交通分布，减少交通需求的总量，充分发挥道路的潜在功能，提高车道、车辆占有率，进而优化城市结构、路网结构和交通结构，实现城市交通供需总体上和结构上的平衡；主要途径就是在扩建道路基础设施的同时，实行交通管理模式创新，对城市交通需求实行有效的调控、疏解、引导等管理措施，对城市客货运出行采取从宏观到微观多种有效的管理措施。

交通需求管理理论的核心问题就是实现交通系统的供需平衡。英国著名交通规划学者 J. Thomson 早在 1982 年出版的《城市布局与交通规划》中，通过总结世界上 30 个大城市的交通问题和解决办法，指出传统的交通规划往往停留在设计一些道路交通设施来运送预测的客货量，这样做是不够的，一个好的交通规划要做到用地布局形式和整个交通系统设计的结合，使人们在交通上用最短的时间、花最少的钱，能非常方便地参加他们想要参加的活动或获得他们想要的东西。如果能用一个短的"步行行程"来解决人们的活动问题，那就是交通规划最大的成就。国内外大城市 30 多年来交通发展的历程，印证了这一结论的正确性。做好城市交通规划，一是要

---

1 晏克非.交通需求管理理论与方法[M].上海：同济大学出版社，2012.

交通体系与城市结构互动平衡，二是要"以人为本"，这两点正是现在诸多城市还存在的缺陷。

在供需平衡的关系上，J. Thomson 特别强调，一个城市的自然地理条件是固有的，没有人可以改变，而"相对可达性"涉及出行时间、费用、舒适性等人们出行行为的选择效用，与城市结构有着密切的内在联系，而决定"相对可达性"的交通政策会对城市结构与交通体系产生重大影响。

2. 交通需求管理的功能

交通需求管理的功能主要包括以下几点。

（1）可以全面收集并整合城市客货流的流源、流向和流量，优化调整城市交通运营路线，提高城市客货运输效率。城市交通只有同居民的出行活动与货物在市区的流动规律紧密结合起来，才能符合实际需要。例如，城市公交路线不符合客流的要求，终点站不是客流的起点或终点，造成大量乘客在某处集散仅仅是为了换乘的状况。如果通过有效的交通需求管理，掌握客流的方向，就可以通过调整路线来疏解这些换乘集散点。

（2）可以重新优化组织城市交通的运营时间和方式，整合利用资源，有效满足城市交通需求。城市交通系统只有规划设计得合理，才能使城市交通运营达到安全、畅通和高效的目标。交通需求管理要求做好科学合理的道路系统规划，实现交通资源的优化配置，更好地满足交通需求。例如，在交通资源共享方面，力求做到：①不同交通方式间的共享，建好公交客运综合换乘站，做到城市轨道交通、常规公交等不同交通方式之间要实现有效换乘，有效提高城市交通运行效率；②交通工具之间的共享，针对我国国情，公共交通应是我国城市交通运输事业发展的重点，大力发展城市的公交事业就必须充分开发利用各种交通工具，在传统的城市道路交通、轨道交通等公交系统基础上，积极开发利用各种新型公共交通工具，如共享新能源电动车、共享私家车等，以形成完备的公交体系，充分满足城市交通需要；③交通空间上的共享，要实现同一交通空间上的多种功能充分利用、有效协同，如确保道路功能分工明确，路网疏密得当且畅通，道路节点运行不悖，处理好人行交通，道路交通规划选线应因地制宜，从而实现资源共享与充分利用。

（3）可以促进交通与土地开发、城市布局、生态环境之间的相互协同，体现可持续发展的理念和要求。从城市化可持续发展的角度，通过合理调节交通需求，以公共交通为导向，促进城市交通发展与调整城市布局、优化城市土地利用、改善城市生活质量实现有机结合，对缓解城市交通问题、确保城市可持续发展具有重要作用。在具体实现路径选择上，做好交通需求调查，通过信息管理系统设计、信息基础设施建设及共享平台的开发，着重关注并促进实现城市交通与城市产业、民生、城市建设与管理等领域的共融、共建与共享。

（4）可以提升城市交通管理水平，完善科学合理的交通管理体制。通过健全交通需求管理系统，建立起灵敏、高效的交通信息反馈系统，可以使交通行业的信息资源得到有效整合。城市交通的决策和管理部门由于得到了信息技术的支持，其系统性、综合性和科学性自然增强，从而避免了城市交通在规划、建设、运营、管理和服务等环节中的盲目性和片面性，也容易实现决策的预期效果。

3. 交通需求管理应注意的问题

交通需求管理需要对实现交通系统的供需平衡进行精准、睿智的把握，主要体现在以下几个方面。

（1）交通需求管理并非忽视交通供给。交通供给不仅面向道路网，而且包括路网在内的复合交通网络。例如，通过发展综合交通运输、一体化交通，促进多种交通方式实现无缝衔接、零距离换乘，提供更加优质高效的交通运输供给服务。

（2）交通需求管理并非抑制交通需求。为解决需求增长供给失衡的困境，如果单纯采取提高供给、抑制需求的管理方法，短期内可能会使供需关系达到一定水平的平衡，但是，当"挖潜"措施结束后，交通设施将难以满足需求的继续增长，进而会降低交通系统的服务水平。因此，交通需求管理不能单纯抑制交通需求，而应重在引导交通需求结构的转变，通过优化交通组织，来促进需求和供给在一定发展进程中的平衡。

（3）交通需求管理的实施对象是全方位的。城市交通结构的供需关系由小汽车、公共交通的多模式交通系统及其客流需求组成。交通需求管理的实施对象不仅是小汽车出行与公交出行，还包括自行车与步行交通，其重点着眼于促进交通需求结构的转变。例如，通过发展慢行交通、绿色交通、复合型交通供给结构，推动交通需求的改善。

（4）交通需求管理要注重与土地利用、城市空间布局、城市交通系统之间的统筹协调。交通需求管理的方法不仅着眼于交通体系本身，还重视用地规划调整，重视从源头上管住交通需求生成与分布。例如，交通规划要与土地利用规划、城市空间布局相协调，用地规划、项目建设都要做好交通影响评价。此外，还要进一步对交通系统规划、建设与运行进行全面的管理，关注环境与财政约束条件下的供需平衡问题。

3.2.3 交通需求管理原则

在绿色低碳和可持续发展的目标指引下，交通需求管理的理念和原则主要如下。

（1）以人为本，惠及民生。交通的目的是实现人与物的移动，而不是车辆的移动。交通需求管理就是要将这一原则落实到实际中，从规划、建设到运营管理，要以"方便大众出行"诠释城市交通发展的理念，使交通规划建设真正体现"服务民生，惠及民生"的宗旨。交通需求管理的政策与措施必须在"以人为本"的原则下进行，而不是"以车为本""以设施为本"。

（2）优先发展公共交通，充分保障慢行交通，引导与限制小汽车发展。根据不同交通方式在出行时空资源占用、能耗与排放上的差异，按照社会公平性与分布差别化原则对公交、小汽车和自行车（行人）交通实施不同的政策。例如，按人均出行动态占路面积，公交、自行车与小汽车之比为 1∶5∶27；而按人公里的能耗比大约为 1∶0.1∶7；按人公里的二氧化碳排放比大约为 1∶0.1∶7。显然，在交通需求管理的实施策略上，应该倾向于占用土地与空间资源较少、能耗低、排放低的公共交通、自行车方式；对于占用土地与空间资源较多、能耗高、排放高的小汽车交通方式，则应从城市地域空间上实施引导与限制。

（3）以公共交通引导城市发展。城市公交系统是引导土地集约、节约使用、交通节能减排的关键要素。美国以小汽车为导向的发展模式出现的弊病是一面镜子；相反，新加坡等以公共交通引导城市发展模式取得了显著成效。我国正经历快速城镇化阶段，如果城市交通的发展方向控制不好，城市问题将越演越烈。城市规划以轨道交通等公交体系建设发展为导向，将有利于控制城市蔓延、小汽车泛滥及能源消耗与环境污染。因此，要坚持"公共交通引导城市发展"的原则，并推进不同层次城市规划建设与交通规划建设的同步编制与整合。

（4）因地制宜，差别调控。各类城市的供需关系具有其自身特点，规划、建设、运行不同阶段的交通需求管理策略不能千篇一律、生搬硬套。对不同的用地性质、街区环境、区位条件、路网结构、交通组成、管理体制等，要区别对待、具体分析、充分论证，将差别化交通发展政策作为指导交通需求管理实施的基本原则。通过差别化政策的引导与调控，实现对城市交通拥堵分类治理，对城市空间和土地使用分类优化，对城市资源、文化和环境实施分类保护。

（5）经济、社会和环境可持续。我国作为发展中的新兴国家，对于基于交通供需均衡发展的规划建设项目，应该学习世界银行提出的"运输系统的发展需要根据一套精心设计的发展策略，才能达到均衡发展的目的"这一理念。面对需求的挑战，要以"可持续发展"为运输政策的基础，对于基础设施建设应采取有效的成本效益评估；对基础设施使用者负担的费用，应考虑其产生的所有社会成本；世界银行报告指出"要建立反映外部成本的道路使用者收费机制，其中以增收燃料税最具代表性，制定并执行一个具有较高净效益的策略是非常迫切的"；"要重新界定政府在运输部门的角色，政府应该从供应者与管理者的角色，逐步蜕变成维护竞争机制、维护社会环境与维护大众利益的监督者"。

（6）政府主导，多方协作，公众参与。交通需求管理的实施，离不开政府的主导与支持。政府的支持与决心，将决定交通需求管理实施的成败。另外，交通需求管理不仅是针对现状采取交通改善措施，而是要系统地对交通需求生成、分布进行全方位控制与导向，除政府的主导决策外，还需要规划、建设、运营等各个部门的通力合作。最后，策略的实施还依靠交通行为的参与者共识，因此，必须得到公众的支持。只有将多层次、多方式、广泛的公众参与作为交通需求管理的必备程序和制度，才能取得实效。

▶▶ 3.2.4 交通需求管理实践

1. 国内外交通需求管理实践做法

从欧美各国的情况来看，交通需求管理主要针对通勤交通而展开，大多数交通需求管理的计划都包括多项策略的结合，鼓励通勤者理性使用小汽车，选择使用符合地区条件的非小汽车通勤方式，如合乘车、公交车、自行车与步行等。

在美国和加拿大，由于城市是沿道路网发展起来的，汽车是人们出行的主要交通方式，相对应的交通需求管理策略主要是针对小汽车交通的，通过减少出行量、推行合乘计划、优先停车和收费调节等措施，做到均衡道路流量，使道路交通系统发挥最大功效，更好地为小汽车服务。

欧洲各国提倡公共交通方式，推行"移动性管理"策略，通过停车措施、拥挤收费、税费制度、基础设施改善等方法限制和减少小汽车的使用，大力发展公共交通，并为行人和自行车等慢行交通方式创造"宁静化"交通条件。

亚洲众多城市都是人口密集城市，与欧美相比，交通需求管理策略最主要的特点在于，一是城市规划结合交通需求管理同时进行，以公共交通引导城市的发展，从而将交通模式彻底定位为以公共交通主导的发展模式；二是采用相对强制的交通需求管理政策，坚定城市发展以公共交通为主导的模式，从政策上、经济上为公共交通出行提供大力支持。

我国借鉴了国外交通需求管理的思想与经验，因地制宜地实施了诸多相关策略，尤其在北京、上海等大都市举办大型赛事会展、活动期间，交通需求管理策略充分发挥了对交通组织与管理的优势，确保交通系统的有效运行。交通需求管理不仅应用于交通系统的短期运行保障，而且已经与城市和交通规划、建设等方面结合，应用于交通综合治理中。例如，北京的"治堵"新政在全国大城市交通应对拥堵挑战中具有"风向标"作用；上海和中国香港"与时俱进"的交通需求管理政策渗透到城市规划和交通发展战略与运行管理中，具有重要示范价值。

2. 交通需求管理策略

交通难题的解决还应处理好源头上的供需平衡问题。交通需求管理已不再是单纯的管理策略，它已成为在全球范围内推进交通可持续发展的价值观和方法论，指导着世界城市交通体系的改革，包括如何将单一道路交通模式转变为由道路网、轨道网、公交网等构成的复合交通系统；如何从对机动化（小汽车）交通的依赖模式转变为以公共交通为主体的多模式交通结构；如何推进城市结构与布局（用地）规划的调整和交通体系的协调发展。总结国内外城市交通需求管理所涉及的问题，结合交通需求管理的内涵，交通需求管理策略主要如下。

（1）优化城市结构与土地利用策略。这是从交通源头上实施交通需求管理，基于供需均衡理论,通过用地规划的调整与布局优化,减少不合理的出行,消除效率低下的交通需求;以低碳交通为目标寻求新的出行替代方式,优化出行链。一是在开发建设新区时应重视完善生活、市政设施配套,以减少不合理的非必要的出行。以交通为导向(TOD),引导城市的用地空间布局与开发,通过增强吸引老城中心区市民迁入、定居的力度,以减少人口和就业岗位的分离。二是结合老城区的拆迁更新,优化居住、就业、商业、休闲等用地复合类型配比,使居住与上班就近,减少跨区长距离的通勤、通学出行,减少出行距离与总的交通运输量。三是对某些敏感地区或地段,应严格控制其土地使用功能和开发强度,防止交通吸引与发生过分集中,造成拥挤阻塞。四是对于较大的城市新开发区,在可能条件下建立城市副中心,避免中心区过分集中。

(2)优化交通出行结构策略。基于供需均衡理论,通过落实公交优先、保障慢行交通,引导与限制小汽车交通出行行为,促进出行结构优化,提高交通供应系统的整体承载能力,并减少能源消耗、环境污染等外部性效应。一是适度扩大交通设施供给。优先保证公共交通和慢行交通设施,并从网络优化、道路规划、断面设计上,体现公交优先、保障慢行交通和限制小汽车通行的原则;改善公交服务,积极运用先进技术提高公交准时性、舒适性,以提高公交吸引力等。二是采用经济手段调整交通需求结构。例如,采取道路收费、停车收费、财政补贴或减税、增收税费等措施。三是采取一定的行政手段。例如,限制车辆拥有与使用,合理控制出租车的总量,时间、空间上差别化的限行、禁止双号通行等。

(3)优化道路交通流策略。通过错时通行、单向通行、停车收费、拥挤收费、信息诱导等手段,引导与控制流量、流向分布,引导交通需求在供应网络上的均衡分配,从而达到交通需求管理的目的。一是采用空间均衡法。例如,采取区域限制法、调整工作岗位、组织单向交通、设置可变车道、变更线路等措施。二是采取时间调控法。例如,实行错时上下班、弹性上班、压缩工作日、分期度假等做法。三是采用经济行政手段。例如,禁止某种方向行车,禁止或限制某种车辆通行,征收拥挤费,停车收费等。四是运用高新技术实现出行替代、减少出行。例如,组织电子商务和电话会议,利用现代信息技术与卫星定位系统,电话上班、网络办公等。

3.3 交通调查与分析

交通运输需求分析过程中,需要进行交通调查与分析,此项工作的必要前提就是要深入了解分析社会经济发展状况,全面、系统、准确、及时地开展社会经济调查,预测交通运输需求的变化状态,进而开展交通调查工作。

▶▶ 3.3.1 经济社会调查分析

交通运输发展要适应和引领经济社会发展,交通运输发展规划需要分析研究规划与社会经济发展的适应情况,论述规划的必要性,全面、系统、准确、及时地开展社会经济调查工作,预测交通运输需求的变化状态,收集有关国民经济发展规模、发展水平、人口、自然资源、产业结构等资料,并以此进行交通需求分析与预测[1]。

1. 经济社会调查

交通运输业是服务社会经济发展的基本条件,是城市和区域经济社会联系的纽带,交通运输网络的形成,有助于促进资源要素的合理流动和高效配置,推动区域经济社会快速发展。同样,交通运输业发展也是建立在区域经济社会发展基础之上的,其规划、建设必须与特定区域经济社会发展需求状况相匹配。

1)规划影响区的识别与划分

交通运输发展规划过程中,需要识别和确定规划影响区后,进行经济社会调查、分析。为了研究规划影响区内经济社会的主要问题,就要合理确定调查范围。一般将调查范围划分为直接影响区和间接影响区,经济社会分析研究的重点是直接影响区。直接影响区和间接影响区划分标准主要是看能否显示出影响区内各地区间的社会经济往来关系,能否有效地反映这一区域的交通和物流特征。直接影响区确定得过大,会增加调查研究的工作量,造成人力、物力、财力和时间的浪费;直接影响区定得太小,又不能达到预期的目的和要求,不能满足统计上的充分有效性。直接影响区一般具有以下几方面的特点。

(1)交通运输规划实施后,由于交通运输条件的改善,促进了人员、物资的交流,会使这些地区或区域的经济社会显著受益,即促进了该区域生产资源的合理流动和高效配置,使得区域内的经济总量和居民收入水平显著增加。

(2)交通运输规划实施后,促进了一些地区或区域交通量生成,即交通量的发生源或集中点大部分就在这些地区或区域。

(3)交通运输规划实施后,会使这些地区或区域内其他线路或运输方式显著分流,交通运输条件大为改善。

从直接影响区所具有的这些特征出发,通常将规划项目直接经过的市、县等以行政单位划分作为直接影响区,必要时划分到区或乡一级;而把直接影响区范围以外,规划覆盖的更大空间范围作为间接影响区。

2)区域经济社会调查内容

区域经济社会调查内容较多,在具体调查时,一般要抓住影响交通运输规划的关键性因素进行详细调查,对于一般性因素进行普通调查。区域经济社会调查主要内容如下。

(1)自然条件。对自然条件的调查可以根据规划的内容和作用不同而有所侧重,但一般包括自然资源条件(如土地资源、气候资源、水资源、生物资源、矿产资源和旅游资源等)、环境状况(如生态环境、地质条件、水文条件等)和区位条件(如

---

1 谢海红,等.交通项目评估与管理[M].北京:人民交通出版社,2009,37-52.

所处位置、周边区域等）等。这些要素有机地结合在一起，成为影响区域经济社会状况和生产力布局的基本因素。

（2）经济发展水平。区域经济发展水平是交通运输需求的根本来源，也是支撑区域交通运输发展规划实施的基本经济保障。因此，详细了解区域内经济总量规模、生产力布局、产业结构、发展趋势、发展战略等对论证规划的必要条件和经济合理性有着十分重要的作用。调查的内容主要包括：经济发展水平、经济结构、生产布局、投资与外贸、经济发展规划与政策等。

（3）人口与社会状况。人口是社会生产和生活的主体，是经济和社会结构的重要因素，人口出行与交通运输有着直接的关系，对交通运输发展具有显著影响。在交通运输发展规划论证、交通项目经济评价中，人口也是一个重要参数。因此，人口调查、分析和预测是经济社会调查的重要内容之一。通过人口调查统计可对区域内劳动力资源、人口规模、人口分布等现状有所认识。人口状况调查的主要指标有总人口、居住分布特征、职工人数、劳动力资源总数、劳动力资源分布、人口密度、人口自然增长率、人口平均增长速度等。对人口与劳动力资源的分析，还可包括人口与劳动力地域分布对生产布局的影响，人口与劳动力的流动性程度对交通运输的影响及劳动力资源的利用效率等。除人口状况调查外，还需要调查了解区域社会状况，主要包括城乡规模、城市布局、城市化状况、科教文卫事业状况、社会习惯、社会风俗等方面。

2．经济社会分析

通过以下方面的分析，可对社会经济发展变化趋势、发展远景进行估计与预测。

1）资源条件分析

资源是社会经济发展的基础和保证。一个地区或区域所拥有的资源结构和特色，必然影响该区域的社会经济结构和特征。资源条件分析主要内容如下。

（1）资源的总储量及其构成分析。某种资源能否成为一个地区的优势，很重要的一点就是看其储量情况以确定可能的开发规模。储量的大小一般分为远景地质储量、探明储量及经济可采储量。其中只有经济可采储量才具有现实的可开发意义，同时，储量情况不仅包括储量的大小，而且还包括质量的优劣、分布地域构成等，以便分析某种资源与该地域的产业结构、技术结构的适应性，是否能转化为产业优势，形成新的经济增长点。

（2）资源开发能力分析。区域内某种资源的储量优势不一定就是该区域的经济实力优势。资源开发条件才是储量转化为经济实力的关键。资源的开发条件可以分为内部条件和外部条件，内部条件主要是指开发资源的技术条件、各种效率指标及开发成本等。外部条件主要指国民经济其他部门对开发资源的配合情况，如交通、电力、水利等的适应性条件。

（3）资源需求平衡分析。因各种资源在地域上分布的不平衡，使得经济发展中所需的燃料、原材料在供需上存在矛盾。为了合理地解决这些矛盾，需要分析该地区经济发展所需燃料、原材料的数额、品种及规格，需要调进或调出的数额、品种和规格及调进或调出的地域分布，运输距离，运输方式，某种资源的短缺给国民经济带来的损失等。

2）经济分析

经济分析是社会经济分析的重点，是确定交通运输规划内容的基本前提。经济分析的内容十分广泛，但对交通运输发展规划来说，主要包括以下几个方面。

（1）国民经济总体水平及增长速度分析。它主要分析国内生产总值、社会总产值、工农业总产值、工业总产值、农业总产值的总量及增长变化情况。

（2）国民经济的构成情况分析。它包括国民经济部门构成，产业构成，农、轻、重的构成，基础产业与其他产业发展的协调情况等。

（3）主要工农业产品产量分析。主要工农业产品产量体现着一个国家和地区一定时期内生产的实物成果总量，体现着一个国家和地区的产业优势和工业、农业各自的内部构成。

（4）居民人均收入水平及其变化分析。居民收入水平在一定程度上体现着经济效益的好坏和劳动就业状况，反映着人民的生活水平和福利状况。居民收入分析为后面的项目效益计算提供依据。

（5）区域经济发展战略分析。它着重分析经济发展的方向、战略目标、产业结构变化、产业布局及实现目标的途径。

3）人口分析

人口分析大致可从以下3个方面展开。

（1）人口总量及增长情况分析。它主要以时间为基准，考察人口在不同时点上的增减变化量，以及增减变化速度。

（2）人口构成分析。它包括人口总量中的城乡构成、农业与非农业人口构成、流动人口与常住人口的构成、人口与劳动力构成等。

（3）人口的区域分布情况分析。它包括人口在区域空间上的分布特点、集中程度、居住习惯等。

3.3.2 交通调查与分析概述

交通调查与分析，就是根据研究任务和要求，进行交通方面的数据调查和资料收集，在有丰富资料的基础上，利用各种经济分析方法，把握交通现象的规律性，以此指导交通运输需求量的预测工作。

1. 交通调查

交通调查的地理范围与社会经济调查范围基本一致，通常根据规划需要，有重点地选择调查范围。交通调查的方法按调查规模可分为普查和抽查两大类，后者在交通调查中应用较广。按调查对象又可分为典型调查、抽样调查和重点调查。以公路调查为例，其调查的具体内容主要包括以下几方面。

（1）交通概况。例如，铁路、公路、水路、航空及管道五种运输方式的线路长度、技术等级标准、年运输能力、主要货类、平均运距；公路运输的地位及作用，主要相关公路的等级、里程、路面类型、交通量、行车速度、行车时间、大中桥、隧道、重要交叉口；分车型历年汽车保有量、运输成本、平均吨位（客位）、实载率、吨位利用率、里程利用率，以及五种运输方式的改造计划和长远规划等。

（2）交通运输量。例如，五种运输方式的客货运量、周转量、主要货类、旅客构成、流向；综合运输构成、各种运输方式的能力利用率、运输量增长率；远景运输量的规划、各种运输方式的比重；公路运输发展的新特点；新生源等。

（3）公路交通量。这是交通调查的重点之一，内容包括有关公路的交通量和交通量的年递增率；汽车交通占混合交通的比重；车型构成；交通量月、周、日不均匀系数；高峰小时交通量、车流平均运行速度；有关交叉口的交通状况等。

（4）公路运输成本。主要包括燃料、养路费等汽车运行各项成本费用；交通及非交通部门各种汽车单位运输成本。

（5）道路养护大修、管理费用。

（6）道路收费。主要包括收费的形式、体制、标准，还应调查收费对交通量的影响。

（7）交通事故及货损。主要包括公路交通事故平均损失费，各级公路交通事故率，在途货物平均价格、货损率等。

（8）OD调查。也叫起讫点调查，目的是为了获取公路上交通流的构成、流量、流向、起讫点、货物种类、实载率情况等，为预测远期交通量提供依据，同时也为道路设计和经济评价采集基础数据。

交通调查过程中，不仅要深入了解一种交通运输方式内部的相关运营数据与标准等，而且对于其他运输方式的运营情况及发展趋势等也要做具体的调查分析。

2. 交通分析

交通分析通常可采用因果分析法、趋势分析法或类比分析法进行，主要分析内容包括以下几方面。

（1）运输路线适应性分析。主要是通过饱和度指标（实际交通量与通行能力之比）的计算，了解区域内的各条运输路线是否适应交通运输需求，分析道路通行能力的利用程度，从而有助于项目的正确决策。

（2）综合运输分析。一般包括运输量增长分析、运输结构分析和运输弹性分析。

各种运输方式的运输量增长分析，可通过计算平均增长速度来反映，对于点（车站、港口等）、线（相关线路）、面（整个地区）都可以采用这种方法。

运输结构分析是以运输总体总量为标准，求各种运输方式占运输总量的百分比，通常可以分析运输里程、运输量等指标。对未来运输结构的变化，通常采用类比的方法，即研究其他国家或地区的运输结构及其发展规律，结合各省和全国的交通运输网规划及项目影响区本身的经济、交通特点，综合分析而定。

运输弹性分为运输价格弹性、运输收入弹性、运输生产（经济）弹性等。运输弹性分析是为了把握经济发展与交通运输的关系，确定未来交通运输的发展趋势。各国经济发展与交通增长的共同规律是：经济发展初期交通运输增长速度高于经济增长速度，运输弹性大于 1；经济发展到一定水平时，交通运输增长变缓，直至与经济增长几乎同步，运输弹性接近于 1；经济发展后期，交通增长慢于经济增长，运输弹性小于 1。经济发展初期，货运增长比客运快，货运弹性一般大于客运弹性；经济发展中期，客运增长将赶上或超过货运增长；经济发展后期，货运弹性将小于客运弹性。

（3）地方交通特点分析。各地区有各自的交通运输特点，在公路建设项目中分析的目的是为了确定其他运输方式向公路运输的转移程度，明确道路建设项目在综合运输网中的地位和作用。地方交通特点分析内容主要有线路特点、货类及运输工具特点分析。

线路特点分析指分析各种运输方式的线路长度和构成、线路密度、走向、运输能力、运输优势等；货类特点分析指地区货物运输种类、流向、运输时间要求、货物平均运距等。不同运输方式在运输货类、运输时间、运输距离、运输费用、运输数量等方面具有各自的优势，货物平均运距、不同运输方式的经济运距是重点分析的内容。未来客、货运量对哪些车辆需求增加，未来车辆构成应如何确定，是进行运输工具特点分析的主要内容，这也是交通预测和路面设计的基础。

（4）OD 分析，即起讫点分析。对 OD 调查数据进行分析汇总，能得到反映基本出行情况的一系列 OD 表，称为现状 OD 表，还可得到高峰小时交通量、24 小时各断面交通量、日昼比、各车型的比例、货车平均吨位、客车平均客位、货（客）车实载率、货车载货品种结构等一系列反映交通流方面的特征指标。

▶▶ 3.3.3　交通运输需求预测主要方法

交通运输需求历来被认为是派生性需求，经济活动、社会活动等本源性需求的变化直接决定交通运输需求这一派生性需求的大小。通过分析社会经济活动的变化规律，分析它们与交通运输的关系，便可较为准确地掌握交通运输需求的变化规律。

交通运输需求预测是规划研究中的关键内容，是评估交通运输项目建设和开发的必要条件，也是确定项目工程规模和技术标准，以及进行经济评价的重要依据和基础。其预测的水平和质量，将直接影响规划决策的科学性。交通运输需求预测要在深入调查分析的基础上进行，采用科学的方法，坚持定量与定性分析相结合的原则，做到系统全面。

交通运输需求预测通常分为两种，一种为定性预测，另一种为定量预测。定性预测主要用于预测因素不确定、缺乏定量数据的情况，预测方法包括：专家调查法、主观概率法、趋势判定法、相互影响判定法等，对预测指标及其预测结果进行判断，并根据专家的意见进行修正，直到满意为止。而定量预测则从目标和因素的相互关系出发，建立函数模型预测，通常采用四阶段法、回归分析法、时间序列法、弹性系数法等。

1. 四阶段法

所谓"四阶段"预测方法，是将预测任务分成四个子任务来依次完成，即依次进行出行生成预测、出行分布预测、交通方式划分预测及交通量分配预测，由于分为四个相互关联的阶段进行预测，因此又简称"四步法"。四阶段法起源于城市交通规划，是在20世纪70年代初，欧美一些发达工业国家为了满足大规模城市道路交通规划及其建设需要而研究的一种经典预测方法，目前在公路项目中应用极其广泛。

（1）出行生成预测

出行生成（Trip Generation）预测包括交通产生量和吸引量预测，这一阶段的预测目的在于获得城市未来社会经济发展规模、人口规模和土地利用特征，并研究在此条件下交通影响区可能产生和吸引的交通总量。

出行生成预测是四阶段法的交通运输需求预测的基础，预测方法较多，如家庭类别生成模型、回归分析法、增长率法、吸引率法、平均出行次数法、时间序列法、弹性系数法等。目前常用的定量分析方法有时间序列法和回归分析法。回归分析法是在分析交通规划直接影响区居民出行发生量、吸引量与其影响因素相关关系的基础上，得出回归预测模型。

用这些方法进行城市居民出行生成预测、城市流动人口出行生成预测、城市市内货运交通生成预测、城市对外及客（货）运交通生成预测、区域交通生成预测。

（2）出行分布预测

出行分布（Trip Distribution）预测的目的在于预测一定的城市社会经济生产和居民日常生活活动所产生的交通需求在城市不同空间位置上的分布或者流向、流量，以便在实施城市道路交通网络规划时能够把握主要交通流向，使路网的布局沿主要交通需求流向布置，并注意容量上的配置。

出行分布预测用于解决出行生成预测的交通发生总量去向何方、交通吸引总量来自何处的问题。常用的方法可分为两类：一是利用现状OD表预测未来OD表，称为增长率法，如均衡增长率法、平均增长率法、底特律法、弗雷特法（Frator Method）等，其中弗雷特法应用较为广泛；二是综合考虑各区之间交通时间区间距离、运行费用等因素，通过模型预测未来交通分布状态，主要采用重力模型法预测。

（3）交通方式划分预测

交通方式划分（Mode Split）预测旨在考察未来城市活动中，产生的交通需求量在各种交通方式的分配状况，从而有助于从总体上比较真实、客观地把握未来城市社会经济活动中的交通压力,为优化城市未来的交通运输方式结构提供合理科学的决策支持。交通方式划分解决的是出行量以怎样的交通工具完成输送的问题,即预测各种交通方式的交通量分担率。常用的交通方式划分方法有:转移曲线法、概率模型法、转换的重力模型法、回归模型法等。

(4) 交通量分配预测

交通量分配(Traffic Assignment)预测的目的是预测交通出行矩阵(OD矩阵)在道路交通网络上的分配情况,从而对道路的交通负荷做出预测。

四阶段预测方法理论成熟,建模层次分明,便于理解,但因其模型结构复杂,步骤繁多,所以采用人工方式进行计算工作量巨大,必须借助计算机和软件才能实施。此外,四阶段预测方法中的四个步骤是相互依存的,任一阶段预测都要以其上一阶段的预测结果为基础,从而易于造成预测误差被传递和扩大。

2. 回归分析法

回归分析法是较为常见的一种预测方法。在影响平均需求的多个因素中,大多数因素与需求关系是不确定的,不能用函数关系来表示,尽管这些因素与需求量之间没有对应的值,但可以用函数关系来近似地建立起相互关系。回归分析法就是研究其内在的相互关系;运用调查得来的实际数据来建立合理模型,从而进行需求预测。

回归分析法在掌握大量观察数据的基础上,利用数理统计方法建立因变量与自变量之间的回归方程式,再用自变量数值的变化去有效地预测因变量未来可能的取值范围。回归分析中使用的数学模型有线性方程、指数方程、对数方程等。当研究的因果关系只涉及因变量和一个自变量时,叫作一元回归分析;当研究的因果关系涉及因变量和两个或两个以上自变量时,叫作多元回归分析。此外,回归分析中,又依据描述自变量与因变量之间因果关系的函数表达式是线性的还是非线性的,分为线性回归分析和非线性回归分析。

回归分析法普遍应用在交通运输需求预测中,各种不同交通方式的需求预测都可以用回归分析法。例如,铁路运输企业是一个大系统,诸多影响因素都是相互联系、相互制约的,也就是说它们的变量之间客观上存在着一定的关系。通过对所占有的铁路运输企业的市场资料进行分析,可以发现铁路运输市场变化的规律性,找出其变量之间的关系,建立回归方程来进行预测。

3. 弹性系数法

弹性系数法是一种定性、定量相结合的综合分析方法,它通过研究确定交通运输量的增长率与国民经济发展的增长率之间的比例关系——弹性系数,根据国民经济的未来增长状况,预测交通运输量的增长率,进而预测未来交通运输需求。

弹性系数与未来社会经济的发展层次、地区特点、发展战略等均有一定的关系。因此,弹性系数的确定应综合分析预测地区的历史、现状、发展趋势,通过历史、现状资料分析不同时期的变化规律,并通过与其他地区的类比分析等确定。

交通运输需求受多种因素影响，而且不同影响因素的变动对交通运输需求影响的程度也不同，为进行比较，引入弹性分析的概念。交通运输需求弹性用来分析交通运输需求量随其影响因素变化而变化的反应程度，一般用弹性系数来表示，用公式表示为

$$E_d = \frac{Q_{变动率}}{Z_{变动率}} = \frac{\Delta Q / Q}{\Delta Z / Z} \qquad (3-1)$$

式中，E_d 为交通运输需求弹性；Q、ΔQ 为交通运输需求量及其变化值；Z、ΔZ 为影响因素及其变化值。

影响交通运输需求的因素很多，因此就有很多种相应的交通运输需求弹性，如价格弹性、收入弹性、交叉弹性和派生弹性。

1）交通运输需求价格弹性

交通运输需求价格弹性反映了交通运输需求量的变化对交通运输价格变动的敏感程度。交通运输需求价格弹性系数的计算公式为

$$E_d = \frac{\Delta Q / Q}{\Delta P / P} \qquad (3-2)$$

式中，Q、ΔQ 为交通运输需求量及其变化值；P、ΔP 为运价及其变化值。

影响交通运输需求价格弹性系数的因素非常多，具体包括以下几方面：

（1）交通运输需求替代性强弱。交通运输需求替代性越强，则其弹性系数越大；替代性越弱，则其弹性系数越小。

（2）货物种类。对高价值货物而言，其交通运输需求价格弹性系数比较小，而低价值货物运输弹性比较大。

（3）旅客种类。一般而言，生活性旅客的客运需求弹性系数比较大，而工作性旅客的客运需求弹性系数比较小。

（4）交通运输需求的时效性。交通运输需求的时效性可以理解为交通运输需求在时间上的紧迫程度。时效性越强，其交通运输需求弹性系数越小；时效性越弱，其交通运输需求弹性系数越大。

（5）货物运输需求的季节性及市场状况等。当某种货物急于上市销售或不易久存时，其运价弹性小。此外，交通运输需求与资源分布及工业布局关系极大，它们决定了相当部分的货运量，这些运量一经形成，其运价弹性就比较小。

（6）不同运输市场上客货运输的需求弹性有很大的差别，还表现在弹性与具体的运输方式、线路和方向有关。对能力紧张的运输方式、线路、方向，需求的价格弹性较小，运价变动尤其是运价提高对需求影响不大；而对能力富裕的运输方式、线路和方向，需求的价格弹性就较大。

2）交通运输需求收入弹性

交通运输需求收入弹性 E_I 反映交通运输需求量变化对消费者收入变化的敏感程

度。交通运输需求收入弹性系数的计算公式为

$$E_I = \frac{\Delta Q / Q}{\Delta I / I} \tag{3-3}$$

式中，Q、ΔQ 为交通运输需求量及其变化值；I、ΔI 为居民收入水平及其变化值。

交通运输需求收入弹性一般为正值，多用于客运需求分析。因客运需求量 Q 和居民收入水平 I 一般按同方向变动，即居民收入增加时，客运需求增加；反之，当居民收入减少时，客运需求减少。

在进行交通规划决策时，收入弹性将是其中一个重要的考虑因素。收入弹性大的运行项目，由于需求量增长较快，所以发展速度应当提高。收入弹性小的项目，由于需求量增长较慢，所以发展速度可以适当减慢。

3）交通运输需求交叉弹性

交通运输需求具有替代性，其替代性强弱可以用交叉弹性来反映。交通运输需求交叉弹性是指一种交通运输方式、一条运输线路或一家运输企业的交通运输需求量的变化对其他可以替代的另一种交通运输方式、另一条运输线路或另一家运输企业价格变化的敏感程度，即一种可替代的交通运输需求的价格每变化 1% 将引起的另一种被替代的交通运输服务的需求量的变化，其公式表示为

$$E_{PYX} = \frac{\Delta Q_Y / Q_Y}{\Delta P_X / P_X} \tag{3-4}$$

式中，E_{PYX} 表示运输服务 X 价格变动引起运输服务 Y 需求量变动的敏感程度。

交通运输需求交叉价格弹性反映出两种运输方式之间的替代或互补关系。

（1）交叉弹性为正值，说明运输服务 X 的价格变动将引起运输服务 Y 的需求呈同方向变动。例如，航空运价提高，会使铁路、水路的交通运输需求量增加，表明航空运输同铁路运输和水路运输的可替代性。此值越大，则表明两者之间的替代性越强。

（2）交叉弹性为负值，说明运输服务 X 的价格变动将引起运输服务 Y 的需求呈反方向变动。例如，水运价格提高会使疏港汽车的运输需求量减少，表明这两种相关运输服务存在互补性，即它们结合使用，更能满足消费的需求。

（3）交叉弹性为零，说明运输服务 X 的价格变动对运输服务 Y 的需求没有影响，表明两种运输服务相互独立、互不相关。例如，航空运价提高，对公路短途运输需求量没有影响，因此，航空运输与公路短途运输无替代性或互补性，两者互不影响。

交叉弹性与价格弹性、收入弹性一样，在价格和运输量分析中有着重要作用。在编制交通运输发展规划时，应当考虑不同运输方式或交通运输项目的替代性和互不影响性，以利于合理规划运网布局，正确处理各种运输方式、各类交通运输企业或项目之间的合理分工，协调相互之间的发展关系。

4）交通运输需求派生弹性

交通运输需求派生弹性用来分析交通运输需求随其本源性需求的变化而变化的

敏感程度。由于与交通运输需求相联系的本源性需求很多,如生产、生活、消费等,所以,交通运输需求派生弹性的种类也很多。在此主要介绍交通运输需求的生产派生弹性和交通运输需求的商品派生弹性两种。

(1)交通运输需求的生产派生弹性。交通运输需求的生产派生弹性指交通运输需求量变化对工农业生产变化的敏感程度。其计算公式为

$$E_G = \frac{\Delta Q / Q}{\Delta G / G} \tag{3-5}$$

式中,Q、ΔQ 为交通运输需求量及其变化值;G、ΔG 为工农业生产水平及其变化值。

E_G 一般为正值,交通运输需求量同工农业生产水平呈同方向变化。交通运输需求的生产派生弹性可以应用于宏观运输经济分析,反映交通运输与国民经济各部门发展的比例,为国家制定交通运输经济政策提供依据,也可以用于交通运输行业管理和运输企业发展战略的制定。

(2)交通运输需求的商品派生弹性。在市场经济中,交通运输需求同样取决于商品的市场需求。交通运输需求的商品派生弹性指交通运输需求量变化对商品需求量变化的敏感程度。其计算公式为

$$E_C = \frac{\Delta Q / Q}{\Delta C / C} \tag{3-6}$$

式中,Q、ΔQ 为交通运输需求量及其变化值;C、ΔC 为商品需求及其变化值。

交通运输需求的商品派生弹性可以应用于微观运输需求预测,比较不同商品对交通运输需求的灵敏程度,同时也可以看出商品对运费的敏感程度,为交通运输部门生产经营决策和制定运价提供依据。

4. 时间序列法

(1)时间序列的概念及类型

时间序列是指以时间顺序排列起来的统计数据,用以表示运输的某种经济活动依时间变化的过程。把时间序列在平面坐标上标出,并用折线连接起来,从折线的形态就可以观察到某一变量的变化过程和趋势。不同变量其时间序列的数据是不同的,在平面坐标上折线的形态也是不同的。时间序列模式是指某一变量的时间序列所反映的可以识别的变动趋势形态。每个变量的时间序列都有其模式,水平型、趋势型、季节型、周期型和不规则型是基本模式。在实际工作中,只有少数变量的时间序列属于基本模式,而绝大多数变量的时间序列模式是由两个以上基本模式组合而成的。理解时间序列的基本模式对于提高预测的精度是很重要的。

变量的时间序列模式基本反映了该变量的变化规律和发展趋势。预测是要根据其时间序列呈现出的变化模式选择合适的预测方法。

(2)时间序列预测的原理

时间序列是按时间顺序排列的一组数字序列。时间序列预测就是利用这组数列,

应用数理统计方法加以处理,以预测未来事物的发展。时间序列分析是定量预测方法之一,它的基本原理为:一是承认事物发展的延续性,应用历史数据就能推测事物的发展趋势;二是考虑到事物发展的随机性,任何事物发展都可能受偶然因素影响,为此要利用统计分析中的加权平均法对历史数据进行处理。该方法简单易行,便于掌握,但准确性差,一般只适用于短期预测。

时间序列预测主要以连续性原理作为依据。连续性原理是指客观事物的发展具有合乎规律的连续性,事物发展是按照它本身固有的规律进行的。时间序列预测就是利用统计技术与方法,从变量的时间序列中找出演变模式,建立数学模型,对预测变量的未来发展趋势做出定量估计。

时间序列法通过历史资料和数据,按时间序列排列一组数字序列,如按月份、季度、年度排列起来的客、货运输量或客、货周转量等。在铁路运输需求预测中,时间序列法的优点是:假定影响铁路运输市场需求或客、货运输量的各因素与过去的影响大体相似,并且运输量或运输市场需求有一定的规律,在这种情况下,只要将时间序列的倾向性进行统计、分析并加以延伸,便可以推测出运输市场需求的变化趋势,从而得出较符合实际的预测结果。

▶▶ **3.3.4 我国交通运输需求发展趋势**

随着我国新型工业化、信息化、城镇化和农业现代化进程的加快推进,经济发展水平、产业结构、消费结构、城市空间布局形态等都将随之发生较大的变化,"十四五"乃至更长的一段时期,我国交通运输需求将继续呈现一些新的变化。

1. 客运需求仍将快速增长,需求结构将体现多层次化

未来一段时期,城市化进程加快、人均收入水平提升和交通运输供给扩大三大因素对我国客运需求增长的推动作用仍将持续而强劲,我国客运需求仍将保持持续快速增长势头。随着我国城市化进程的深入推进,城市化对客运需求的推动作用将大大增强,成为推动客运需求增长的主要动力。同时,考虑到居民消费正处于结构升级阶段,以旅游为代表的发展型消费需求将快速增长,这将成为推动客运需求增长的重要来源。另一方面,我国交通运输仍处于大发展阶段,各种运输方式的规模、技术水平和服务质量将稳步提升,对于客运需求持续增长也将产生重要的促进作用。

从客运需求变化来看,需求更趋多层次化。随着我国经济进入高质量发展阶段,旅客出行对于速度、旅行时间节约、舒适性、方便性的要求越来越高,这就使得航空、高速铁路、高速公路等快速客运方式的市场需求呈现不断上升的趋势。在未来我国客运需求结构中,旅游观光等消费性客运需求的比重将呈现不断提高的趋势。城市群、都市圈的发展趋势决定了以城市群、都市圈为主体的客运需求将成为全社会客运需求增长的重点,由此派生的客运需求在全社会客运需求中的比重将呈现上升趋势。私人机动化交通需求呈现不断上升趋势,同时也成为政府制定运输政策时必须重点考虑的一个重要因素。

2. 货运需求预计稳步增长，需求结构将趋向高品质化

未来，我国货运需求将继续呈稳步增长态势。目前，我国仍处于工业化中后期阶段，工业化任务尚未完成，未来一段时期第二产业的规模仍将呈现上升态势，由此带动货物运输需求仍将持续增长。机械电子、石油化工、汽车制造和建筑业大多属于道路运输发展的后向关联产业，这些产业未来一段时期仍将保持一定优势地位，这将持续推动公路运输需求增长。随着城市化进程加快推进，在城市规模扩大、旧城区扩建改造、城市基础设施及其他配套建设，以及居民对住房、汽车等耐用消费品的需求快速增长等因素的刺激下，钢铁、水泥、化工、冶金等重化工业仍将保持一定规模，相关原材料和产品的运输需求预计会稳步增长。消费结构逐步升级，收入较高的地区和群体进入"大额消费阶段"，居民对重化工业产品的需求快速增长，由此带动相关产业发展和货运需求的增长。随着区域协调发展持续推进，东部地区产业向中西部地区梯度转移，东西部地区之间的货物交流将更加频繁。

从货运需求来看，结构也将有所变化。综合我国现实的经济地理特点、未来运输需求的发展趋势、资源环境约束趋紧、"公转铁"改革推进、各种运输方式发展趋势等多种因素判断，未来一段时期，铁路货运份额持续下降局面将会根本扭转，铁路货运份额将呈现持续增长趋势；公路、水运和管道货运需求稳定增长，但所占份额可能会保持平稳或略有下降。从货种结构上看，大宗散货在货运量中所占的比重有所下降，集装箱货物、一般消费品、高附加值货物、战新产业的产品运输等比重将明显提高。

本章参考文献

[1] Alberti M, Waddell P. An integrated urban development and ecological simulation model[J]. Integrated Assessment, 2000, 1（3）：215-227.

[2] Crainic T G, Ricciardi N, Storchi G, et al. Models for evaluating and planning city logistic transportation systems[J].Transportation Science, 2009, 43（4）：432-454.

[3] Duanmu J, Chowdhury M, Taaffe K, et al. Buffering in evacuation management for optimal traffic demand distribution[J]. Transportation Research Part E, 2012, 48(3): 684-700.

[4] Tate J E, Bell M C. Evaluation of a traffic demand management strategy to improve air quality in urban areas[C].International Conference on Road Transport Information & Control, 2000.

[5] 晏克非. 交通需求管理理论与方法[M]. 上海：同济大学出版社，2012.

[6] 肯尼斯·巴顿. 运输经济学[M]. 北京：机械工业出版社，2013.

[7] 谢海红，等. 交通项目评估与管理[M]. 北京：人民交通出版社，2009，37-52.

第 4 章
交通运输供给

> **本章导入**
>
> 交通运输供给是交通运输发展规划的重要内容。习近平总书记曾指出，推进供给侧结构性改革，促进物流降本增效，交通运输大有可为。交通运输是衔接产品供需两端的重要纽带，在提高产品供需匹配效率、提升社会供给体系质量等方面发挥着重要作用。不断深化交通运输供给侧结构性改革，既是国家深化供给侧结构性改革的必然要求，又是交通运输转型发展、建设交通强国的必由之路。

4.1 交通运输供给及管理

交通运输供给以有效满足交通运输需求为目的，交通供给管理从交通供给端促进交通系统供需平衡，在空间、时间、结构、布局和规模等维度上对交通运输进行系统优化、模式调控及资源优化配置。

▶▶ 4.1.1 交通运输供给内涵

1. 交通运输供给定义

交通运输供给是指为满足空间位移需要，由铁路、公路、航道、航空、管道及其枢纽等交通运输基础设施、交通运输设备及交通运输组织管理系统构成的特定范围的交通运输体系。

交通运输基础设施是提供交通运输供给的物质技术基础，是交通运输设备借以运行的载体；车辆、船舶、飞机等运输设备能够在一定的交通运输线路上运行，并能在站、港、场等合适的地点停靠，两者有机结合才能形成现实的交通运输供给能力。交通运输组织管理系统是确保交通运输有效供给的必要保障。

2. 交通运输供给内容

交通运输供给包含如下几方面的内容。

(1) 交通运输方式

单一的交通运输方式包括铁路、公路、水运、航空和管道 5 种类型。交通运输供给需要确定是提供哪种单一的交通运输方式，还是几种交通运输方式有机结合而成的综合交通运输。

(2) 交通运输布局

交通运输布局主要是指交通运输基础设施在空间上的分布状况，以及交通运输设备和运载工具的配备状况。

(3) 交通运输供给量

交通运输供给量主要指交通运输设备和运载工具的运输能力，包括承运货物和旅客的数量与规模。

(4) 交通运输管理体制

交通运输管理体制是指为有效促进交通运输业发展而建立的交通运输管理体制机制、所有制结构、交通运输企业制度、运输资源配置方式，以及相应的交通运输政策和法律法规等。

(5) 交通运输服务价格

(6) 交通运输服务品质

交通运输服务品质主要包括通达性、安全性、便利性、速度、舒适度等。

3. 交通运输供给类型

(1) 按照营利性差异，交通运输供给可以分为公益性和经营性两种类型。

公益性的交通运输供给是指以社会公共服务为目的，主要由政府出资提供的交通基础设施及公益性运输服务。此类供给通常以免费或较低价格向社会公众提供，无供给价格弹性或弹性非常低，主要满足普遍意义上的交通需要而非交通需求，属于典型的公共产品。

经营性的交通运输供给通常是指经济学意义上的运输供给，主要是指在特定的时间、空间内，在各种可能的交通运输价格水平上，运输生产者愿意而且能够提供的运输产品或服务。此类供给必须具备两个条件，即运输生产者出售交通运输服务的愿望及生产运输服务的能力，缺少任一条件，都不能形成有效的交通运输供给。微观层次上，单个运输生产商愿意提供的运输产品的数量与该产品的价格和成本有关；宏观层次上，运输产品市场总供给取决于市场中该运输产品生产者的数量和每个厂商所能够和愿意提供的产品数量。

进行公益性和经营性的区分是完全必要的，可以针对不同地区、不同线路、不同性质的交通运输供给精准施策。铁路公司、轮船公司、汽车运输公司、航空公司等运输企业一般只负责通过运输工具的移动来完成客货运输的生产和经营活动，因而具有更多的"私人性"；而运输线路、车站、机场、码头等基础设施和上述运输企业有所不同，它们除了具有与一般运输企业相同的企业属性外，更多地具有"公共性"。

(2) 按照范围不同，交通运输供给可分为个别供给、局部供给和总供给。

个别供给是指特定的运输生产者所能提供的供给，属于微观经济的范畴。

局部供给是指某个地区的交通运输生产者所能提供的运输供给，或者是某种运输方式所能提供的交通运输供给，属于中观经济范畴。我国国土面积辽阔，地区经济发展不平衡，各个地区的运输布局状况不一，各种运输方式的分布及其所提供的运输供给能力也是不同的。一般来说，经济发达地区的运网密度较大，交通运输业比较发达，交通运输供给相对充足；而边远和落后地区的交通网络相对稀疏，交通运输业相对落后，交通运输供给通常不足。

总供给是从全社会、整个国民经济角度来考察的交通运输供给，它是社会所有交通运输供给者在不同地域、以不同运输方式所提供的个别供给和局部供给的总和。

(3) 按照地域不同，交通运输供给可分为区域交通运输供给、区域间交通运输供给和过境交通运输供给。

区域交通运输供给所提供的客货运输的起讫点都在某个特定的区域范围内，通常内部又包括城市交通、乡村交通、城际交通、都市圈交通、城市群交通。

区域间交通运输供给是指客货运输的起讫点有一方在本地区，而另一方则在其他地区，它是区域间建立经济、社会和文化等各方面关系的必要条件。

过境交通运输供给是指客货运输起讫点都不在本地区，交通运输生产者只是利用其自身所处的独特的地理位置和特定的交通线来为别的地区旅客或货物提供空间位移的方便。过境交通运输供给与本地区的经济、社会和文化发展并不发生直接的关系。一般来说，在重要的交通枢纽和重要的运输通道上都会有大量的此类供给。

(4) 按运输目的不同，交通运输供给可分为生产性交通运输供给和消费性交通运输供给。

货物运输、通向工矿厂区的交通运输供给通常属于生产性交通运输供给，它属于生产过程在流通领域的继续；为旅客外出务工、采购、推销等而提供的交通运输供给属于生产性交通运输供给；为旅客休闲、度假、旅游等而提供的交通运输供给属于消费性交通运输供给。

(5) 按交通运输方式不同，主要可以分为铁路、公路、水运、航空、管道5种供给方式，以及综合交通运输方式。各种方式具有不同的技术经济特征和主要功能。

铁路承担着大量的中长途客货运输，尤其是煤炭、粮食等大宗物资的运输，是跨区物资调运的主力。

公路承担着大部分的中短途客货运输。

水运包括内河航运与海运，主要承担着煤炭、铁矿石等大宗物资的运输。海运是外贸货运的主要方式。

航空主要承担着高附加值货物运输和商务、远距离出行的旅客运输任务。

管道在天然气、原油及成品油运输中发挥着重要作用。

综合交通运输是相对于单一运输方式而言的，是多种运输方式在社会化的运输范围内和统一的运输过程中,按其技术经济特点组成分工协作、有机衔接、布局合理、运行高效的交通运输综合体。其综合发展和利用了各种运输方式的技术经济优势,能够最大可能地降低社会运输总成本。

4. 交通运输供给特点

(1) 整体性

交通运输基础设施与运输设备之间互相依存、不可分割,不同交通方式的线路与枢纽之间相互交错衔接形成交通运输网络,从而使得交通运输供给的整体性特征体现得十分显著。

交通运输网络由多个节点和联系节点的线构成,自身形成一个网状配置系统。交通运输业是以交通运输网络为基础的产业。从分布来讲,交通运输网络是由以城市为中心的交通运输枢纽和各种交通运输线路共同布局连接构成的网络系统,为社会经济提供客货运输服务。交通运输网络一般可分为物理网络、服务网络及信息网络。物理网络是交通运输基础网络,是由交通运输固定设施组成的运输实体网络;服务网络是由交通运输线路与运输移动设备共同组成的交通运输运营网络;信息网络是由各种交通运输资源信息组成的交通运输信息资源网络。在网络结构中,具有明显的整体性、系统性特征,要确保提供正常的服务,必然要求网络的许多成分和不同主体之间主动开放、共同参与、协同配合、相互补充。

(2) 外部性

交通的外部性特征主要指交通活动对其他经济单位或社会所产生的非市场性影响。交通运输供给者在需求量大增、自身成本少增或不增的情况下,能够大幅增加供给量,形成数量可观的外部成本,在另一方面则成为交通运输消费者所承受的"拥挤成本"。交通运输供给者在提供交通运输服务的同时所引起的空气污染、水污染、噪声污染,以及运输供给的大量增加引起的能源和其他资源的过度耗费、城市和道路上的交通拥堵等都属于外部性。

交通的外部性可以是有益的,即正外部效应(如促进地区经济社会发展);也可能是有害的,即负外部效应(如交通拥挤、空气污染、资源消耗、交通事故等)。正确评价交通的外部性,降低负外部效应的影响,是交通运输发展规划需要考虑的内容之一。通常采取将交通外部效应进行量化(如货币价值或在 GDP 中的比重)、将交通外部成本内部化(如使用者付费)、优化交通组织管理等措施,降低交通负外部效应影响程度。

(3) 一定程度的公共性

交通运输供给具有非竞争性、一定条件下的非排他性特征,使其具备准公共产品的特征。另外,交通运输供给中存在着大量的公共资本,发挥着为全社会创造间接效益的重要作用。

（4）时空差异性

交通运输生产过程与交通运输消费过程同时进行，交通运输供给必须满足需求者在流向、流量、流时和流程等方面的具体要求，使交通运输供给具备时空特定性的特点。例如，交通运输需求的季节性不平衡，导致交通运输供给出现高峰与低谷供给量的悬殊变化，造成交通运输供给时间分布上的不平衡。

（5）供求不平衡

交通运输供给能力大小通常按照一定时期内的交通运输需求的高峰设计，具有一定的超前量，交通运输供给初期，往往产生因市场不足而供过于求的风险。交通运输需求具有渐进式增长特点，而交通运输供给具有较长时间的跳跃式增长特点，决定了大多数时间交通运输供求存在不平衡的状态。

4.1.2 交通供给管理内涵

交通供给管理（Transportation Supply Management，TSM）就是从交通运输供给的角度，通过交通运输系统优化、交通供给模式调控及交通资源有效利用等管理措施，提升交通供给能力和水平，更好地满足当前和未来的交通需求，以达到交通运输系统供需平衡和可持续发展的管理措施。

交通供给管理不是单纯地从增加交通供给上考虑，而是从供需关系上进行交通运输系统规划协调与互动式管理；强调调控交通设施及服务供应模式（交通网络体系）以实现交通供需的平衡；强调在空间、时间、结构、布局和规模上优化管理交通设施及服务供给，在有效满足交通需求的前提下，实现资源的有效利用和规模经济，促进实现交通供给与土地开发、城市环境之间的平衡，实现交通供给的可持续发展。

4.1.3 交通供给管理措施

交通供给管理从交通供给端实现交通系统供需平衡的有效把握，主要包括以下几个方面的措施。

（1）交通运输系统优化。注重交通运输供给与经济空间布局的宏观关联，以及交通运输系统及其各种运输方式之间的技术经济关系，其理论基础基本上是生产力布局和系统分析理论。内容上主要包括交通运输系统需求与供给、交通运输网络、交通运输通道、交通运输枢纽及城市交通运输系统分析等。表现形式上，主要包括多种方式分工协作构成的综合交通运输系统、"宜水则水、宜铁则铁、宜公则公"的运输服务模式、城市交通方便换乘和一体化建设的空间布局，等等。

（2）交通运输模式调控。各种交通运输方式基于技术经济特征的比较优势上的优化，或者说是技术经济互补性，这实际上也融合了系统科学的原理。交通运输系统分析偏重于运输系统的技术配置，"交通供需均衡，与土地、经济、社会、环境相优化的布局"；交通模式调控所提出的系统优化思想偏重于资源配置，强调了各种运输方式的整体优化和组合效率,"经济、效率的出行"。例如,不同方式之间功能承担与组合换乘、"P+R"模式、私人交通工具出行模式转变为公共交通出行等。

(3) 交通运输资源有效利用。基于资源稀缺性假设,在空间、时间、结构、布局和规模等维度上对交通运输资源优化管理,可以节约资源并实现最大化的产出,在有效满足交通需求的前提下,实现了资源的有效利用和规模经济,如交通运输规模经济、网络化经济。从更大层面上讲,交通运输供给应与土地开发、资源利用、城市空间布局、城市生态环境达到平衡,确保交通运输供给与经济、社会、城市之间协同、可持续发展,这些需要交通运输发展规划来引领。例如,优先发展最节约地使用有限道路面积的交通工具,抑制不经济地使用道路面积的交通工具增长,达到对稀缺的道路和土地资源的合理配置与充分利用;提倡土地资源节约型、能源高效型、环境友好型、居民出行友好型的交通模式。

4.2 交通供需均衡与交通供给适度

交通供需均衡是一种比较理想的状态,是交通运输发展规划、建设、管理和政策评估的重要遵循。

▶▶ 4.2.1 交通供需均衡

1. 交通供需均衡论

供需均衡理论(equilibrium theory of supply and demand)是微观经济学核心内容之一,以此研究交通需求和供给的关系,对于交通运输规划、建设、管理、政策措施分析评估具有重要指导意义。

交通供给与需求之间通常存在供大于求、供小于求、供求均衡 3 种状态。在不同状态下,供给和需求之间相互影响、相互作用,均衡点不断发生变动。交通供需均衡就是交通供给量与交通需求量、供给价格与需求价格同时相等时的状态。这种均衡的状态仅是特定条件、特定时点下的产物,并不代表常态。

交通需求和交通供给均富有弹性,与价格、收入、替代品、互补品、经济社会发展之间存在一定弹性关系。由于交通供给和交通需求存在如此特性,在不同条件下,确定谁有利于交通供需达到平衡,即通过分析交通供给和交通需求的弹性来制定相关措施,可以促使供需达到平衡状态。例如,当需求弹性大于供给弹性时,倾向于实施交通需求管理措施将比增加新的交通供给更有效;反之,实施交通供给管理更加有效。

交通供给在满足当前交通需求的同时,还会诱导一部分新的交通需求产生。因此,适度的交通供给不仅可以有效满足当前的交通需求,节约交通资源,而且可以间接起到交通需求管理的作用。

2. 交通供需均衡过程中的影响因素

交通运输是为了实现人与物的空间位移，交通需求和交通供给都与社会活动密切相关，促进交通供需基本均衡需要着重考虑以下因素。

（1）与经济社会发展水平相适应

交通运输是经济社会发展的基础条件，是人类社会生产、生活活动的支撑，是城市功能组成的基本要素之一。交通运输一方面受到经济、社会、文化、科技及政治因素的影响，另一方面，交通运输作为基本条件功能，推动着经济社会的发展。交通运输与经济社会发展之间存在着较为明显的相互吻合、相互适应及促进的关系，即无论何种模式的经济，都会有一定模式与规模结构的交通体系支撑其运行。

（2）与人们的出行特点相适应

衣食住行是人的基本需要，"行"即是交通基本需求，对交通供给提出特定要求。交通的生成、分布、方式划分、路径选择无不打上人的生产生活及经济社会活动的烙印。出行者的个人特征、出行目的、城市规模、出行耗时与交通模式的选择具有一定的相关性。人们总会设法选择相适应的交通方式，使自己的出行耗时稳定在可以承受的某一范围内。交通运输发展要不断地有效满足人们的美好出行需要。

（3）交通供需之间存在交替推拉关系

交通需求是城市功能活动的产物及其功能运行的动力，交通需求推动交通供给的产生与发展，交通生成及分布与人（货物）的出行行为休戚相关，不同的出行者的属性（性别、年龄、职业、收入）及物流的经济特征等都通过"出行效用"的价值观念得以体现与度量，度量的尺度往往是时间、费用及相对可达性等，因而给交通供给打上了深刻的"需求烙印"；交通供给通过提供有效的交通服务，满足交通需求，又能够激发新的交通需求，拉动交通需求的进一步扩张。

由于交通需求与供给之间存在交替推拉的关系，从某种程度上讲，交通发展可分3种类型：需求推动型、供给拉动型、需求与供给平衡型。交通运输供给系统的规划、建设、运行与管理往往不是单纯的工程技术问题，还要涉及交通需求与供给的分析，涉及经济、社会甚至政治的各个方面。

（4）交通需求的无限性与交通供给有限性之间存在矛盾

首先，交通活动分布在时间、空间上呈现出不平衡性或波动性。由于人们生产、生活在时间上和空间上的差异及有规律的变化，与之相应的交通活动（派生性需求）便出现了随时间、空间而波动的特征，这给交通组织管理带来了一定难度。

其次，交通运输受时间、空间的约束是非常明显的。随着人口增长、城市化扩展，交通发展空间早已凸显不足，它从根本上与特定时段的交通高峰及困扰城市发展的交通堵塞问题紧密相连。这种约束性在本质上体现为交通受资源环境的约束，这就需要发展适应自身资源环境等状况要求的交通模式。

再次，时间、空间的延伸性使交通发展增强了人类对时间和空间的把握程度，促进了时间和空间的相互转化，以时间换空间、以空间换时间成为现实。人们总希望能拥有更大的空间延伸性，探索如何利用可能的空间和时间，以满足各类出行需求（或现代移动性需求）。正如有人指出的那样，流动性是一种被低估了的人权，你永远不会对它感到满足，这种延伸性特征要求建立适应现代社会高效、安全与环境可持续发展的交通体系。

最后，交通领域的时间和空间正日益成为一种极其有限的宝贵资源，表现出稀缺性特征，平等享有这种资源成为人们最基本的权益之一。

4.2.2 交通供给适度

1. 交通供给适度的含义

由交通供需关系可知，交通供给与交通需求之间存在 3 种关系，即交通供给量小于交通需求量、交通供给量等于交通需求量、交通供给量大于交通需求量。交通供给与交通需求的这种小于、等于、大于关系，分别与社会生活中的不及、适度、过度相对应。不及与过度都不可取，只有适度才是最佳的。正如人们平常所说的"恰如其分""恰到好处""适可而止""过犹不及"等，讲的都是一个道理。从某种意义上讲，适度与协调、合理、和谐、中庸等理念是相通的，研究的都是事物内部与事物之间的相互关系。这里讲的交通供给适度是指一定的适当区间，在符合实际情况或客观要求的前提下，能保证交通供需关系处在一种最佳状态或最佳程度[1]。

交通供给适度是为满足一定时期社会经济活动及相关出行需求，在一定的交通服务水平和各类资源、环境要素共同制约下的交通供给量，是缓解交通供需矛盾，推动交通与社会经济健康平稳、可持续发展的一个重要前提。

交通供给适度论是研究交通供给内部各要素与交通需求及其周边环境相互关系的一种方法。具体包括以下几个要点：一是如何有效满足一定时期社会经济活动及相关出行需求；二是如何有效达到一定的交通服务水平；三是如何保持与城市发展协调；四是如何与环境、资源、能源之间实现和谐发展。

当然，保持交通供给适度是从宏观的角度提出的。交通供给适度是一个动态概念，一个城市在不同时期需要增加不同的供给量，增加标准不是固定不变的，但必须保持整个交通系统的供需平衡。不同城市或区域，同一个城市在不同地区、不同条件下，可以根据各自的具体情况确定不同的适度供给量。

2. 交通供给适度的特性

供给适度研究交通供给内部各要素与交通需求及其周边环境的相互关系，是由诸要素组成的具有一定功能的有机整体。因此，根据供给适度的内涵，可以概括出以下几方面的基本特性。

---

[1] 晏克非.交通需求管理理论与方法[M].上海：同济大学出版社，2012.

（1）整体性

交通供给是由各种交通基础设施等多个要素组成的，但各要素仅仅是构成交通供给的必要条件，而不是全部条件，还需各要素之间的合理组合等。整体性表示交通供给设施之间存在一定的组合方式，使得整个交通供给的功能大于单个交通设施的功能总和。例如，城市交通网络包括道路网络、公交网络、轨道交通网络等组成要素，城市交通网络的服务能力除了道路网络、公交网络、轨道交通网络3个独立网络的服务能力外，还包括3个网络相互组合后形成的换乘服务功能。

另外，整体性还包括在提高某个组成要素的功能时，需要协调与整个供给系统的关系。比如，在改进乘客乘车难的问题时，如果只是增加车量数目，而在道路和调度方面没有相应的配套措施，则将会因车辆的增加使得道路更加拥挤，堵塞更为严重，整个系统的效率更低。

（2）稳定性

所谓稳定性是指供给适度的结构与功能在外界作用下的适应性，即在一定区间内，交通供给维持与交通需求的近似均衡与协调，使外界引起的变化不会越出供给适度的区间范围。供给适度的稳定性不是绝对的，而是相对的。首先，供给适度不可能永远保持稳定，也就是说，供给适度的稳定性在时间上是有限的。如当前经济高速发展、城市化进程快速，交通基础设施投资自然较改革开放前、经济发展缓慢时的交通基础设施投资比重大。其次，供给适度的稳定性与交通需求的变化发展程度有关，供给适度只是在某种环境影响下保持稳定，并不是在任一环境下都保持稳定。因此，稳定性是一般供给适度的基本特性之一，仅仅意味着从某种意义上看供给适度是稳定的，但绝不是指供给适度在任何意义下都是稳定的。

（3）最优化

所谓最优化，是指在给定的条件下，利用各种手段和方法，促使供给适度实现最理想的目标，以便达到整体程度或状态的最优。一般来讲，供给适度的最优，不一定各个要素都最优，这是由供给适度的整体性特性决定的。寻求供给适度的最优化，是供需平衡理论的最基本出发点和归属，而且是完全可能的。如在解决交通供需矛盾时，通过适当调整各交通方式的比例结构，发展大运量公共交通，既可做到投资最少，又可做到见效最快、效果最佳。

3. 交通供给适度的实际意义

（1）供给适度是交通可持续发展的基本条件。交通供给存在两种可能：一是交通需求大于交通供给，导致交通拥挤、出行不便、环境恶化等；二是交通供给大于交通需求，导致诱发新的交通需求，使得交通存在恶性循环。实践证明，这两种情况可能都将影响交通的可持续发展，而在交通达到适度供给时，可保持交通快速、健康的可持续发展态势。

（2）供给适度有利于交通资源合理配置和运输效益的提高。交通供给不足，交通成为经济发展的瓶颈，阻碍经济的发展；交通供给富裕，交通资源得不到充分利用，交通运输效益未充分发挥；交通供给适度，交通方式结构比例协调，交通供给与交通需求相协调，交通需求能得到合理满足，各种交通资源也能得到合理利用。

（3）供给适度有利于交通方式结构调整。交通供给适度与交通方式结构调整是相辅相成、互为促进的。一方面，交通方式结构调整要在交通供给与交通需求平衡条件下进行；另一方面，交通方式结构调整也有利于供给适度。因此，需要在实际中处理好这两者之间的关系，既不贸然行事，又不相互等待。

4. 交通供给适度的保障

（1）交通需求管理措施是供给适度的基础条件。交通需求增长无止境，单纯大规模提供交通基础设施，容易使交通进入恶性循环，土地等资源的有限性，要求交通供给适度，围绕交通需求管理配套进行。只有在交通需求管理与交通供给适度同时进行的条件下，才具有解决交通问题的坚实基础和条件。交通需求管理从交通源头来解决交通问题，通过调节社会经济活动来管理交通，调节交通需求，这也是交通供需关系的调整。交通供给适度是在一定的交通服务水平和各类资源、环境要素共同制约下保障正常的交通需求的问题。

（2）通过规划、政策手段充分发挥政府职能是供给适度的宏观保障。制定交通运输发展规划，综合运用财政、金融、社会保障和福利等政策手段，以市场为中介，引导交通运输供需平衡，把握交通供给投资的主导方向。政府作为调控主体，对交通供给投入、交通资源配置起到必要作用。在供需发生重大比例失调或其他突变事件时，政府采取强有力的措施，迅速调控各种失调、失控现象。通过发挥政府宏观调控作用，弥补市场调节不足，校正市场调节可能出现的偏差，保证市场机制正常运行。

（3）技术进步是交通供给适度的关键因素。技术进步推动了交通基础设施的发展、交通设备性能的提高、交通运输品质高级化，更好地满足了交通需求；技术进步促使各种交通方式互补融合，增强了交通供给能力，优化了交通供给结构，提高了整体交通供给效率与效益；技术进步改进了交通工具，开发了新能源交通工具，保障交通供给朝着节约能源消耗和减少环境污染的方向发展，实现交通供给与资源环境协调发展。

▶▶ 4.2.3 交通供给适度规模

1. 交通供给适度模式

根据交通供需关系分析，交通供给的跳跃性、慢变性无法完全满足需求的渐进性、快变性增长，总会存在供需不平衡的状态，这已成为交通供需关系的常态。另外，各种交通供给投入需要资金保证，需要对供给有较高的前瞻性，对其准确性进行把握。通过调节对各种交通工具的需求，倡导优先发展最节约地使用有限道路面积的交通工具，抑制不经济地使用道路面积的交通工具增长，达到对稀缺的道路和土地资源的合理配置与充分利用。

交通运输可持续发展要求有效利用土地资源、节能减排，并能有效满足城市经济社会发展需要，土地资源节约型、能源高效型、环境友好型、居民出行友好型的交通发展模式，既能满足目前的交通需求，又能为将来的持续发展留出空间。

交通供给适度模式主要是指基于可持续发展理念，以积极引导科学合理的交通出行需求、有效满足特定规划期的交通需求为目标，在一定时期交通基础设施建设的投资（或建设规模）及其建设时序。

2. 交通供给适度规模界定

交通供给适度是指一定的规划与建设适度规模区间，在符合实际情况或客观要求的前提下，能保证交通供需关系处在一种最佳状态或最佳程度的交通供给投入的数量和范围，可以以价值形式表示，如交通适度投资额；也可以以实物形式表示，如项目个数、道路面积、道路长度、轨道线路长度等。

一般来说，交通供给适度规模分为规划年限（与规划阶段匹配）和年度（含在建）交通供给适度规模。年度交通供给适度规模也称为交通供给固定资产投资适度额。它从投入方面反映了全年用于交通供给固定资产再生产的人力、物力、财力的适当数量。在建交通供给适度规模是指一定年份正在施工的在建交通项目全部建成交付使用所需的固定资产投资总额。它反映一定年份实际铺开的建设战线的长短和已经展开的建设任务的大小，这样，交通供给适度总规模反映一定时期的交通投资建设总量，通常需要若干年或一定时期才能完成。

从交通供需平衡角度来看，考虑到交通供给具有跳跃性、慢变性等特性，而交通需求具有连续性、快变性等特性，交通供给的时间特性除要考虑项目（可以是单一项目，也可以是项目包）的建设周期性外，还要考虑前一阶段（通常以年计）项目的备用期限。

4.3 交通系统宏观控制与导向模式

交通系统宏观控制包括供给控制与需求控制两个方面。需求控制是通过规划与政策等手段直接对交通需求进行控制与管理；供给控制是改变以往交通供给一味满足交通需求的局面，通过供给合理优化间接对交通需求进行控制与管理。

4.3.1 交通供需控制导向机理

交通运输发展规划可以从供给控制和需求控制两个方面进行。

1. 交通供给控制

所谓交通供给控制，主要是指对交通供给规模、交通设施布局和建设时序的控制。其中，交通供给规模控制是指一定时期的交通需求应配置适度的设施供给水平，同时，交通运输设施供给的使用效率应处于最优状态。过大、过小都不妥，过大造成资源闲置浪费，难以有效利用；过小不能有效满足需求，还需重建而浪费资源，甚至改造成本可能大于新建成本。

交通设施布局和建设时序控制是指交通设施的建设必须和土地使用生成的交通需求相适应，不宜推迟或过早进行修建。交通供给控制策略主要包括：交通引导城市发展策略（Transit Oriented Development，TOD）、中心区停车场泊位供给限制策略、道路建设的时序规划等。

2. 交通需求控制

对交通需求的控制，就是针对一定时期的交通需求规模及生成模式、方式选择、土地使用等，通过规划与管理等手段，促进其时间和空间上的转移，将其控制在适度规模供给的可接受服务水平下。交通需求控制的方法主要包括：人口的控制、车辆拥有与使用的控制、交通方式分担的控制、土地使用的控制等。

每一种供需平衡状态都代表一类城市的发展模式，例如，美国形成以道路网络为主、以小汽车发展为核心的供需平衡；而日本则达到以公共交通为主导的供需平衡。交通供需控制的导向应该是通过同时对交通供给与交通需求的控制，达到相对资源消耗少、污染少、效率高的供需平衡状态。

3. 交通供需控制相结合

供给控制与需求控制是交通管理的两个方面，但并不是孤立和绝对的。根据国内外经验，单方面的措施往往难以达到满意的效果，一般需要从供需两个方面同时进行，多个措施配套使用。尤其是对于机动车的管理，一方面通过制定各种政策限制机动车的拥有和使用；另一方面还可以通过对停车场泊位、道路使用控制等机动车设施的控制和提高公共交通设施供给水平等方法，达到小汽车出行客流向公交客流转移的效果。

4. 交通供需控制过程

交通供需关系是从供需不均衡到供需均衡再到不均衡的循环动态过程。供需控制也是多因素循环、宏观与微观结合的复杂过程。

（1）土地利用的类型、布局和强度生成出行需求，这个环节的控制属于对交通需求的直接控制。

（2）交通系统结构、设施供给与政策满足交通需求，出行需求在区域上进行分布，得到全方式的 OD 矩阵，这是交通供给对交通需求的影响，对这一环节的控制属于供给控制。

（3）设施供给与政策制定影响个人选择行为，产生多方式划分，个人的出行行为在网络中形成多模式交通分配，其中既有需求控制又有供给控制。

（4）分配的流量结果又反馈到土地的利用，从源头上影响了交通需求的产生，从而形成一种循环状态。对这种循环的某一环节所采取的新的控制与管理策略，将打破原有的平衡状态，形成新的供需平衡。

4.3.2 土地开发利用的规划控制

1. 土地开发利用与交通设施的相互作用机理

土地开发利用与交通设施的相互作用实质上反映了交通需求与交通供给的相互作用关系，它们对交通量的产生与影响形成相互促进与制约的关系。这种相互作用、相互影响的关系可用多种表达方式进行描述，如"循环机理"和"源流机理"[1]。

如图 4-1 所示为用地与交通的循环机理。城市中的土地利用，无论是商业、工业还是居住，都会使该地区的容积率增加，从而引发大量的出行生成，该地区随着交通需求的增加，将对交通设施服务水平提出更高要求。通过交通设施的改善，交通容量扩大，该地块的交通可达性提高，造成地价上升，又会吸引开发商进一步地开发，交通容量与容积率的互动进入新的循环。该循环过程是一个正反馈的过程，但该正反馈过程不可能无限进行下去。因为城市交通设施发展到一定程度后难以通过改建来增加其容量，从而当土地开发超过一定强度时，所引发的交通流将会使得某些路段出现拥堵现象，导致已开发区域可达性下降，土地利用边际效益随之下降，该地区的土地开发将受到抑制。

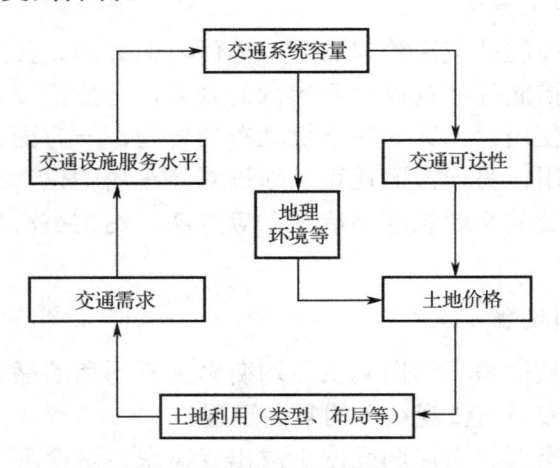

图 4-1 用地与交通的循环机理

如图 4-2 所示为用地与交通的源流机理。土地是城市社会经济活动的载体，各种性质的土地利用在空间上的分离引发了交通需求，交通需求主要依靠交通系统实现。因此，土地利用是交通客流产生的"源头"，而交通系统是实现这种"源"的手段，表现为"流"的状态。"源"和"流"之间相互影响、相互作用。

---

1 晏克非. 交通需求管理理论与方法[M]. 上海：同济大学出版社，2012.

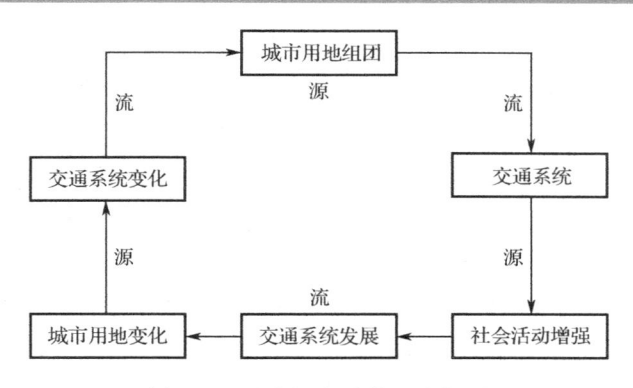

图 4-2 用地与交通的源流机理

2. 土地开发利用模式与控制指标

交通需求是土地使用活动的结果。目前,许多交通问题实际上可归结为土地使用问题。交通需求管理和土地使用控制都是解决交通拥挤的有效方法。土地使用控制包含以下几方面。

(1) 土地使用规划模式的控制。根据城市用地形式和道路网结构,城市布局的形态或土地使用规划的模式一般有集中式、分散式、混合使用模式、多中心模式等。不同的模式,人均出行长度、采用的出行方式是不同的,控制土地使用模式可有效地控制出行过程中的时空消耗。

(2) 土地使用性质、强度的控制。交通与土地使用性质、强度有关。不同的土地使用性质,交通发生吸引量是不同的,而且出行发生吸引量在时间、空间上的分布也不同。例如,饭店交通发生吸引量在进餐时间,工厂在上、下班时间,大商场吸引半径大,小商店吸引半径小。即使是同一种的土地使用,它的出行发生吸引量也不同。城市土地主要类型是商业、工业与居住,交通生成不同,应适度控制。

(3) 土地使用发展的区位控制。交通与土地使用的关系是互动的,可达性好的地方,适宜土地使用再发展;可达性差的地方,应严格控制再发展,且土地使用布局应使交通网络的可达性均衡。

(4) 土地使用密度的发展控制。土地使用密度既影响出行发生吸引量,又影响规划的交通方式的使用,如土地使用密度高适合公共交通出行方式,土地使用密度低适合小汽车出行方式。

(5) 土地利用开发方式、强度与效果的控制。复合式土地利用类型,紧凑型土地利用开发,可以减少大量的长距离出行需求,从而有效减少城市交通流量。

鉴于城市交通系统与城市土地利用类型之间互相影响,应着眼于建立城市交通与城市土地利用之间的一种良好关系。例如,围绕交通枢纽进行密集式开发,利用城市交通节点将居民的各项日常活动,配套居住、工作、娱乐、购物、休闲等必要功能,职住一体,将产业与生活配套区紧密联系起来,这将有利于居民出行需求的减少，降低城市交通碳排放。在交通中心区域，适度地增加居住密度与就业，能有效地降低私人小汽车的拥有数量，并且能在很大程度上增加居民选择公共交通的出行比例。罗伯特·塞维罗（Robert Cervero）等对比了旧金山湾区与斯德哥尔摩，在轨道交通系统的规模上两者差距不大，但是旧金山湾区郊区的交通站点周围的土地较少进行密集式开发，对比后发现旧金山湾区居民的平均日机动车出行距离是斯德哥尔摩的 2.4 倍。因此，要处理好城市交通与土地利用的关系，就要将土地密集开发并高效利用，这有助于缓解城市交通拥堵问题。还有，像青岛西海岸新区 2015 年在国内率先推出城市建设综合用地规划和土地管理机制，改变过去一宗土地只有一种功能用途的规定，允许建设多种功能的建筑物，将有利于使现有土地空间资源实现高效综合利用和价值最大化。

3. 城市土地开发利用的模式

城市土地开发利用的模式一般有集中式布局、分散式布局、混合使用模式、多中心模式等类型，主要如下。

1）集中式布局

集中式布局是指成片集中地布置各类城市用地，其公共基础服务设施较易配备完善，各类城市用地紧凑集中，各项功能用地联系紧密，市民出行便利，适合中小型城市。此类布局又分为网格状、环形放射状两种类型。

（1）网格状布局

此类城市布局是最普遍、应用最广泛的布局形态，最明显的特征就是其道路骨架相互垂直，呈棋盘状分布，方便布置各类建筑物，但形态过于单调，易造成交通问题，如图 4-3 所示。我国古代平原地区的城市多为此类布局形态，北京主城区也属于此类布局。

（2）环形放射状布局

此类布局形态是城市的规模达到一定程度时形成的，一般出现在大中型城市中，其道路网是环状加放射状，交通通畅度和可达性较好，市中心聚集效应明显，如图 4-4 所示。巴黎是此类城市的典型代表。

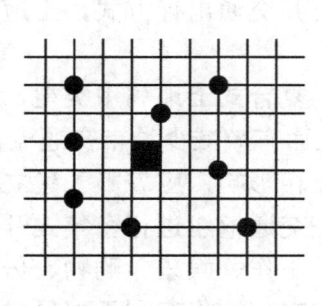

图 4-3　土地网格状布局　　　　图 4-4　环形放射状布局

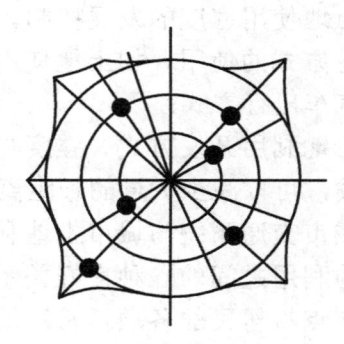

2)分散式布局

其城市空间呈分散式发展,这是主要特征。此类布局包括组团状、带状、星状、环状、卫星状、多中心与组群城市等多种形态。

(1)组团状布局

此类布局形态城市由若干不连续的城市用地组成,在城市用地之间存在着山地、河流、森林、农田等;此形态将城市近期和远期的发展关系协调处理,各组团有一定独立性,城市用地得到充分利用,组团之间必须构建方便快捷的交通连接,处理好城市集中与分散之间的"度",如图4-5所示。此类城市如重庆、合肥、淄博、枣庄等。

(2)带状(线状)布局

此类布局形态由于受自然地形的限制,多见于河谷、山谷地带,城市发展受其狭长地形限制,多数此类城市通常只有一条交通主要线路,城市沿着一条主要交通轴线两侧发展,城市空间布局有明显的方向性。此类城市局限性较强,城市规模不大,但也有明显的优势,如图4-6所示。此类城市如兰州、宝鸡等。

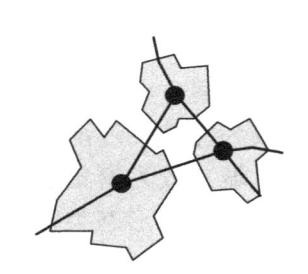

图4-5 组团状布局示意图　　图4-6 带状布局示意图

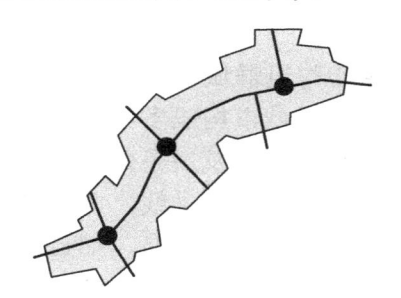

(3)星状(指状)布局

此类布局形态多是围绕着城市中心沿着交通走廊发展的结果,有数条交通主线向外围发散开来,城市沿着各交通干线向外发展延伸,各交通干线之间设置有大面积的农田等非建设用地,相当于环状与带状城市相互叠加而成,此类城市如哥本哈根、合肥等,如图4-7所示。

(4)环状布局

此类布局形态往往也受制于自然地形地貌的约束,城市通常围绕着海湾、湖泊、山体等呈环形发展,在一定程度上可视作带状城市首尾相连而成,如图4-8所示。中心部分的自然条件可为城市创造优美的景观和良好的生态环境条件,由于此类城市拥有天然的"绿心"结构,因而城市环境舒适优美,如新加坡、青岛等城市均属于此种类型。

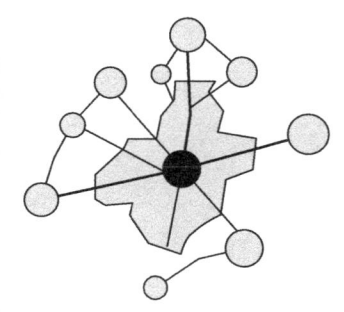

图4-7 星状布局示意图

(5)卫星状布局

卫星状布局也称混合使用模式,即中心城区团块状,向卫星城放射。此类布局形态是多个小型城市围绕一个大城市或特大城市发展而成，有利于在中心城市及外围的开阔地带内均衡分布人口和各类生产力，中心城市的支配性极强，周围的卫星城在一定程度上是相对独立的，但与中心城市有着紧密的联系，这种布局形态与 Howard 的田园城市理论提出的城市布局形态十分相似，如图 4-9 所示。此类城市如上海等。

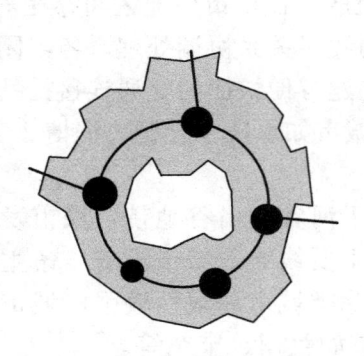

图 4-8　环状布局示意图

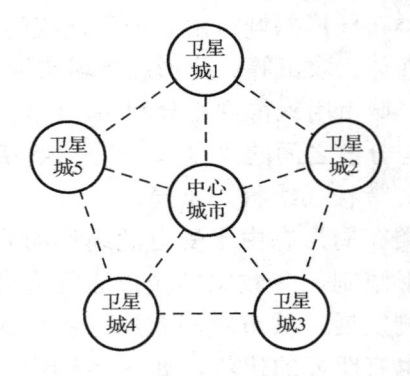

图 4-9　卫星状示意图

（6）多中心与组群城市

多中心与组群城市构成多中心模式，城市沿着多个发展方向不断扩张，产生多个组团，且各组团自身发展条件较好，基础设施配套较为完善，逐渐形成了功能齐全的城市次级中心及发展轴线，此类城市如底特律等；城市较为密集的区域，多中心组群化发展的趋势更为明显，如日本的京阪神地区等，这种形态类似于都市圈理论提出的城市布局形态，如图 4-10 所示。

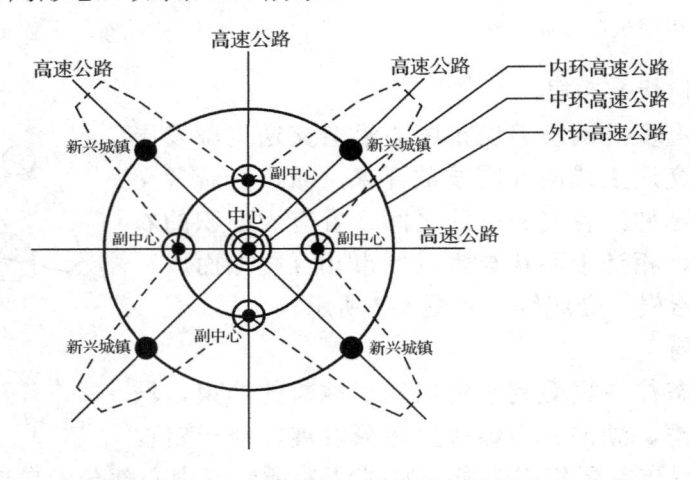

图 4-10　多中心与组群城市示意图

多中心与组群城市模式与 20 世纪 50 年代提出的"子母城"和 80 年代提出的"卫星城"的提法比较类似。1968 年日本第二次总体规划建议将首都生活、周转功能和教育、研究设施向东京外围地区疏散，继续建设新宿、涩谷、池袋等副中心，分散老商业区丸之内、有东町的压力。1976 年的第三次总体规划再次强调分散中枢管理功能，建设多中心城市，提出在更广阔的地域范围内建立多中心结构。通过向周边地区疏散工业、大学和大型综合服务机构，合理安排功能，适度增加人口，并以此为依托建设副中心，减轻对东京中心区的依赖。

4.3.3 城市空间布局的规划控制

城市空间是指城市内部和其他场所各建筑物之间所有的空间形式。城市空间布局是城市内部各个功能区的分布特征、地理位置及功能区之间的组合关系的体现，是城市功能组织在空间上的投影，它表现了城市内部存在的一种关系，主要用于分析城市用地的总体空间布局形态和各类用地的组合关系。

1. 城市空间的 3 种经典模式

（1）同心圆模式

E.W.Burgess 在 1925 年提出了城市空间的同心圆模式，他对芝加哥社会经济构成及土地利用进行深入研究，认为城市空间内部的演变过程就如同生态学中的"演替"和"侵食"，城市空间不断的演化过程就是低收入群体向城市的外围不断地扩张，高收入群体不断地向城市更外围区域扩张和迁移的过程。在同心圆模式中城市内部结构被直观地呈现出来，且表现出一元化特点，如图 4-11 所示。

（2）扇形模式

Homer Hoyt 在 1939 年提出了城市空间的扇形模式，他研究分析了美国数个城市的城市空间结构，指出在社会经济的作用下，同心圆结构中放射线形的道路交通会使城市空间不规则地向城市外围扩张，并认为在表现城市空间的内部结构上，相较于同心圆模式，扇形模式更加形象，具有较强的说服力；在城市各功能分区互相穿插时，扇形模式实用性更高，如图 4-12 所示。

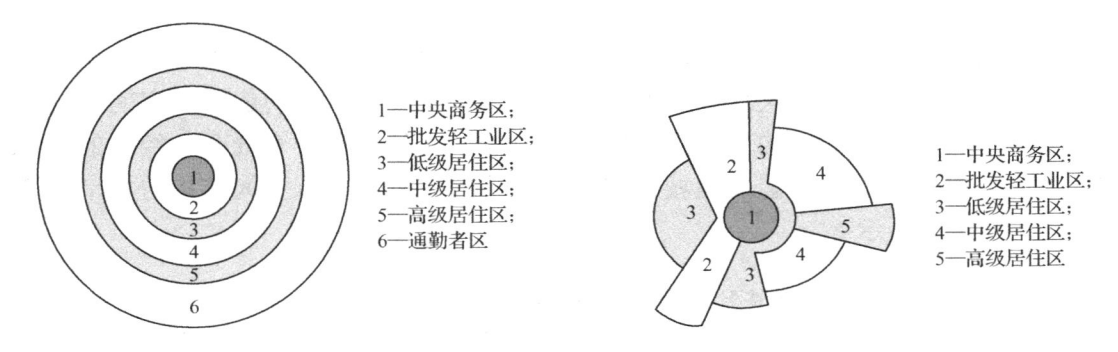

图 4-11 同心圆模式示意图
1—中央商务区；2—批发轻工业区；3—低级居住区；4—中级居住区；5—高级居住区；6—通勤者区

图 4-12 扇形模式示意图
1—中央商务区；2—批发轻工业区；3—低级居住区；4—中级居住区；5—高级居住区

（3）多核心模式

Harris 等人在 1945 年将城市空间同心圆模式和扇形模式相互结合，取长补短，提出更加符合城市发展规律与趋势的城市空间多核心模式。主要侧重于重工业影响

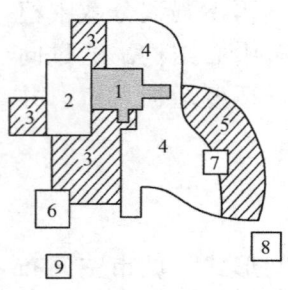

1—中央商务区；
2—批发轻工业区；
3—低级居住区；
4—中级居住区；
5—高级居住区；
6—重工业区；
7—边远商业区；
8—居住郊区；
9—工业郊区

图 4-13　多核心模式示意图

城市空间结构的作用机理，并注意到城郊居住区的广泛发展，以中心商业区（Central Business District，CBD）为主要核心，同时还包括城市空间内其他地域的次要核心，如图 4-13 所示。

2. 城市交通与城市空间结构的关系

城市交通与城市空间结构的关系是相互的，也是双向的。城市交通系统对城市空间结构的形成产生影响，反过来城市空间结构的构成要素也会引起城市交通的改变，两者的某一种因素的改变都会引起另外一个相应的变化，如图 4-14 所示。不同的城市空间结构就对应着不同的城市交通结构，且要相互适应。

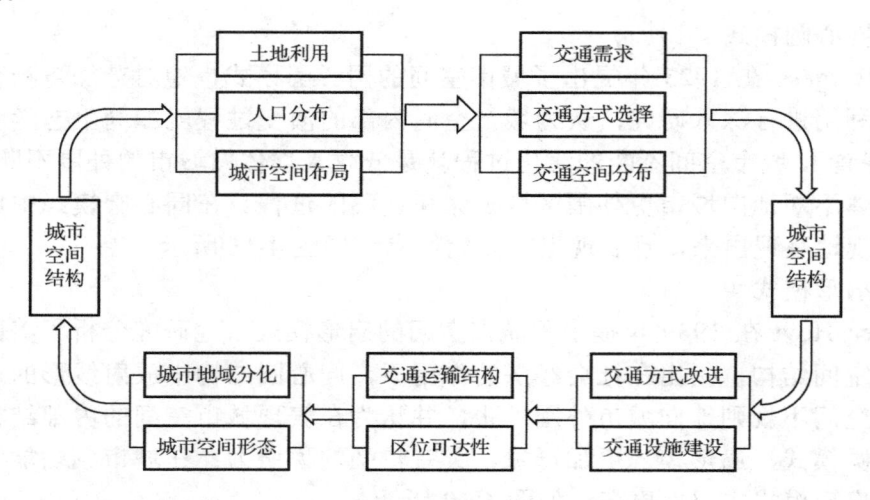

图 4-14　城市空间结构和交通结构关系图

城市发展得越快，规模越大，随之出现的交通问题就越多、越大，通过宏观层面改变城市空间结构来解决这些问题就显得十分必要。互不相同的城市空间结构一定有着互不相同的交通结构和道路线网与之对应，而只有在符合社会、经济的交通支撑条件确立起来后，才能发生城市空间结构质的改变。城市空间结构与城市交通对应表如表 4-1 所示。

表 4-1　城市空间结构与城市交通对应表

城市结构模式	城市交通需求	城市交通方式	城市路网结构
单中心同心圆结构	满足城市内部畅通、便捷的交通联系	机动车交通	网格状路网
单中心向多中心结构转变	满足拓展区域与中心城区快速的交通联系	轨道交通、机动车交通	圈层+放射快速干道系统

续表

城市结构模式	城市交通需求	城市交通方式	城市路网结构
多核心、多副中心组团模式	保证主、副中心之间日常的交通需求	轨道交通、高速公路等交通干线	快速公交线路轴向延伸

3．城市交通与城市空间结构的关系模型

（1）汤姆逊模型

基于城市交通在一定程度上决定城市布局结构的原理，通过合理规划城市的交通结构，可以引导城市向合理的空间布局结构转变。关于交通与城市结构关系模型的研究较多，其中影响较大的是汤姆逊模型（The Thompson Model）。20世纪70年代，汤姆逊及其团队在全球20个大城市做了详细的调查研究，提出了5种城市交通与城市空间结构的关系模型，即完全汽车化模型、弱市中心战略模型、强市中心战略模型、低成本战略模型和汽车交通限制战略模型，后来被称为汤姆逊模型，如图4-15所示。

(a) 完全汽车化模型　　(b) 弱市中心战略模型　　(c) 强市中心战略模型

(d) 低成本战略模型　　(e) 汽车交通限制战略模型

——— 高速路　　——— 干道　　● 郊区中心

- - - - 铁路　　○ 次级中心　　········ 公共汽车优先通行道路

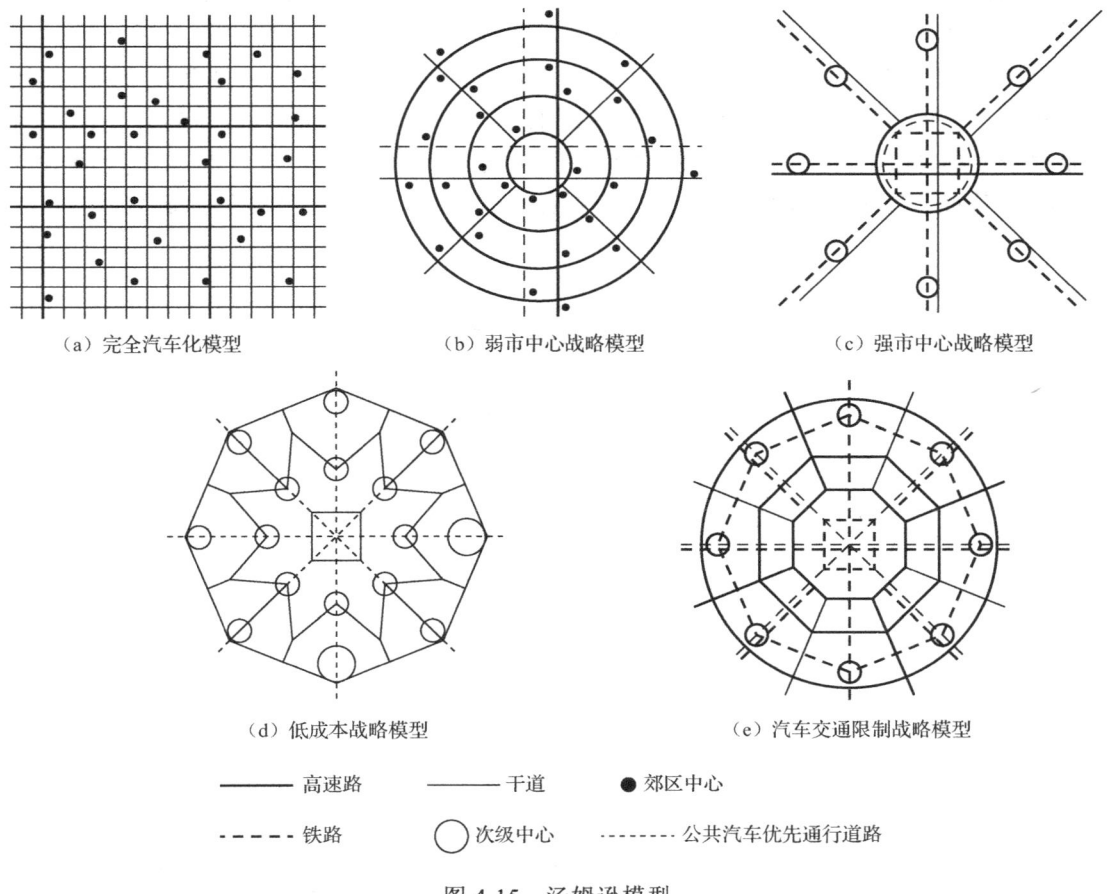

图 4-15　汤姆逊模型

在这 5 种模型中，完全汽车化、弱市中心战略、低成本战略 3 种模型主要为解决交通拥挤问题而扩建道路，依靠增加地面道路供给来解决交通需求问题，但扩建后的道路在降低出行时耗的同时，往往又引发新的出行需求，从而最后又回到了交通拥挤状态。另外，有限的土地资源决定了道路不可能无限制地扩张。

强市中心战略模型是在轨道交通大发展时期形成的，在城市规模还没有大范围扩展以前，就已构建了从市中心向外辐射、四通八达的轨道交通网，城市在以后的发展中将其作为城市交通的组成部分和基本骨架。

汽车交通限制战略模型是以公共交通作为城市网络骨架的城市布局和交通结构模型，城市中心区周围存在若干个副中心，整个城市呈多中心、分散式的空间形态；城市核心区内地面交通以公共汽车优先通行道路为主，副中心彼此之间及与市中心之间都有便捷的轨道交通相互连接。

（2）TOD 模式

1990 年，彼得·卡尔索尔普（Peter Calthorpe）提出了 TOD（Transit Oriented Development）模式，也就是以公共交通为主导的城市发展模式。TOD 模式是公共交通结合土地利用开发模式得到的结果，其内容有两方面：一是公共交通社区，二是以公共交通为主导的城市层面上的空间结构模式。公共交通社区是在以 2000 英尺（609.6m）为半径、以公共交通的站点为圆心的步行区域内，将办公、居住、商业等功能集于一体的综合型社区；以公共交通为主导的城市空间模式，是以中央商务区为中心，从而形成疏密程度相同的、多中心的城市空间结构，如图 4-16 所示。

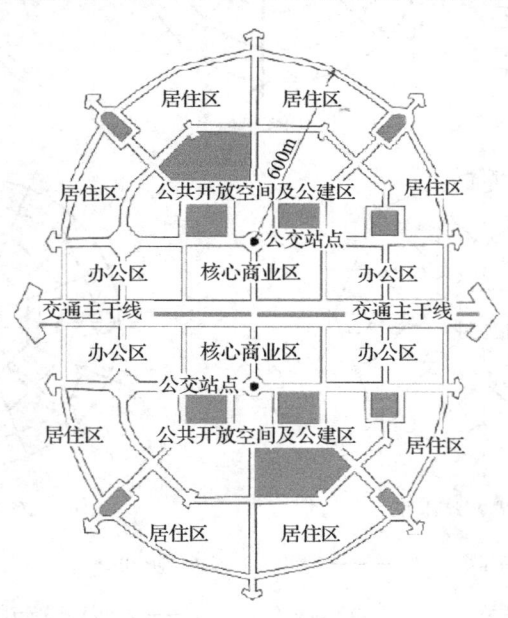

图 4-16 TOD 模式示意图

当城市处于快速发展期时，要依据城市的长期规划、发展目标、经济状况等，及时采取"公共交通引导"的发展模式，适当超前发展城市交通，如修建大容量公交路网，建设综合换乘枢纽，甚至建设轨道交通等，这样必然吸引大量的城市居民和企业向新的交通设施附近聚集，充分发挥城市交通对城市空间演化的引导作用。

4.3.4 绿色低碳与可持续发展导向的交通供给

影响城市布局的因素较多，目前国内外相关领域的专家学者大都将重点放在了公共交通这一因素上。绿色低碳与可持续发展理念已成为未来城市与交通发展的重要导向。特别是进入 21 世纪以来，全球范围内建设低碳交通的城市得到迅速发展。在国内外的城市发展建设过程当中，城市管理者在进行城市空间布局规划时，都将这种低碳理念应用到实践当中。

1. 公共交通引导城市布局

城市公共交通所引导的城市空间扩张主要是依靠在空间上城市公共交通所具有的便利性、快捷性和连通性，来诱导快速地、高密度开发利用在公共交通沿线的土地，并混合布局，从而使城市呈现明显的轴向扩展趋势。不同交通方式对城市空间布局形态的作用机理不同，例如，以公共交通为主要交通方式对城市的可持续发展更加有利，而以小汽车为主要交通方式将会对城市的良性发展产生不利影响。

城市公共交通系统一个重要的组成部分就是轨道交通系统，其自身优点包括载客数量多、运行速度快、节能环保且碳排放量小等，现阶段我国大城市都在修建轨道交通。TOD 模式就是城市布局受到轨道交通影响的一种表现形式，也反映了城市交通与城市布局之间的关系。城市空间、交通模式和能耗特征，指出影响公共交通和私人小汽车能源消耗的因素是互不相同的，并且影响交通领域能源消耗权重的最大因素并非城市的密度。根据我国城市发展特征，节能减排最有效的方法就是转变城市交通结构模式，同时积极发展非机动交通也是相当重要的方法之一。快速发展的城市交通建设会进一步加快中心市区居民向城市外围迁移，逐步形成多个商业经济中心，从而促进城市的不断扩张并向多中心模式发展。

2. 低碳交通战略下城市布局国内外典型案例

国外运用低碳理念建设城市，将低碳交通与城市空间布局合理结合，并取得巨大成功的城市最具代表性的就是哥本哈根。其应用低碳理念因地制宜，一方面进行城市交通规划，另一方面进行城市空间布局规划，同时两者并不是孤立的，而是相互依托、共同作用的。通过两方面的科学规划，形成了哥本哈根独有的城市布局形态，城市的中心区主要是建设主功能区，由轨道交通构成的 5 条交通干线呈射线状从城市中心引出，在轨道交通线路上密布着城市的次级中心。由于城市中心与其次级中心的布局形态和人的手心与手指十分相似，由此被称作手指形城市布局，是典型的星状（指状）城市布局形态。

东京都市圈的形成与其发达的轨道交通系统密切相关，轨道交通系统的完善对城市空间布局起到了引导效应，同时城市空间布局形态反过来又使轨道交通得到不断的完善，这也体现出城市交通与城市空间布局的相互关系。

此外，温哥华、库里蒂巴等城市通过发展与轨道交通有着许多共性的快速公交系统（BRT），在缓解城市交通矛盾方面成效显著。新加坡、荷兰采取了一系列政策与措施，对降低私人小汽车的使用率、增强城市道路系统的通达性及提高公共交通运行效率，都有十分积极的作用。

我国国内的大城市在低碳交通与城市空间布局等方面也做了许多尝试，其中上海在理论研究和实践建设方面都取得了比较丰富的经验。例如，机动车牌照拍卖制度，实践证明该制度对上海市私家车的高速增长势头有明显的抑制作用。一些学者指出，解决上海城市交通问题的重要途径，就是要从宏观层面进行科学的城市空间布局规划，在城市建设中逐步向多中心城市发展，使得中心城区高密度人口和城市交通向次级中心分散。

近些年来，随着生态文明建设的持续推进，国内很多大中城市在城市建设与低碳交通发展方面也做了大量工作，逐步将低碳交通理念融入城市布局规划当中，对于应对城市日益尖锐的交通矛盾起到了良好作用。

本章参考文献

[1] Kalafatas G, Peeta S. A Common Modeling Framework for Dynamic Traffic Assignment and Supply Chain Management Systems with Congestion Phenomena [M]. Transportation and Traffic Theory, 2009.

[2] Litman T, Burwell D. Issues in sustainable transportation[J]. International Journal of Global Environmental Issues, 2010, 6(4): 331-347.

[3] Zhong R X, Sumalee A, Pan T L, et al. Stochastic cell transmission model for traffic network with demand and supply uncertainties[J]. Transportmetrica, 2013, 9(7): 567-602.

[4] 晏克非. 交通需求管理理论与方法[M]. 上海：同济大学出版社，2012.

[5] 肯尼斯·巴顿. 运输经济学[M]. 北京：机械工业出版社，2013.

[6] 秦四平. 运输经济学（第 2 版）[M]. 北京：中国铁道出版社，2007.

[7] 孙斌栋，魏旭红. 中国城市区域的多中心空间结构与发展战略[M]. 北京：科学出版社，2017.

专项篇

第 5 章
交通与经济社会融合发展

> **本章导入**
>
> 在社会化大生产和科技进步促进交通运输业长足发展的同时,交通运输业的发展水平也促进或制约着国民经济发展的规模和速度。交通运输是经济社会发展和运行的重要基础,是影响经济、社会、政治和文化发展的重要条件,它反作用于社会生产力,并成为社会经济中的重要产业,在国民经济中占据了基础性、先导性、战略性的地位。传统上交通运输就与经济社会各部门、各领域、各环节联系紧密,并随着经济社会的发展不断调整适应,相互促进。

5.1 交通运输与经济社会融合发展

交通运输与经济社会之间相关影响、相互促进、辩证统一,交通运输与经济社会深度融合发展已成为我国现阶段经济社会发展的必然要求,也是交通运输转型升级发展的现实需要。

5.1.1 交通运输与经济社会融合发展背景

1. 交通运输进入"交通强国"建设新时代,要求更好发挥引领功能

我国改革开放以后很长一段时间,交通运输一直都在追赶经济社会发展,与经济社会发展的关系也先后经历了"瓶颈制约"到"总体缓解"再到"基本适应"的发展阶段。随着我国产业发展不断向工业化发展的中后期阶段迈进,要素驱动模式逐步转向创新驱动模式,主导产业由以加工制造业为主逐步转向高新技术产业和服务业,再加上科技进步特别是现代信息技术应用和商业模式创新的推动,交通运输自身条件不断改善,与经济社会的发展关系正在发生巨大变化。

党的十九大开启了全面建设社会主义现代化强国的新时代,交通运输发展也进入"交通强国"建设的新时期,进入"适度超前"进而"引领发展"的新阶段,这具有划时代的意义,意味着交通运输进入了一个由"适应发展"迈向"引领发展"的新时代。推动交通运输与经济社会深度融合发展,形成融合互动、互促共进态势,必将深刻改变传统生产生活和交易组织方式,成为驱动经济增长与社会发展新旧动能转换的重要力量。

2. 交通运输需要更好服务国家重大布局、重大战略及经济社会发展

当前我国正处于全面建成小康社会和全面建设社会主义现代化的历史交汇期，经济发展已由高速增长转向高质量发展阶段，正处在转变发展方式、优化经济结构、转换增长动力的关键时期，供给侧结构性改革不断深入推进，发展质量变革、效率变革、动力变革不断加速，创新驱动、乡村振兴、区域协调、可持续发展、军民融合等战略深化落实，全面开放格局加快构建，新业态、新模式不断涌现并蓬勃发展，人们对美好生活、便利出行、畅捷运输的要求更为迫切。

这要求彻底改变传统的交通运输与经济社会以相互依存为主要特征的融合关系，转向顺应经济社会深度变革的多层次、多模式、广范围的深度融合互动发展，为现代经济体系建设，特别是产业、城镇、开放、民生、生态、军民等领域发展提供更适用的交通运输承载平台和营造全链条发展环境，更好服务国家重大布局和重大战略，为国民经济和社会发展更好地发挥基础支撑和先行引领作用。

3. 交通运输需要加快转变发展方式，实现高质量发展

经过多年快速发展，我国交通运输面貌大为改观，不仅高速铁路、高速公路等的规模和技术在世界上居于领先地位，而且基础设施总体成网，服务能力显著提升，共享交通、快递电商、物流众包等业态模式创新和发展速度惊艳世界，打造交通强国的根基已经奠定。交通运输自身发展已经成为一种具有增量价值的经济活动，成为带动经济转型和社会进步的重要力量。

新时代交通运输自身发展阶段变化及国家经济转型发展，要求交通运输进一步提升创新发展和产业化能力，通过融合发展，建设交通强国，为经济转型升级和社会文明进步提供新的路径和方式，精准对接并创新引领需求变化，优化服务供给，促进交通运输自身发展质量与效率、效益的提升。

4. 交通运输与其他领域之间跨界融合已成为不可逆转的趋势

随着经济社会发展和技术模式的创新进步，许多领域均出现了融合发展的新现象，如产业融合、产城融合、军民融合等，特别是在现代互联网技术广泛应用的背景下，融合范围更广，趋势更为显著，影响更加深刻。融合打破了传统发展边界，改变了固有组织运行方式、商业流转模式、产业生命周期及投入产出关系，推动经济社会不同领域之间直接的深度关联、彼此渗透、相互影响、反复调适、互促升级，不仅带动经济社会传统领域转型升级，更催生出新业态、新领域。

当前，随着技术进步、互联网等信息手段的广泛应用，我国交通运输与经济社会关联领域融合发展趋势日益明显，以高速铁路、综合枢纽、共享交通、快递电商、物流众包、新能源汽车等为代表，涌现出一批跨领域融合的新技术、新业态、新模式，正在深刻改变着传统交通运输模式、生产生活方式、出行消费特征和交易结算

形式，以及经济增长和社会发展驱动方式。高速铁路、综合枢纽、无人驾驶、绿色交通、共享交通、快递电商、物流众包等新技术、新产业、新模式、新业态，无论是对经济社会的长远发展，还是对交通运输自身的进步，均带来了新的机遇，也提出了新的要求。

5. 交通运输需要顺应全球发展潮流，加快实现互联互通、网络化、智能化

目前，在全球探索经济增长新空间的过程中，受经济社会新需求和交通运输创新发展的双重推动，交通基础设施建设步入新一轮代际更替新阶段，呈现国际联通化、网络化、智能化新特点，高速铁路、智能公路、超级港口、自动驾驶车辆、无人机等新一代智能化交通基础设施和技术装备已成为发展热点和现代化发展的标志。

为抓住领先世界经济社会和交通运输发展的历史性机遇，我国需要在新一轮经济布局调整、产业升级、全面开放、改善民生、保护生态等战略实施中，从融合促进发展和融合引领发展的视角，加快构建具有全球竞争力的交通运输与经济社会融合发展系统。

▶▶ **5.1.2 交通运输与经济社会融合发展特征趋势**

交通运输与经济社会之间的相互关系在不同发展阶段显现出不同的形态，随着技术进步和业态更迭，交通运输与经济社会融合程度不断加深，传统边界愈加模糊，越来越成为一个相互促进、支撑更为紧密的有机整体。交通运输与经济社会之间的融合程度越高，越有利于发挥交通运输推动经济社会要素流动、相互渗透、模式创新的功能，推动交通运输自身及经济社会发展方式发生深刻变革，并对供需精准匹配与系统整体升级产生深远影响。

1. 拓展经济社会发展的新空间

自现代交通方式出现以来，远洋运输与国际贸易、海上军事力量同步扩张，铁路运输与工业革命、区域空间开发齐头并进，汽车与道路运输和工业化、能源革命共同推进，甚至能够影响世界政治、经济格局。交通运输与经济社会融合发展，将使交通更好地发挥支撑引领国土空间开发和优化的战略功能，更好地促进区域协调，推动新型城镇化发展，加速国际、国内互联互通，高效组织和配置两个市场、两种资源，联动国际产业合作和国内产业梯度转移。

2. 出现推动速度、质量变革的新动能

随着以互联网为代表的现代信息技术、供应链技术和金融服务等的创新，以及人类物质文化生活水平的快速提升和社会文明的不断进步，交通运输与经济社会融合的广度、深度出现了前所未有的变化，交通运输新技术、新产业、新模式、新业态快速涌现，出现了推动速度、质量变革的新动能，不断打破传统产业边界，延伸产业链和价值链，提高交通运输供给体系的质量和效率，降低运输成本和经济社会

运行成本，支撑实体经济振兴升级，加速传统农业、制造业、服务业转型升级，推动制造业服务化，同时催生新业态，激发潜在需求，为新旧动能接续转换提供交通承载平台。

3. 提供满足人们生产生活的新方式

交通运输与经济社会之间的融合呈现突破边界的趋势，交通运输与经济社会融合效应倍增，尤其是网络信息技术在融合中的作用更加凸显，使交通运输新业态、新模式不断涌现。有助于提高运输服务水平，集约、节约、共享、共用资源，盘活存量资产，提升增量价值，更加精准地对接社会生产需求和人们美好生活需要，更加有效地满足多样化需求，进一步带动技术与服务进步创新，提高交通运输及经济社会全要素利用效率，改变传统生产生活方式。

4. 带来一定程度上的新挑战

在交通运输与经济社会融合发展过程中，面临的风险和不确定性增多，对既有的政策秩序、法律边界等提出了新挑战。特别是通过融合所催生的新业态，在推动消费需求升级和供给侧结构性改革、为制造业等实体经济开拓新的发展空间的同时，也不可避免地会产生一些新的问题和风险，对制造业等实体经济也会带来一定程度的冲击。

▶▶ 5.1.3　交通运输与经济社会融合发展对策

近年来，我国交通运输与经济社会发展的融合程度在不断加深，两者在共生互促发展方面进步显著，但仍存在需求对接不精准、供给服务不配套、资源共享不高效、牵引带动不突出等诸多不充分、不平衡、不协同的问题。推动交通运输与经济社会广泛深度融合，既是提高综合交通运输自身供给质量的要求，又是提升经济社会整体发展效能的需要。当前，迫切需要把握趋势、顺势而为，有力、有效、系统地推进交通运输与经济社会向更高水平深度融合发展。

1. 主动对接国家重大战略，优化交通运输空间布局

着眼区域协调发展、城乡融合发展等国家战略，围绕国家生产力布局优化调整，积极服务国家重大布局和重大战略。构建串接"四大板块"的运输经济轴带，重点对接"一带一路"建设、京津冀协同发展、长江经济带发展等重大战略，打造"一带一路"国际多式联运和经济合作走廊。根据城市群功能定位、发展程度，以城际铁路等为重要依托，分类、分阶段推进城市群交通网络经济发展。重点发挥京津冀、长三角、珠三角城市群以轨道交通为主体的城际交通网形成的"同城化"网络经济效应和快轨经济效益。提升长江中游、成渝、海峡西岸、中原、关中、山东半岛等城市群以轨道交通、高速公路为主体的交通网络经济效应。有效疏解超大、特大城市非核心功能，带动中小城市、小城镇、乡镇一体化发展。

依托国家"十纵十横"综合运输大通道和"八纵八横"高铁通道,打造具有战略带动作用,符合现代产业链、供应链协同联动的跨区域经济走廊。重点打造沿江、沿海、陆桥、京沪等通道经济带,在我国内陆地区谋划新的交通经济走廊,前瞻性谋划横贯东西、纵贯南北向"轴向经济带",积极发展交通运输通道经济。

推动交通运输与区域经济融合发展,充分发挥交通通道、枢纽等极化、集聚、扩散功能,以客货流为牵引,带动商流、资金流、信息流、人才流围绕交通设施集聚,拓展经济社会发展空间,增强发展动能。

2. 促进跨业、跨域、跨界融合,更好发挥先行引领作用

在强化交通运输方式间衔接融合的基础上,重点围绕跨业、跨域、跨界三个维度,着眼传统和新兴领域、发达和欠发达地区等分类、分步有序推进。

围绕产业融合规律与趋势,顺应新一轮产业变革和消费革命,打破产业边界,推动交通运输与关联产业深度融合。通过跨业融合,强化交通运输与制造业、农业、旅游业、商贸流通业及其他关联产业和新兴产业的深度融合发展,推动产业转型升级,加速新兴产业发展,助力产业迈向中高端,支撑现代经济体系建设。重点推进交通装备制造业延伸服务链条,强化交通运输对现代制造业的服务支撑。促进交通运输与农业现代化协同,支持交通运输打造农村经济多元化发展平台。强化交通运输与现代物流深度融合发展,打通线上、线下商贸流通渠道,鼓励商业模式与业态创新,推动商贸流通资源整合与共享。推进交通与旅游设施一体化建设,增强游客出行消费配套服务保障,打造"出行即出游"的旅游消费新模式。

着眼新形势、新变化,围绕社会民生、生态环境、军事国防等领域,提升交通运输对接融合水平。通过跨域融合,精准对接需求,扩大受惠群体,增强人民群众美好生活的获得感;同时,增加有效供给,放大溢出效应,减小负外部影响,全面提升支撑保障联动发展能力。充分发挥交通对扶贫脱贫攻坚的基础支撑作用,提升交通运输公共服务供给水平,全面提升交通运输社会民生服务保障能力。强化与清洁能源体系和绿色循环体系的深度联动,推进绿色交通运输系统建设,培育发展绿色低碳交通新产业、新业态。加快发展绿色低碳交通,优先发展城市公共交通,加大铁路、水运等大能力、低能耗、绿色化运输方式发展力度。强化交通运输对军事国防的战略支撑,增强战略安全和应急保障能力,推进交通领域军民技术互转互促和推广应用,促进交通运输军民融合发展。

围绕国际产能合作和国内产业梯度转移,充分发挥交通运输在拓展国际、国内发展空间,优化空间格局方面的重要作用。通过跨界融合,优化服务供给能力,转换发展动能,拓展经济社会发展空间,打造区域增长极。培育交通运输枢纽经济,分类、分级推进枢纽经济发展,打造临港经济升级版,探索自由港发展新范式,高品质建设陆路枢纽经济区,培育构建航空枢纽经济区,创新发展口岸经济。着力提升城市群交通网络经济效益。推动东部重要城市群快轨经济发展,增强中小城市群

交通网络经济发展动能，厚植其他城镇化地区交通经济发展潜力。

3. 推动交通运输高质量发展，提升支撑能力和服务水平

围绕交通运输科技创新、运输服务质量提升、重点通道枢纽建设等领域，全方位推动交通运输高质量发展，分类、分步、分区推进深度融合发展，提升支撑能力和服务保障水平。

重点结合国家战略性新兴产业培育和服务经济创新，充分利用互联网、大数据、云计算、物联网、新能源、高端装备制造、软件系统集成等现代关键核心技术，构筑互通共享的资源整合平台，加快推进交通运输科技创新，不断推出交通运输设施装备新技术、新产品、新服务。推进智能交通产业化，拓展智能交通服务，推广智慧交通管理，加快智能装备技术研发应用，加强数据信息共享，战略性联动发展自动驾驶等产业。

紧密结合新需求、新技术，以具备条件的地区和领域为切入点和突破口，强化共享交通、智能交通、旅游交通、绿色交通等新兴领域创新，有序推广。加强信息通信、运输装备停放、智能通行道路、旅游交通等服务新业态、新模式的配套基础设施建设。有序推广共享交通，逐步向具备条件的乡镇、牧区、林区、边境及主要贫困地区等延伸，做好配套保障。有序发展道路自动驾驶、物联网等新业态。以旅游资源丰富地区为重点，加大旅游绿道、邮轮游艇、汽车营地、通用航空等先行示范作用，积极培育符合国民消费特征的交通旅游业态。

不断完善交通运输基础设施网络，持续发展综合交通运输体系，强化硬件设施保障，对接需求，补齐短板，构建天上、海上、陆上、网上广泛覆盖，协同联动、互联互通的交通基础设施网络，强化服务新业态、面向未来的下一代跨领域基础设施布局。围绕枢纽与产业、城镇、开放等深度融合协同发展，在东、中、西、东北，大、中、小城市及口岸等选择一批发展基础好、潜力大、前景广、带动性强的节点、站点，开展枢纽经济试点示范。完善航运中心功能布局，联动提升港口经济效能；以现代铁路枢纽等为重点，分类打造陆路枢纽经济区；以重点机场为主体，培育壮大航空枢纽经济；依托重要口岸，探索发展口岸经济，提升交通设施支撑服务能力。

4. 破除体制机制制度障碍，营造融合发展良好环境

着眼交通运输与经济社会深度融合发展的需求，全面深化改革，创新体制机制，有效放宽新兴经济领域政策限制，营造深度融合发展的良好环境。

加强融合发展战略、规划、政策、标准、监管等的制定和实施，政府提升对融合发展的预期导向、调控监管、公共服务职能。探索实施动态包容审慎监管，强化风险管控与应对，针对新产业、新业态发展需要，推动协同管理。扩大公平开放的市场准入，探索交通运输新兴经济领域特殊管理制度，加速新技术、新业态向交通运输传统领域的融合渗透，引导新产业、新业态有序发展，同时完善负面清单制度。着眼融合发展催生的新领域、新业态、新模式，完善相关标准与规范。

鼓励开展关联学科交叉研究，就融合发展的重大战略性、技术性、政策性等问题系统攻关，加快构建符合我国国情特征的交通运输与经济社会融合发展理论框架与方法论体系。加强跨领域融合人才培养，激发人才流动活力，营造有利于深度融合人才、团队成长的氛围。完善融合统计体系，建立完善融合领域统计调查和监测分析制度，构建融合指标体系。

优化金融支持政策体系，调整完善投资政策。强化数据资源开放共享，打破"数据烟囱"和"信息孤岛"。根据不同地区的发展实际，组织一批融合示范项目，及时总结成熟做法和成功经验予以推广。

5.2 交通与城市深度融合发展

交通运输是城市经济社会发展的基础条件和先导支撑，也是城市功能的基本要素，城市交通发展也被深深地打上了城市经济社会及人的活动的烙印。尽管我国交通运输发展取得了长足进步，但仍然存在交通与城市之间的诸多不协调性问题。

▶▶ 5.2.1 交通与城市之间作用关系的演进

交通与城市二者之间存在相互影响、相互作用的关系。在发展过程中，先后出现了交通辅助型城市发展模式、交通主导型城市扩张模式及交通与城市深度融合发展模式3种基本类型。

1. 交通辅助型城市发展模式

古代出现了城市的雏形，最初"城"当"高墙"讲，作防卫用，"筑城以卫君"，常扼守交通要冲；"市"为交易场所，"日中为市"，常将道路两侧作为贸易场所。不管是"因城而市"，还是"因市而城"，交通均是城市布局中不可或缺的基本要素之一。从另一方面看，衣食住行是人的基本需要，而"行"便是人类对交通的基本需求。凡是有人居住、生活、工作的地方，交通都是必要的基本保障之一，人们通过时间、费用及相对可达性等"出行效用"的价值观念给交通打上了深深的"需求烙印"。

交通作为城市功能运行的必备辅助手段而存在，成为城市功能组成的基本要素之一，承担着城市经济社会发展的基础条件，是人类生产、生活、活动的重要支撑。在这种模式下，交通受到来自城市或更大层面的经济、社会、文化、科技、政治等因素的影响，适应着城市经济社会发展的要求，以一定模式与规模结构的交通体系支撑着城市运行。人们按照自己的个人特征、出行目的、路线规划及出行时耗选择相适应的交通方式，使自己的出行时耗、出行成本、舒适性稳定在可以承受的某一范围内。

2. 交通主导型城市扩张模式

随着近现代工业化大生产、机械化交通运输业的发展，作为城市功能活动产物及其功能运行动力的交通系统，其作用正在不断扩大，不再局限于提供城市基本保障功能，还具有了引擎功能。交通系统通过提供有效的交通服务，满足交通需求，又激发新的交通需求，拉动交通需求及人（货物）的出行行为进一步扩张，推动着工商业重新布局、人们生产生活分布、人口增长、新城再造、城市空间结构变化，深刻影响着城市经济社会各个领域。因此，在城市发展史上，便有了"火车拉来的城市"、港口城市、枢纽城市，当前有很多的城市化扩张均是首先通过修建新的交通线路、在城市郊区建设交通枢纽、建设城市轨道交通等方式促进新城区资源集聚发展来实现的。

在这种模式下，交通沿线周边城市化扩张不断激发，城市人口集聚迅速增长。这一阶段，进一步丰富了人们对交通与城市作用关系的认识，交通因城市而通达，城市因交通而兴盛，二者之间相互作用、辩证统一。然而，由于交通受城市空间和资源环境的约束，交通发展空间难以随着城市规模扩张实现动态跟进，尤其在面对困扰城市发展的交通堵塞及特定时段的交通高峰问题时更加凸显不足，这种约束性在本质上需要发展适应城市空间需求及自身资源环境等状况要求的交通模式。

3. 交通与城市深度融合发展模式

进入 21 世纪以来，伴随着迅猛发展的城市化与机动化进程，城市交通在供需关系上正发生着巨大变化，出现了交通供给严重滞后于交通需求的不平衡状态，资源环境压力、城市交通拥堵、停车难等问题成为各个城市的通病。这需要探索一种使交通系统与城市空间结构之间相互匹配、相互适应的深度融合型发展模式，建立适应城市高效、安全与资源环境可持续发展的现代交通体系，让城市空间构成要素（人口、土地、城市功能及空间形态）能够促进城市交通系统（交通方式改进、交通设施建设）不断改善，同时，让城市交通系统（交通空间分布、交通方式选择）能够进一步优化城市空间结构（城市土地利用、空间布局及城市区位可达性）。

根据城市交通需求（包括交通生成、分布、方式划分、分配）变化，创新城市交通组织管理方式，实现城市交通需求和供给在不同阶段、不同层次上的时空适度平衡目标，促进不同交通方式之间的无缝衔接，进一步提升城市交通系统运行效率。在新城区开发或老城区改造建设时，出现了以公共交通为导向、布局紧凑、功能健全的城市开发模式，在以公共交通站点为圆心的步行区域内，建设集工作、居住、商业等配套功能于一体的综合型社区，从而形成疏密程度相同的、多中心的城市空间布局结构。

▶▶ 5.2.2 当前交通与城市发展中不协调性问题

由于我国城市化与机动化进程迅猛发展，随之而来的资源环境压力、城市交通拥堵、停车难等问题日益凸显，交通与城市发展存在着诸多的不协调性问题。

1. 城市交通供给与交通需求严重失衡

近十年来，我国城市化水平不断提高，城市机动化交通呈现爆炸式增长趋势，大部分城市已进入"私家车时代"。相关数据显示，截至 2018 年 9 月，我国机动车保有量达 3.22 亿辆，其中私家车达 1.84 亿辆，约占 57%。私家车数量增速逐年增加，20 世纪 90 年代年均递增 11%，21 世纪 00 年代年均递增 17%，10 年代年均增长 21%。

城市交通基础设施建设和完善速度则远低于机动车数量和居民出行需求的增速，城市道路交通反而有日趋恶化的趋势，甚至陷入"路越修越宽，越来越堵"的怪圈，这种局面在大、中、小城市几乎普遍存在。与此同时，城市交通紧张状况有向城外蔓延的趋势，城际交通、城乡交通通行能力也明显不足，空间资源约束与交通需求矛盾日益突出，城市局部地区、主要城际走廊交通紧张局面不断加剧。机动化交通带来的城市交通拥堵不仅引发环境问题，而且带来了显著的社会问题，直接影响到人们生活的幸福感，增加了人们的出行时间，造成了社会财富的巨大浪费。诺贝尔奖获得者加里·贝克尔通过测算得出，全球每年因拥堵造成的损失高达 GDP 的 2.5%。如何缓解城市交通拥堵、实现供需平衡成了社会各界共同关注的焦点。

2. 城市化发展与交通配套服务不同步

城市化也叫城镇化，是农村人口向城市转移、城市规模扩大及由此引起一系列经济社会变化的过程，从另一个角度讲，也是城市郊区及农村转化为城市的过程。改革开放以来，我国城乡之间的壁垒逐渐松动并被打破，城市化在国民经济高速增长条件下迅速推进。进入 20 世纪 90 年代以后，我国城市化已从沿海向内地全面展开。2000 年 10 月，中共中央在关于"十五"规划的建议中提出，要不失时机地实施城镇化战略。2001 年 5 月，国务院批转公安部《关于推进小城镇户籍管理制度改革的意见》，废除城乡分隔制度。2000 年，我国城市化水平达到 36.2%，2005 年达到 42.99%，2010 年达到 49.95%，2011 年首次突破 50%。

2013 年，《国务院关于城镇化建设工作情况的报告》称，我国将全面放开小城镇和小城市落户限制，有序放开中等城市落户限制，逐步放宽大城市落户条件，合理设定特大城市落户条件，逐步把符合条件的农业转移人口转为城镇居民。2014 年，国务院总理李克强做政府工作报告时提出，着重解决好现有"三个 1 亿人"问题，其中之一是要促进约 1 亿农业转移人口落户城镇。2016 年年底我国城市化率达到 57.4%。若城市化率继续按照每年 1%的速度增长（即每年 1000~1200 万人从农村转移到城市），则预计到 2030 年，我国城市化率将超过 70%。在此过程中，来自人口就业、住房、社会保障、老龄化问题、资源环境消耗、交通等基础设施建设及城市治理等方面的挑战不可避免。

以房地产开发和工业园区带动城市拓展是各地推进城市化的另一大特征。随着城市化日益发展、城市及人口规模日渐增大，城市交通量剧增，职住不均衡进一步加剧，通勤距离增加，潮汐交通问题突出，城市交通负荷不断加重，对城市道路交通条件和交通组织、管理方式及能力提出更高的要求。城市交通还面临着诸多的深层次问题，例如，建新区为主导的城市发展方式导致城市扩张性增长过快，城市承载能力建设相对滞后；很多城市道路交通规划建设存在着先天不足的缺陷，城市建设缺乏统一规划，交通基础设施建设还不完善；城市交通系统并不完备，城市道路交通长期以来一直处于超负荷运行状态；城市交通基础设施投资比例失当，道路建设投资比重过大，公共交通投资比重过小；很多城市道路人均面积较小，道路用地占城市用地的比重较低，路网密度也低；道路性质混杂，致使道路的有效通行宽度大为缩减，道路交叉口设计不合理或管理不合理，加剧了交通阻塞。

3. 交通管理传统手段与城市精明增长目标不适应

2015年12月，习近平总书记在中央城市工作会议上提出，"要坚持集约发展，树立'精明增长''紧凑城市'理念，科学划定城市开发边界，推动城市发展由外延式扩张向内涵提升式转变。"这是我国首次引入精明增长（smart growth）理念，是在新阶段对城镇化和城市规划战略层面提出的新目标导向。"精明增长"需要因时、因市制宜，统筹考虑城市的"经济效率"、"社会公平"及"资源环境可持续发展"，不同城市应有不同侧重。

我国很多城市交通管理传统手段与城市精明增长目标并不适应。例如，目前很多大中城市公共交通出行结构比重仍然偏低，城市公交优先落实步履艰难，步行、自行车等慢行交通难以得到改善与保障，缺乏步行、自行车和公共交通间的连通性和体系性；一些城市交通管理水平低，信息化滞后，缺乏统一的、有权威性的交通管理机制，缺乏灵敏高效的交通信息反馈系统，决策与管理得不到信息技术支持，决策系统性和综合性不够，难以对交通流量分布起到实时调控作用，也不能给市民出行提供及时有效的引导信息；有些城市考虑到私家车交通巨大需求与城市道路供应不足的矛盾，实行控制城市人口数量、增加私家车使用成本等措施抑制交通需求。如何有效整合目前城市交通资源，探索科学有效的出行方式，实现城市交通高效、便捷、低碳化发展，成为适应城市精明增长目标所应关注的重点问题。

▶▶ 5.2.3 促进交通与城市深度融合发展的对策

上述交通问题的存在和发展势必会对城市发展带来一系列负面影响。解决交通与城市发展不协调问题，需要着眼于系统优化，整合交通管理传统手段，加强技术和管理创新，促进交通与土地利用、城市空间布局、交通供需关系改善及智能交通技术应用相协同，实现交通与城市经济社会深度融合发展。

1. 以人为本——作为交通与城市深度融合理念

城市交通并非单纯的技术方案问题，其规划、设计和建设首先应贯彻"以人为本"的基本理念。

从可持续发展的立场出发，将以人为本的城市人居环境作为筹划交通与城市综合治理对策的前提，并形成一种客观基准来评判各种对策的优劣。贯彻以人为本的基本理念，需要设定合理的城市交通模式目标，在资源约束条件下确定能够满足城市流动需求的各种交通方式的比例结构。这并不是要简单地完全限制某种方式的使用，而是要制约某种交通方式不合理的使用，因为各种交通方式都有其合理的使用范围。很多城市的交通规划建设是以"车道为核心"的方式，并未充分保留"人的活动场所"，车辆代替人的脚步成为丈量城市的尺度，行人通常会陷入小汽车包围的压迫空间。以人为本的理念要求给予公共交通和行人充分的路权空间，实行精细化城市交通管理。政府的责任不是简单地提供交通基础设施，而是向公众提供一种"不需要消费更多物质资源的交通服务"。

从民生角度看，衣食住行是人的基本需要，正如文明社会中的每个人有权得到一定水平的教育、医疗保障一样，人们也有权享用最基本的城市交通服务供给，这是人的出行权的体现，也是社会福利的体现。由于家庭收入或其他条件不同，完全按照"有支付能力"的付费原则进行交通资源分配有失平等和公正。因此，应该将城市交通服务中的大部分，按照"需要"而非有效需求进行分配，这就需要大力发展低价、惠民、便捷的城市公共交通。

2. 多规合——实行交通与城市一体联动机制

解决城市普遍存在的交通难题，仅仅通过增加交通供给来满足交通需求的方法通常难以奏效。传统的交通规划与城市规划一直存在"两张皮"的问题，通过预测客货量来设计的一些道路交通设施，通常规划期未满就已失效。需要对传统的交通规划进行反思，确保交通规划能够动态跟进城市人口数量变动、城市规模及经济社会变化情况，与土地利用规划、城市规划等多类规划实现合一，使土地开发利用、城市空间布局与整个交通系统设计有机结合，从而形成交通与城市一体联动机制。最终能够使人们减少出行距离，在交通上用最短的时间、花最少的钱，能非常方便地去他们想去的地方。

传统的城市发展规划是一种"摊大饼"式大跨度功能分区的城市发展模式，盲目地使城市交通增加了不必要的出行距离，应当转向"组团开发"或"多中心"的功能复合型城市布局发展模式，通过内部功能消化缩减出行距离，缓解大规模潮汐交通问题。因此，在空间开发维度上，既要考虑交通系统对土地开发的承载能力，又要考虑混合土地利用、步行化综合社区和紧凑型城市的设计定位，还要考虑交通系统在提升城市空间活力责任、社会整合责任、居民生活质量保障责任等方面的作用。

3. 无缝衔接——构建多种交通方式互联互通体系

根据 Wardrop 均衡原理，当城市中一种交通方式服务水平下降时，一部分出行者就会考虑选择其他交通方式以实现其出行效用最大化。出行者会按照出行者效用最大化原则选择适合自己的出行方式，当一种交通方式服务水平或消费者效用水平提高时，其他交通方式的出行者有可能部分转向此种交通方式出行，因此，公共交通或小汽车的出行需求在一定条件下会相互转化。针对城市各类交通问题，需要从优化城市交通供需关系上进行规划协调，优化交通组织管理，引导人们理性、高效、经济地出行。

提升出行者选择公共交通出行的效用水平并促进出行者选择，进而需要通过枢纽站点合理设计、换乘设施改善及公共交通线路优化等措施，转变单一道路交通模式为道路交通网、轨道交通网、公交网等构成的复合交通系统，实现不同交通方式之间的无缝衔接，方便出行者换乘，以提高城市公共交通系统的整体效率。此外，还要处理好不同交通方式网络间的布局结构及相互配合关系，保证交通出行方式的多样性。适度加大对公共交通的扩容和扶持力度，提高公共交通系统服务能力，完善步行、自行车和公共交通间的连通性和体系性，达到可持续发展目标（绿色、低碳、环保）下的供需平衡。

4. 智能互联——打造汇集众智共建共享交通模式

城市交通信息化的发展目标不能仅仅停留在智能交通技术自身的先进性上，应当与城市整体发展目标相一致，以此来研究信息化与城市交通的结合。应综合运用GPS、GIS、大数据、云计算、移动互联网、车联网等信息技术手段，综合考虑公众、企业、政府等不同方面的诉求，建立信息公开分享机制，打造一种"智慧型""参与型""全方位"的共建共享交通模式，成为交通与城市深度融合发展的技术支撑。

基于智能互联交通系统技术的应用，特别是通过大数据对城市交通运行系统进行感知，通过非定制数据对研究对象进行度量和表征，并将数据转化为信息，可以实现对城市各类交通需求的及时诱导，显著提升市民共同参与城市交通管理的程度，形成一种开放共享的城市交通管理模式。通过智能互联的信息化系统对人、车、路、环境各个要素进行优化组合，实现城市规划、建设、交通治理等方面的信息预警，应对城市空间、资源和环境约束，提升城市整体运行效率，推动城市"精明增长"。同时，结合对人的交通行为分析，关注人的个性化、多样化的交通需求，体现出"智慧型"交通特征。

5.3 交通运输产业与国民经济发展

交通运输产业是具有运输功能属性的经济活动的集合或系统，在国民经济体系中，是一个基础性、战略性、先导性的物质生产部门。

5.3.1 产业的内涵、类型和影响因素

1. 产业的含义与类型

产业主要指经济社会的物质生产部门，是由利益相互联系的、具有不同分工的、

由各相关行业所组成的业态总称。尽管它们的经营方式、经营形态、企业模式和流通环节有所不同，但是，它们的经营对象和经营范围是围绕着共同产品而展开的，并且可以在构成业态的各个行业内部完成各自的循环。

20世纪20年代，国际劳工局最早对产业做了比较系统的划分，即把一个国家的所有产业分为初级生产部门、次级生产部门和服务部门。后来，许多国家在划分产业时都参照了国际劳工局的分类方法。第二次世界大战以后，西方国家大多采用了三次产业分类法。

在我国，产业的划分是：第一产业为农业，包括农、林、牧、渔各业；第二产业为工业，包括采掘、制造、自来水、电力、蒸汽、热水、煤气和建筑各业；第三产业分流通和服务两部分，流通部门主要包括交通运输、邮电通信、商业、饮食、物资供销和仓储等业，为生产和生活服务的部门主要包括金融、保险、地质普查、房地产、公用事业、居民服务、旅游、咨询信息服务和各类技术服务等业，为提高科学文化水平和居民素质服务的部门主要包括教育、文化、广播、电视、科学研究、卫生、体育和社会福利等业，为社会公共需要服务的部门主要包括国家机关、党政机关、社会团体及军队和警察等。

一般而言，每个部门都专门生产和制造某种独立的产品，在某种意义上每个部门也就成为一个相对独立的产业部门。

以各产业所投入的、占主要地位的资源的不同为标准，根据劳动力、资本和技术三种生产要素在各产业中的相对密集度，通常把产业划分为劳动密集型、资本密集型和技术密集型产业。

劳动密集型产业主要依靠大量使用劳动力，对技术和设备的依赖程度较低，生产成本中工资与设备折旧和研究开发支出相比所占比重较大。通常农业及纺织、服装、家具、食品等制造业属于此类。随着技术进步和新工艺设备的应用，劳动密集型产业的技术、资本密集度也在提高，并逐步从劳动密集型产业中分化出去。

资本密集型产业的单位产品成本中，资本成本与劳动成本相比所占比重较大，每个劳动者所占用的固定资本和流动资本金额较高。资本密集型工业主要分布在基础工业和重加工业，一般被看作是发展国民经济、实现工业化的重要基础。通常钢铁、石油化工、重型机械、电力、通信设备、运输设备制造业等属于此类。

技术密集型产业在生产过程中对技术和智力要素的依赖大大超过对其他生产要素的依赖，其发展水平决定一个国家的竞争力和经济增长的前景。例如，微电子与信息产品制造业、航空航天、原子能、生物工程、新材料、机器人等属于此类。

2. 产业结构与产业集群

产业结构也称为国民经济的部门结构，是国民经济各产业部门之间及各产业部门内部的构成，主要是指生产资料和生活资料两大部类之间的关系，或者三次产业结构之间的关系，以及各产业部门的内部关系。产业结构或部门结构是在一般分工和特殊分工的基础上产生和发展起来的，标志着一国经济发展水平的高低和发展阶段、方向。

一国经济发展重点或产业结构重心由第一产业向第二产业和第三产业逐次转移，这一过程叫作产业结构高度化，也称为产业结构高级化。产业结构高度化往往具体反映在各产业部门之间的产值、就业人员、国民收入比例变动的过程上。

产业集群是产业链的有效整合，通过确立产业链环节中的某个主导企业调整、优化相关企业关系使其协同行动，提高整个产业链的运作效能，最终提升企业竞争优势。产业链整合发展具有降低成本、创新技术、开拓市场、扩张规模、提高效益、可持续发展的强大竞争优势，同时，它还是发展区域经济、促进产业转型的重要形式。促进产业集群通常采取产业布局调整、空间布局调整、企业内部扩张与兼并组合等途径。

3. 产业结构变化的影响因素

一切决定和影响经济增长的因素都会不同程度地对产业结构的变动产生直接或间接的影响。其中，知识与技术创新、人口规模与结构、经济体制、自然资源禀赋、资本规模、需求结构、国际贸易等方面是影响一国产业结构演变的主要因素。

（1）知识与技术创新。知识创新、技术创新和技术进步是经济增长的主要推动力量，也是产业结构变迁的动力。科学技术发展是影响产业结构变化的最主要因素，具体表现在：一是技术革命催生新产业，促成产业由劳动密集型向资本和技术密集型转变。技术革命、技术创新和技术扩散都对产业结构的升级产生影响，特别是技术革命，往往导致一些新的产业部门的诞生。例如，第一次技术革命中的纺织工业基本上是属于劳动密集型产业；第二次技术革命中发展起来的汽车、化工、钢铁等产业群则具有资本密集的特征；第三次技术革命和第四次技术革命中诞生的新产业，如人工智能、智能制造、宇航工业、生物医药等属于技术密集型或资本密集型产业。新技术革命不仅促成了各个时期主导产业的变化，使各产业在产业结构中的地位发生变动，而且促进劳动力就业结构的调整。二是技术创新促进产业发展。科学技术要成为推动经济增长的主要力量，必须从知识形态转化为物质形态，从潜在的生产力转化为现实生产力，而这一转化正是在技术创新这一环节实现的。技术创新是一个不间断的过程，从动态角度看，技术创新过程是由科学研究形成新的发明，新产品开发、试制、生产、营销等环节构成的。技术创新是产业成长和发展的推动力量。例如，现代农业与传统农业相比，其科技含量不可同日而语。现代农业科技在形成自己完整体系的同时，其他众多门类的自然科学与社会科学、技术科学与经济科学不断向农业科学渗透、交融，从而形成许多新的交叉点，拓宽了农业生产领域，推动现代农业持续发展。

（2）自然资源禀赋。自然资源是社会生产过程所依赖的外界自然条件。一国自然资源的禀赋状况主要包括地理位置、土地状况、矿藏总量及分布、水资源、气候等先天条件,对一国产业结构和经济发展具有重要影响。经济最早在沿河流域和沿海地区得到发展,当今许多发达国家的自然资源条件优越,都印证了自然资源的重要性。自然条件的好坏直接影响一国农业的发展。而地下资源状况直接影响采掘工业、燃料动力工业的结构。OPEC成员国与澳大利亚、新西兰等国家在产业结构转换的过程中,也受惠于其国内的自然资源禀赋。当然,自然资源禀赋也不是决定性因素,自然资源条件好的国家可能经济发展差别很大。自然资源状况对产业结构的影响是相对的,随着科学技术的进步,将使许多原来难以采掘的资源得到开发,并能开展综合利用和节约代用天然原料;通过国际贸易可以弥补国内资源的短缺,缓解自然资源对一国或一地区产业结构的制约。作为工业化发展与经济增长的初始条件或先决条件,自然资源禀赋在一国产业结构转换过程中的不同阶段,其作用与影响是不同的。越是在初、中期阶段,其影响与作用可能越大。当初级产品生产的比较优势被制造业所取代,从而完成了起飞与初期阶段向中期阶段过渡时,它的作用与影响会趋于减小。

(3) 需求结构。需求是在某一时期内每一种价格水平上消费者愿意而且能够购买的某种商品或劳务的数量,也就是购买欲望和购买能力的统一。总需求(aggregate demand)是一定时期内一个经济体中各部门所愿意支出的总量,包括消费者、企业和政府支出的总和,也可以分解为消费、投资、政府购买和净出口。在凯恩斯之前,经济学家所信奉的是"供给创造需求"的萨伊定理,但20世纪30年代大危机的现实彻底否定了萨伊定理,经济学中发生了以需求为分析中心的"凯恩斯革命"。人们对需求总量和需求结构对一国经济增长、供给结构、产业结构影响的认识进一步深化。从影响产业结构变动的角度看,个人消费结构、中间需求和最终需求的比例、消费和投资的比例、投资结构、净出口等因素的变动均对产业发展产生不同程度的影响。在短缺经济与过剩经济条件下,需求结构对产业结构和供给结构的影响存在明显差异;居民收入水平与收入分配决定消费规模和消费结构层次,决定是否会产生排浪式消费,进而影响产业结构。

(4) 人口规模与结构。人口规模具有数量与质量两个方面的规定。人口数量是指一国某一时点上的人口总量,质量指的是在既定的人口总量中不同的构成。在自然资源、资本数量与可利用技术既定的条件下,经济增长的速度或一定时期国民产出的增加取决于可资利用的劳动力数量。劳动力数量增加主要来源于人口的自然增长、劳动参工率的提高、移民和劳动时间的延长。在经济发展初期,人口增长迅速,经济中劳动的作用主要表现为劳动力数量的增加。发达国家在工业化初期推动其产业结构转换的起始阶段,曾经受到了劳动力供给不足的制约。在经济发展到一定阶段后,劳动力质量将起主要作用,而劳动力质量的提高主要源于人力资本投资。产业结构的变动或某个地区的兴衰都会迫使劳动力流动,引起摩擦性失业和结构性失业,一方面衰退行业劳动力需求减少引起大量失业,充分就业并不等于工作年龄人口中人人都有工作,一般认为自然失业率就是充分就业时的失业率;另一方面,一些新兴行业由于缺乏合格的劳动力而存在岗位空缺。

（5）国际贸易。国际贸易是在开放条件下影响产业结构变动的外部因素，它对产业结构的影响主要是通过国际比较利益机制实现的。一般来说，各国间产品生产的相对优势的变动，随着时间的推移会引起进出口结构的变动，进而带动国内产业结构、消费结构和贸易结构的变动。国际贸易的发展和经济全球化的推进，促进了产业的国际转移。在封闭经济中，产业结构的调整和产业结构升级并不伴随着对外产业转移，而是在一国范围内由发达地区向欠发达地区转移。国际产业转移是开放经济的产物，也是国际竞争日趋激烈的必然结果。

▶▶ 5.3.2 交通运输产业的形成和发展

交通运输产业是具有运输功能属性的经济活动的集合或系统，是经济社会一个基础性、战略性、先导性的物质生产部门。不管是远洋巨型油轮运输，还是出租车运输，都是交通运输产业的组成部分。现代交通运输业在国家的产业结构中占有很大比例。在部分发达国家，运输是国家产出的一个重要组成，也在国民支出中占有很大比重。例如，英国运输支出大约占国民支出的 14.5%；美国占 17%；我国大约占 9%，相对而言发展空间较大。

交通运输业是伴随着社会化大生产发展和科技创新而产生和发展起来的。交通运输的发展过程与人类社会经历的四次技术革命较为吻合。

1. 18 世纪中后期至 19 世纪中期——起步发展阶段

这一阶段是现代交通运输业起步发展阶段，也是第一次技术革命盛行的时期。始于 18 世纪 60 年代的工业革命，主要标志是纺织机器的发明和蒸汽机的广泛使用，机器工业代替以手工劳动为基础的工厂手工业，促进了人类社会从农业社会向工业社会的转变，生产力发生质的突破。纺织工业的兴起、交通运输业的发展、钢铁和机械工业的崛起都是第一次技术革命的成果。在农业方面，人们开始用蒸汽泵灌溉农田、推动石磨加工农产品，农业生产机械化开始起步。能源结构从以木材为主转向以煤炭为主，工业动力由以人力、水力、风力为主演进到以蒸汽动力为主。

在交通运输成为独立的社会分工以后的一个很长时期内，由于经济和科技不发达，主要依赖天然河道、海洋等自然资源开展运输。18 世纪中叶到 19 世纪初是以水运为主的时期。伴随着蒸汽机的发明和改良，1807 年美国人罗伯特·富尔顿提出用蒸汽机作为船舶动力的方案，起名为"克莱门号"的轮船在哈尔逊河完成了从纽约到奥尔巴尼的 240 公里的航行，这后来被称为水上机器运输业出现的标志。1825 年英国人乔治·斯蒂芬孙成功改进了蒸汽机车，并在达灵顿—斯托克顿之间的铁轨上满载乘客和货物成功实现运行，铁路作为新的交通运输工具出现在运输行业中，成为现代交通运输出现的标志。后来，铁路在机车设计、运输速度和运输量上不断改进，并在交通运输行业中长期占据统治地位。

当时，将蒸汽机应用到交通运输工具中作为动力引擎，引起了交通运输行业发展史上革命性的变化，极大地促进了大运量、长距离运输的发展，使交通运输业成为一个新兴的产业，促进了资源开发和对外贸易扩张。马克思在1867年出版的《资本论》中用了大量篇幅，对运输对资本主义大工业的作用、运输与资本主义生产和流通的关系问题进行了深入研究，指出运输是生产过程在流通领域中的继续，运输业是除了采矿业、农业和加工制造业以外的"第四个物质生产部门"，是特殊的生产和流通部门。

2. 19世纪中后期至20世纪中期——竞相发展阶段

这一阶段是交通运输业竞相发展的阶段，也是第二次技术革命发展的时期。始于19世纪70年代的电力革命，主要标志是电力的广泛使用，发电机和电动机的发明使生产力再次跃升，发电、输电、配电系统发展使电力工业迅速崛起，"弱电"工业产生，电信业、广播业逐步发展起来。1879年德国西门子电气公司研制出第一台电力机车，1903年投入使用。

在第二次技术革命时期，内燃机技术迅速发展起来，并在此基础上建立了汽车工业和航空工业。1866年世界上第一条输油管铺设成功，管道运输从此产生。1886年世界第一辆四冲程汽油机的四轮汽车在德国诞生，经过改进以后，1890年在欧洲大批生产，特别是经过美国人福特改进以后（T型车）于1908年在美国大批生产，从此公路运输也很快发展起来。1894年德国研制成功第一台汽油内燃机车，并将它应用于铁路运输；1924年经过德、美、法等国家改进后，成功研制出柴油内燃机车，并在世界上得到广泛应用。1903年，美国的莱特兄弟实现了用轻型汽油发动机驱动螺旋桨作为动力的飞行，从此航空运输开始起步。

进入20世纪以后，经济社会的快速发展对交通运输的需求大幅增长，经济实力和运输技术也出现了跨越式发展，水路、铁路、公路、航空、管道等各种运输方式竞相发展，交通在经济增长和社会发展中的基础性作用逐步显现。工业生产进一步集中化，垄断企业不断涌现，企业内部管理出现了"泰勒制"，形成了标准化的生产流水线，大型的铁路公司等各类运输企业相继崛起。20世纪30~50年代是管道、公路、航空运输大发展时期，铁路运输遇到越来越多的挑战，其统治地位开始动摇，政府对公路、铁路、港口建设越来越重视，各种交通运输方式恶性竞争、独立发展，"分割"和"竞争"是这一阶段交通运输业发展的鲜明特征。

3. 20世纪中后期至21世纪初——综合发展阶段

这一阶段是交通运输业综合发展的阶段，也是第三次技术革命发展时期。始于20世纪50年代的第三次技术革命，以原子能的利用、电子计算机的诞生和发展、高分子合成技术及空间技术等的发明应用为主要标志。原子能技术的出现，带动了一大批生产和应用原子能的工业崛起，拉动了与原子能相关的机械设备、材料、燃料等工业的发展。高分子合成技术促进了塑料、橡胶、纤维、合成材料工业的发展。

电子计算机技术的出现，对社会各领域产生了巨大和深远的革命性影响，使人类拥有以电子计算机为代表的新生产手段，用"电脑"代替各种复杂的脑力劳动，大大节省了人力，极大地提高了社会生产力。计算机技术的发展和广泛使用，使社会管理和企业管理的信息系统得以普遍建立，信息产业逐渐成为了主导产业。这次技术革命带来了产业结构的进一步调整和升级。

20世纪40～50年代以后，各种运输方式恶性竞争、独立发展造成资源、能源消耗多，运输效率低的问题越来越引起人们的重视。西方国家在运输业发展的实践中，逐渐认识到水运、铁路、公路、航空、管道5种运输方式具有各自的优势，又存在各自的缺点，因而不能片面地发展某一种运输方式，而忽视其他运输方式的作用。美国《1940年运输条例》明确提出，要防止运输方式间的过度竞争，保持各种运输方式的协调和健康发展。20世纪70年代以后，世界经济在能源、环境等方面出现危机，交通运输关注能源、环境等方面的问题愈加突出。西方国家的运输业管理政策也发生了很大改变，提出为减少各种运输方式之间的不适当竞争所造成的巨大损失和浪费，必须重视各种运输方式的综合利用和协调发展，构建现代化的综合运输体系。

20世纪90年代以后，随着产业结构的调整、经济全球化和信息化的形成和发展，以及资源环境压力的日益增大，综合运输体系在发达国家得到进一步重视并获得了快速发展。在这一阶段，各种运输方式之间虽然仍存在竞争，但更加强调合作，更加强调相互之间的协调发展、有机衔接，以及运输全过程的连续性、无缝性等要求。从全球范围来看，加强各种运输方式的协调和整合，进而构建综合运输体系，是交通运输业发展的客观规律和必然趋势。各国都积极开展综合交通运输建设，调整铁路、公路、水运、航空和管道等运输方式之间的分工和协作关系，逐步形成均衡、衔接、协调的现代化交通运输体系。

这一阶段，全球运输迅速崛起。全球运输在国际贸易中扮演重要的角色，但又与国际贸易密切相关，总体而言，国际贸易影响着国际运输服务的需求。随着国际贸易的全球化，一些国家之间降低或消除了商品及服务贸易间的壁垒，这些制度安排将引起更大的运输服务需求，而且运输服务的供给也将显著增长。以欧盟为例，欧盟允许沿海运输，国外运输经营人享有沿海航行权，这样既增加了运输的柔性，又使得效率有所提高。例如，欧洲单一内部市场带动了欧盟国民生产总值4.5%～7%的增长，跨境货运量也上升了30%～50%。北美自由贸易区是一个三边贸易集团，它是由美国、加拿大和墨西哥政府共同建立的。按照其成员国购买力平价换算出的CDP来看，该自由贸易区现在已经是世界上最大的自由贸易区和CDP第二的经济一体化组织了。

4. 21世纪10年代以来——跨界融合发展新阶段

21世纪10年代以来，是交通运输业与经济社会各领域深度融合发展的新阶段，也是新一代技术革命蓬勃发展时期。发端于 20 世纪 80～90 年代的新一代技术革命通常也被称为第四次技术革命，以新一代信息技术、人工智能、生物工程技术、新材料技术等为主要标志。高新技术的涌现和高新技术产业的崛起，对产业结构升级产生了重大影响，也为知识经济的兴起和发展提供了技术基础，并深刻影响交通运输跨界融合发展。

21 世纪 10 年代以来，以信息化、智能化为主要特征的新技术革命向纵深发展，现代交通运输已成为信息社会的重要标志，成为现代社会生产的五种动态物质（物流、人流、信息流、资金流、技术流）的重要载体。世界各国大力发展高速列车、高速铁路、综合交通、现代物流、共享交通等新技术、新产业、新业态。在我国，由于近些年来私家车数量、规模迅速膨胀，给城市带来交通拥堵、环境污染等一系列严峻挑战，再加上城市化快速推进、城市人口增加、城市扩张带来地域扩大等问题，长距离运输和反向通勤需求大幅上升。在此背景下，探讨整合型、创新型、系统化的公共交通运输模式显得尤为必要，推动交通运输与经济社会各个领域融合发展程度不断加深，对国民经济和社会发展的支撑和引领作用更加凸显。

▶▶ 5.3.3　交通运输对国民经济发展的影响

国民经济是指一个现代化国家范围内各社会生产部门、流通部门和其他经济部门所构成的互相联系的总体。工业、农业、建筑业、运输业、邮电业、商业、对外贸易、服务业、城市公用事业等，都是国民经济的组成部分。交通运输业在国民经济中的地位主要通过交通运输业的作用来体现。交通运输业属于第三产业，属于流通部门，是国民经济中专门从事运送货物和旅客的社会生产部门，包括铁路、公路、水运、航空等运输部门。

交通运输业在整个国民经济体系中具有十分重要的地位，起着联结工业与农业、生产与消费、城市与乡村的纽带作用，被称为经济发展的"先行官"。交通运输业是国民经济的基础性和先导性产业，是国民经济的重要组成部分。交通运输在国民经济中的地位决定了交通运输产业结构，一是指交通运输业与国民经济各部门之间的关系，要充分考虑经济社会发展对交通运输的需求；二是指交通运输业内部不同运输方式比例问题。

1. 交通运输扩大了市场范围，促进了分工和工业化的实现

（1）交通运输条件促进分工，使"比较利益"成为现实。发展经济学认为，发展的内在机制就在于广义分工，首先是企业内部分工合理化，其次是社会分工合理化。市场经济条件下，每个地区都可以扬长避短，发挥自身优势，生产适合本地区特点的产品，以取得比较优势，这就是古典经济学家提出的"比较利益"的原则。有了方便、经济的交通运输条件，才能使得一个地区与另一个地区方便地交换产品，各地区扬长避短，发挥优势，取得比较利益。

（2）健全的交通运输系统能够扩大市场范围，使产品迅速投入市场，快速回流资本。交换成本越低，市场范围越大。市场范围决定了经济活动的时间和空间限度，决定了劳动分工和专业化程度。运输成本是交换成本的重要组成部分，运输的发展、运输成本的降低成为引起市场范围扩大的直接诱因。历史上，运输成本的大幅降低是从铁路在技术上、组织上创新之后开始取得的，铁路运输促进了现代市场范围的扩张。市场范围的扩大，促进了分工和专业化，推动了经济的发展。

（3）交通运输促进工业化进程。工业化指工业在整个国民经济的产业结构中占了主导地位，成为整个产业结构的核心。交通运输不仅激发了工业革命，而且伴随了工业化的全过程。

2. 交通运输是不可替代的生产要素

（1）生产、分配、交换和消费，必须通过运输的纽带才能实现。交通运输把社会生产、分配、交换与消费各个环节有机地联系起来，是现代经济社会赖以运行和发展的基础，也是各项社会活动得以正常进行的前提和保障。交通通达性是评价交通运输状况优劣的重要指标之一。有了较好的交通通达性才能有利于区域经济的发展、对外开放的扩展、人民生活水平的提高等。

（2）交通运输是社会生产必需的一般条件，是整个经济的重要基础。交通运输产生"空间效用"和"时间效用"。原材料、零部件、产品运输、劳动力流动属于空间效用；均衡生产、产品及时销售、现代供应链管理中的"零库存"生产需要的准时运输，属于时间效用。

（3）与任何经济资源一样，运输服务也是稀缺的，它不是普遍存在的，而且将资源分配到活动中必然涉及从其他地方获取资源。经济活动必然伴随着资源流动，生产要素向生产地点移动，产品和服务向市场移动，即使在信息时代，想法和数据也要从生成者向使用者移动。移动的距离随着时间的推移而不断增加。距离本身往往不是生产地在竞争中获胜的关键因素，当其他条件不变时，运输的时间、频率、可靠性和安全性等因素往往更加重要。由此而论，适当的运输是非常重要的。运输的性质和成本决定了货物沿着哪些通道和门户来运输。

3. 交通运输与国民经济是"交替推拉"的关系

交通运输业是国民经济发展的基础性、主导性产业，它的发展与国民经济各产业的发展相互关联、相互促进。

（1）经济发展对运输的需求提出更高的要求，国民经济推动运输业发展。如果运输发展滞后于经济发展，运输就会阻碍经济的发展，成为经济发展的瓶颈。一国经济发展水平与铁路网之间有着正强相关的关系。

（2）交通运输支持经济增长，刺激经济发展，拉动国民经济发展。运输业的发展，会促进相关产业发展壮大，推动经济发展。

（3）交通运输业与其他产业之间在其经济基础活动过程中有着广泛、复杂而密切的技术经济联系，如交通运输业需其他产业为其正常发展提供必要的生产要素和中间投入品，与此同时，交通运输业能实现其他产业的位移要求，实现其价值，促使社会生产过程持续下去，保证了社会经济的正常发展。该过程如图5-1所示。

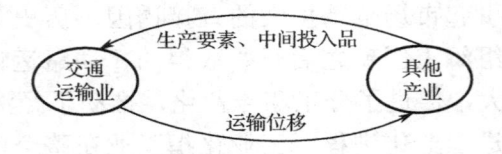

图 5-1 交通运输业与其他产业作用图

4. 交通运输促进区域经济发展，是城市和经济布局形成的重要因素

（1）农业集约化程度、土地利用类型受交通运输影响。交通运输促进沿线工农业产值发生变化，从纵向看，交通枢纽沿线经济发展速度比之前交通落后时明显加快；从横向看，其沿线经济发展速度和产值明显高于周边地区。城市地区的土地利用分配，如住宅用地、工业用地或者商业用地，决定着人类居住、工作、购物、教育、休闲等活动的地点。人类的各项活动分布在不同的空间，因此需要空间的相互作用或者在运输系统中的旅行来跨越不同的活动地点。交通运输系统中基础设施的分布为空间的相互作用提供了机会，它可以用可达性来度量。可达性的空间分布共同决定着区位选择，因此，引起了土地利用系统的变化。通常来说，土地利用是原因，交通运输是结果。交通运输比土地利用的灵活性强，从某种程度上讲，这也许是一种短期看法。然而，交通运输在塑造土地利用模式和决定各行业服务的市场范围这两方面所起到的作用是不可忽视的。

（2）工业区位受运输费用的影响。许多相互依赖的不同产品市场的存在往往会导致企业在特定的区位聚集，交通运输影响经济活动区位的选择，古典与现代区位论都以给定的交通技术和手段讨论经济活动区位及空间布局。韦伯的工业区位论中指出：判断一个地方是否具有工业区位，要看那里的生产成本是否最低，特别是在实现产品的最终销售时，能否将运费降到最低。美国经济学家埃德加·M.胡佛研究经济活动区位时非常重视运费的影响。胡佛在韦伯工业区位论的基础上，认为交通运输条件的变化，往往直接改变工业布局。胡佛通过对运输方式、运费结构的研究，指出运费是影响经济活动的重要因子。当然，运输成本只是影响工业区位选择的众多因素之一。除运输以外，影响区位选择的因素还包括市场结构、需求弹性、地域集中的外部经济性、对未来市场变化的预期及加工成本。只有当货运成本占总成本的比例很大，或者在潜在区位之间存在明显差异时，运输成本才会变得非常重要。

（3）交通运输拉动沿线附近商业、贸易、居住、房地产等产业，促进沿线土地的升值。假设人们在家庭人数、收入、住房需求等方面是完全相同的，虽然建筑物成本在所有区位都相同，但运输成本随着与中心商业区距离的增加而增加。根据这些假设可得，在整个城市里运输成本与地租之和是一个恒定的值。运输系统的改善，将导致每个区位土地价值的下降和城市的向外扩张——扩张的程度取决于运输服务需求的弹性。如果运输服务需求完全无弹性，则城市的边界将保持不变；但是，如果存在一定程度的弹性，则运输成本的降低将会鼓励人们到较远的地方去工作或进行娱乐活动，这样，城市的边界将会扩展。由于交通地理位置的改变，土地大幅度增值，同时，建立高新技术产业开发区，进行房地产投资等因素也加快了土地的利用和升值。城市轨道交通对沿线住宅价格有明显的增值效应，一般上涨两到三成。简单的成本估计可能掩盖了运输的其他属性，如便利性、速度、规律性的变化，这些将对决策产生影响。例如，可靠的城际运输、良好的国家运输和高质量的本地运输，对现代高技术产业发展非常重要，美国最大的民用机场就吸引了高技术产业和大量就业的集聚。

（4）交通运输对于不同产业的布局的影响程度，关键取决于运输费用在该产业的商品成本中的比重。比重越高，其产业布局受交通运输的影响就越大。例如，在其他条件不变的情况下，生产初级产品（如农业、石油和木制品）的产业比其他产业（如机械、家具和精密仪器）在区位选择时受交通运输因素的影响更大。英国在1986年普查中发现，大多数企业运输成本占生产成本的3%~6%，服务行业运输成本占总成本的9.9%，远远高于制造企业的4.7%。很多行业中，运输成本可能只占产出成本很小的一部分，但是它们可能对净利润水平产生重要影响。产业结构的变化（特别是从基础工业向制造业和服务业转移），使得运输对区位选择的影响存在逐步降低的趋势。特别是随着新一代通信网络技术的发展，在一定程度上实现了对运输的替代。

（5）城镇分布受交通运输因素的影响。交通运输是一个网络产业，在刺激经济发展及在各个节点（通常是城镇和城市）发挥着重要的作用。例如，高速公路的建设促进了沿线中小城镇的发展，提高了沿线地区农村城镇化的发展水平，促进非农业人口比例逐步上升。城镇的发展又进一步加剧了工商业的集聚，一般来说，工业和商业因地处城市中心并且彼此靠近而形成所谓的"集聚经济"，能够轻松享受到专业供应商的服务，并为消费者提供综合性的服务等。

（6）交通运输促进外向型经济的崛起。历史上出现的贸易和运输通道对文明的传播非常重要，当今贸易路线对促进经济发展和知识传播也起到非常重要的作用。由于加强了交通枢纽沿线与城市中心、工业中心的联系，改善了投资环境，因而大大增强了外商投资的吸引力，使区域内的外向型经济快速发展，表现为外资企业数量、规模的增加及投资资金总额比例的大幅度提高。

（7）造就独特的科技创新基地，形成交通枢纽经济或通道经济。运输通道本质上是主要节点之间的链接，在高科技时代，运输通道可能是一条发送信息的电子通道和各类资源的集散地。在20世纪80年代和90年代，交通运输因引发"高科技繁荣"（hi-tech boom）而受到人们的广泛关注。事实上，很多集聚现象或隐或显地由通道的地理位置决定——硅谷、M4通道、美国128号公路通道、杜勒斯通道等，而其他一些集聚现象的形成，如创新走廊、科研三角区，则被认为是由于其具有门户或通道的作用。这些集聚现象突出了交通运输与资本投资之间的协同作用，并形成了独特的交通枢纽经济或通道经济。

5.4 城市群交通发展

党的十九大报告中指出，"以城市群为主体构建大、中、小城市和小城镇协调发展的城镇格局，加快农业转移人口市民化"，为城镇化发展指明了重要方向。城市群作为城镇化发展的主体形态，其形成和发展需要交通支撑和引导，城市群交通运输网络也必然成为交通运输未来发展的重点。

▶▶ 5.4.1 城镇化发展的现状及趋势

1. 我国城镇化发展现状

城镇化是农村人口向城市转移、城市规模不断扩大、城乡经济社会不断变迁的过程，也是城市郊区及农村转化为城市的过程。城镇化率是指一个地区城镇常住人口占该地区常住总人口的比例[1]。2018年我国城镇化率达到59.58%，比2017年年末提高1.06个百分点。"九五"期间我国城镇化率年均增加1.44个百分点、2146万人；"十五"期间年均增加1.35个百分点、2061万人；"十一五"期间年均增加1.34个百分点、2069万人；"十二五"期间年均增加1.23个百分点、2010万人。

根据世界城市化发展规律，当城镇化率在30%~70%之间时是处于快速发展时期，我国正处于城镇化快速发展的中期阶段。

2. 未来城镇化发展趋势

我国未来城镇化快速发展仍将持续一个较长时期，我国城镇人口仍将保持快速增长势头。今后15~20年，按照每年1个百分点粗略估算，到2035年，我国城镇化率将达到70%~75%，平均每年将有至少1300万人口转移到城镇，届时城镇人口将突破10亿人。参照国际经验，结合我国国情，这一规模可能是我国城镇化率的峰值。

按照《国家新型城镇化规划（2004—2020年）》，未来基本形成"两横三纵"为主体的城镇化战略格局，形成3+18个城市群地区。其中，要优化提升京津冀、长江三角洲和珠江三角洲城市群，打造世界级城市群；加快培育成渝、中原、长江中游、哈长等城市群，使之成为推动国土空间均衡开发、引领区域经济发展的重要增长极。

3. 城镇化发展对城市群交通提出更高要求

区域经济发展促进客货的集聚和增长，区域之间尤其是城市群之间客货运输及

---

[1] 常住人口=当地的户籍人口+外来半年以上的人口-外出半年以上的人口。

人员、资金、技术、信息交流日趋频繁，并且还将随着区域经济的不断发展而持续增长。随着都市圈、城市群一体化的发展，未来城市客流与城间客流将不断融汇，对城市群交通提出更高要求。

5.4.2 城市群交通存在的主要问题

近年来，随着城市群蓬勃发展，城际交通建设不断推进，部分城市群交通网络规模和能力得到了较大提升。但整体而言，目前我国城市群交通发展还不平衡，交通网络建设还不完善，在一定程度上制约了城市群的发展。

1. 城市群交通的区域差异较大

不同地区城市群交通发展状况存在较大差异，东部地区城市群综合交通骨干网络框架初步形成，但部分通道通而不畅，运输能力紧张；中部地区城市群交通通道正在建设，网络尚未形成；西部地区绝大多数城市群交通通道还处于起步建设阶段。

2. 城市群交通基础设施网络不完善

目前，大多数城市群交通基础设施网络不完善，交通方式较为单一，结构不合理，尤其是轨道交通网络尚未建立，城际铁路、市郊铁路发展较为滞后，综合交通枢纽处在起步建设阶段，城市群内的其他中小城市缺乏与核心城市之间便捷、快速的运输通道，导致核心城市对其辐射、带动作用发挥不够。与世界发达国家相比，我国城市群铁路网密度、公路网密度和机场密度还处在较低水平。

3. 城际交通与城市交通衔接不畅

城市群内部运输服务尚难以适应发展需要，城际交通与城市交通有效衔接不够，市内交通各种方式衔接不畅，信息互联互通较差，运行效率不高。城市群公共交通发展相对滞后，难以有效引导私人交通合理发展。

4. 涉及面较多，统筹协调较为困难

城市群交通通常涉及多个部门、不同省市、不同交通运输方式。由于城市群交通发展受条块分割影响，在规划建设、投融资、运营管理等方面协调难度大。

5.4.3 促进城市群交通发展的对策

综合考虑不同城市群经济社会发展状况，差异化发展城市群交通，因城施策，有效引导，积极构建城市群交通网络系统，促进城市群、都市圈内部协调发展。

1. 积极推进城市群交通通道建设

在城市群内部建设以轨道交通和高速公路为骨干，以普通公路为基础，有效衔接大、中、小城市和小城镇的多层次快速交通运输网络。对于东部发达地区而言，提升城市群综合交通运输一体化水平，加快推进以轨道交通为主的城市群交通系统建设，建成以城际铁路、高速公路为主体的快速客运和大能力货运网络，逐步推进部分路网加密线、外围延长线及内部联络线的建设；此外，要注重培育都市圈，加快建设地区中心城市市域轨道交通，基本形成城际轨道交通网络，进一步发展高速公路和高等级公路，满足城市群快速化和多样化的客货运输需求。对于其他地区而言，推进中西部地区、东北地区城市群内主要城市之间的快速铁路、高速公路建设，加快建成城市群交通基本骨架，有效发挥城市群中心城市对周边中小城市的辐射作用。

2. 促进城际铁路等集约化客货运输发展

我国城市群的特点要求、国内外实践经验也证明必须引导形成以集约化公共客运为主的交通模式，不能单纯依靠修建公路等基础设施，否则就会重蹈城市交通发展的老路。生态文明建设要求城镇化发展走集约、节约、绿色低碳的道路，实现城镇化与资源环境协调发展。积极发展城际铁路等集约化的公共客运和专业化货运，不断改善城市群区域交通出行结构，构建以公共运输为主导的城市群交通模式，是未来城市群交通运输发展的重要方向。积极引入公交导向发展（TOD）模式，加大力度优先发展大城市公共交通。尽快构建城市多层次的公共交通体系，提高线网密度和站点覆盖率，提高公共交通出行分担比例。

3. 积极推动都市圈交通一体化

随着国家铁路、公路干线等区际骨干综合交通网络建设，各城市群已经基本形成了以主要大城市为中心的交通网络，并具备了较好的对外交通条件。进一步建立完善大、中、小城市之间便捷、快速的交通运输网络，积极发挥大城市对中小城市的辐射、带动作用，加强相互间的联系，为城市群的整体发展提供支撑。对于较大城市辐射区域，会形成都市圈和出现同城化现象。依托较大城市，与周边中小城市组团或新城相结合，形成以通勤为主的都市圈，促进一体化发展。

4. 加快综合交通枢纽建设

加强综合交通枢纽的规划建设，促进规划、设计、建设、运营一体化，加强交通枢纽与城市空间布局的协调，实现城市内外交通、方式之间的紧密衔接。依托综合交通枢纽，加强铁路、公路、民航、水运与城市轨道交通、地面公共交通等交通方式的衔接，完善集疏运系统与配送系统，进一步促进客运"零距离"换乘和货运无缝衔接，促进生产要素自由流动和优化配置。

本章参考文献

[1] Crainic T G, Ricciardi N, Storchi G, et al. Models for evaluating and planning city logistic transportation systems[J].Transportation Science, 2009, 43（4）：432-454.
[2] Amaral R R, Aghezzaf E H. City Logistics and Traffic Management：Modelling the

Inner and Outer Urban Transport Flows in a Two-tiered System[J]. Transportation Research Procedia, 2015, 6：297-312.

[3] Alberti M, Waddell P. An integrated urban development and ecological simulation model[J]. Integrated Assessment, 2000, 1（3）：215-227.

[4] Ueda T, Nakamura H, Shimizu E. GIS Integrated System for Urban Transport and Development Planning[M]. Transport, Land-Use and the Environment. Springer US, 1996：317-336.

[5] Ong G P, Sinha K C, Fwa T F. Strategies for Achieving Sustainability through Integrated Transportation and Urban Development in the USA and Asia[J]. Asian Transport Studies, 2010, 1：89-104.

[6] Kenneth button. 李晶，吕靖，贾晓惠，等，译. 运输经济学[M]. 北京：机械工业出版社，2013.

[7] 晏克非. 交通需求管理理论与方法[M]. 上海：同济大学出版社，2012.

[8] 杨东援. 通过大数据促进城市交通规划理论的变革[J]. 城市交通，2016，14（03）：72-80.

[9] 孙莉芬. 城市交通拥挤疏导决策支持系统的研究[D]. 武汉：华中科技大学，2005.

[10] 樊一江. 交通运输与经济社会深度融合发展：思路和建议[J]. 宏观经济研究，2018（8）.

第 6 章
交通运输高质量发展

> **本章导入**
>
> 党的十九大提出交通强国战略，做出"我国经济已由高速增长阶段转向高质量发展阶段"的科学论断，对交通运输发展具有重大指导意义。我国交通运输进入交通强国建设的新时代，推动交通运输体系高质量发展，更好发挥交通运输的先行引领功能，为经济高质量发展和社会主义现代化强国建设提供重要支撑。

6.1 交通运输高质量发展趋向

推动交通运输体系高质量发展，是实现我国从"交通大国"转向"交通强国"建设的时代要求，有助于更好发挥交通运输的战略性、引领性功能，促进国民经济和社会发展。

6.1.1 交通运输高质量发展内涵

关于交通运输体系高质量发展的定义尚没有统一规范的表述。在内容上，应着重加快实现交通运输系统从"有"向"优"、由"大"到"强"的转变，进一步健全现代综合交通运输体系，促进各种交通方式相互协调、联动发展；在功能上，更好地满足人民群众对交通运输的现实需求，聚焦高质量发展的时代要求，让交通运输体系在我国社会主义现代化强国建设中发挥更大效用。

1. 从发展方式来看，由"要素驱动"转向"创新驱动"

在未来一段时期，我国整体经济水平将处于工业化中后期阶段和后工业化阶段，发展模式正由要素驱动逐步转向创新驱动，主导产业由以往加工制造业为主逐步转向高新技术产业和服务业，信息化、智能化程度不断增强，生产效率、服务水平明显提升，农业剩余劳动力加快向工业部门转移。与此同步，在有效把握国民经济和社会发展需求的基础上，交通运输发展应由"规模速度型"逐步转向"质量效率型"，核心是要坚持创新驱动，不断提升交通运输科技水平。

2. 从发展阶段来看，由"适应发展"转向"引领发展"

马克思曾认为交通运输为"实业之冠"，交通运输业的进步使开拓世界市场成为可能，并将交通运输革命与工业革命相提并论。改革开放以来，我国交通运输在基础设施规模、运输保障能力、科技创新水平等诸多领域已经走在了世界前列，成为名副其实的交通大国，为建设交通强国奠定了坚实基础。从发展阶段来看，交通运输与经济社会发展的关系先后经历了"瓶颈制约"到"总体缓解"，再到当前"基本适应" 3 个阶段。在新时代，促进交通运输体系高质量发展，需要进一步放大交通运输功能，深度挖掘交通运输潜力，由"适应发展"迈向"适度超前"和"引领发展"。

3. 从运输形态来看，由"分散经营"转向"协同发展"

交通运输管理体制由分散管理转向综合管理，是发达国家的普遍做法；各种运输方式由独立分散经营转向协同发展，是交通运输现代化发展的普遍规律。促进交通运输综合管理、协同发展，可以更好地发挥各类运输方式的技术经济特征和集成优势，实现不同方式有效衔接、空间资源集约利用、物流运输降本增效，进一步推动经济社会发展。强化各种运输方式的有机衔接，推动公路、水路、铁路、航空从比较分立的发展状态转向以多式联运和综合枢纽为基础的综合交通运输体系协同发展，加强公铁联运、公水联运、空地联运等设施设备建设，提高货物在园区内的中转联运效率，是未来交通运输高质量发展的重要方向。

4. 从发展空间来看，由"国内发展"转向"全球拓展"

交通运输不仅要关注国内发展，还要放眼全球，主动适应我国全方位开放新格局的迫切需要，积极服务"一带一路"建设，加快谋划和构建国际运输通道和全球物流供应链，为我国社会主义现代化强国建设提供有力支撑。

▶▶ 6.1.2 基础条件与主要短板

改革开放 40 多年来，我国交通运输业蓬勃发展、日新月异，多项指标已位居世界前列，成为名副其实的交通大国。

1. 基础条件

截至 2017 年年底，我国"十纵十横"综合运输大通道基本贯通，综合交通运输网络已初具规模；铁路旅客周转量及货运量、公路客货运量及周转量、快递业务量、高速公路运营里程数及规模以上港口万吨级泊位数均已居全球首位；"四纵四横"高速铁路建成运营，通车里程数已占全球 2/3 左右，旅客周转量已超过全球其他国家与地区的总和；民航运输旅客量及货邮周转量居全球第二；港口集疏运体系不断完善，集装箱吞吐量已超过全球总和的 1/3；全国 99.99% 的乡镇和 99.94% 的建制村已通公路，邮政快递已实现乡乡设所、村村通邮。此外，我国交通科技创新领域不断突破，一些甚至拥有世界领先优势，以互联网、大数据、人工智能及新能源等为代表的新技术正被推广应用，共享单车、网约车等新兴业态不断涌现，无人驾驶等新科技正在被迅速推向市场，行业综合管理和现代治理能力大幅跃升。

2. 主要短板

我国交通基础设施供给能力总体满足经济社会发展需求，已具备实现交通运输高质量发展、建设交通强国的基本条件。但与满足人民群众美好出行的需求相比，与建设现代化经济体系的目标相比，交通运输体系的服务水平还不适应；与世界主要发达国家相比，我国交通运输在基础设施体系、运输结构、运营管理、技术装备、服务效率、服务水平、信息化水平、运输成本控制、体制机制及国际竞争力等方面仍存在很大差距，仍然存在发展不平衡、不充分的突出矛盾，"大而不强"的问题仍然较为明显。

（1）交通运输发展不平衡、不充分矛盾较为突出。尽管我国交通运输发展已取得巨大成就，但是发展不平衡、不充分的矛盾仍较为突出。交通基础设施总体规模仍然偏小，交通运输供给能力特别是高质量运输供给还不能有效地满足经济社会发展的需要。按国土面积和人口数量计算的运输网络密度，还远落后于欧美等经济发达国家，现有运网密度较低，承受需求波动的弹性仍然较小。

各种运输方式发展还不协调、不平衡，各种方式之间的衔接还不够顺畅高效。从运输方式看，各种运输方式和运输枢纽分散发展，缺乏统筹协调、相互配合、有机衔接和一体化运作，导致既有交通基础设施及服务衔接不畅，严重降低整体运输效率并且加大了综合运输成本。

交通运输空间布局发展不平衡。从交通运输区域布局看，东部地区交通比较发达，而中西部地区特别是西部地区交通比较落后，中西部地区的发展受到了落后的交通运输的严重制约。从交通运输城乡布局看，城市交通及城市群内交通供需矛盾依然突出，大城市尤其是特大城市的交通拥堵形势依然十分严峻，城市群内交通需求旺盛，有效交通供给不足，乡村交通运输严重落后，农村交通服务尚显不足，城乡交通运输二元结构十分明显。

（2）综合交通运输体系的协调发展程度不高。从我国的国情和五大运输方式的技术经济特性考虑，综合运输体系的协调发展状况仍然是低水平的、不全面的、不平衡的。各运输方式分工不合理，主要体现在客货运输量的分担上，与我国的人口众多、人均土地少、能源占有量偏低的状况不相适应，大运量、低能耗、污染小的铁路、水运等运输方式的技术经济优势未能得到充分发挥。

在网络布局上各种运输方式间的线路缺乏配合，每种运输方式的网络布局自成体系，规划和实施在一定程度上缺乏综合交通运输体系的理念，造成大量土地资源的浪费，导致资源无效利用和恶性竞争。

从交通体系的衔接来看，由于多年来各种交通方式只重视自身的建设，在网络设施的衔接和综合枢纽建设方面还处于严重落后的局面。例如，港口及机场的集输运系统、铁路及公路枢纽场站、旅客的换乘系统，还存在"最后一公里"问题。

（3）交通运输综合性、高质量管理体系不健全。从交通运输发展实践来看，交通运输系统综合化、高质量的管理体系还存在明显短板。在规划阶段各方式在选择自身的发展目标、发展模式时缺乏对其他运输方式的综合考虑。各种运输方式长期以来独立运作，在管理理念、思维模式上未能一致，在更高层次、更广领域实现深度融合发展的程度不够。

部门分割、多头管理影响综合交通体系的总体效力发挥。长期以来实行的分部门管理模式，导致许多领域出现大量资源浪费和运输系统低效的情况。在交通运输规划布局、产业政策、标准规范制定方面对人民群众日益增长的美好生活需要关注不够，高质量标准体系尚不健全。交通运输总体科技含量不高，新技术、新材料开发和新工艺应用不足，智能交通技术还需要深入探索和广泛应用，交通控制管理和交通安全管理的现代化设施应用程度还比较低。

▶▶ 6.1.3 交通运输高质量发展的对策

落实交通强国战略，促进交通运输体系高质量发展，需要统筹谋划，既要实现交通运输"自身强"，也要促进交通运输"强国家"，更好地满足经济社会高质量发展要求，满足人民群众的美好出行需要。

1. 加强交通运输科技创新和现代治理

促进交通科技创新，加快基础设施、运输服务、信息化建设、安全应急保障、节能环保等领域关键核心技术研发。推动交通运输与互联网、大数据、人工智能、自动驾驶、新能源等新技术深度融合，加快智慧交通建设，促进交通运输业数字化、网络化、智能化发展。加快发展绿色低碳交通，加强资源环境集约利用，促进节能减排和交通环境保护。促进交通运输组织创新，优化交通出行结构，优先发展公共交通，提高绿色交通分担率，探索共享交通发展新模式。改革交通运输财政事权与支出责任划分，促进交通运输投融资发展，为政府与社会资本合作项目落地提供保障。增强在国际标准与规则的制定过程中的影响力，为世界提供更佳的"中国交通治理方案"。

2. 健全交通运输高质量发展标准体系

加强法律法规、发展规划、产业政策、技术标准等的统筹协调，充分发挥各种运输方式的组合效率和系统优势，推动交通运输高质量发展。健全交通运输高质量发展的目标体系。通过合理设计交通运输科技进步贡献率、单位运输周转量的能耗、土地占用和二氧化碳排放等方面的指标，强化转方式、调结构的导向；通过完善综合交通网络规模、结构和覆盖率、运输效率、现代物流发展等方面的指标，强化补短板、强弱项的导向；通过健全公共交通网络、客运准点率等方面的指标，强化交通运输公共服务的导向。

完善交通运输高质量发展技术标准体系，优化国家标准、行业标准、企业标准的管理界面，健全完善工程建设、装备制造、运营管理、运输服务等技术标准，促进各种运输方式技术标准的有效衔接，提升综合运输一体化服务水平。特别是要注重强化交通运输与经济社会深度融合发展。强化交通运输部门在宏观管理、市场监管、行业治理、公共服务、环境保护等方面的职能落实，健全综合交通运输发展规划研究编制、执行落实、监测评估等各环节工作制度，统筹交通运输体系发展与人口布局、土地利用、产业发展、城市空间布局、生态环境保护等的深度融合发展。

3. 推进现代综合交通运输体系建设

发展现代综合交通运输体系，促进各种交通运输方式互动合作、有效衔接，在更广领域、更高层次、更大程度上实现深度融合发展，是我国经济社会进入新阶段的迫切需要，也是交通强国建设的关键领域。充分发挥各种交通运输方式的比较优势，促进各种交通运输方式联动发展，使各种交通方式的组合效率得以充分施展。抓紧促成综合交通"一张网"，以综合运输通道为主干线，以综合枢纽为重要节点，加快构建品质高、效率高、一体化的综合交通运输网络化格局。加强综合客运枢纽建设，努力实现"零距离"换乘，建设群众更有获得感、幸福感、安全感的出行服务体系，让人民群众享受"出行即出游"的美好交通体验，不断提升综合交通运输高质量服务水平。

整合现有综合货运枢纽资源，推进公路货运站场与大型港口、铁路编组站等物流节点有效衔接。建设全程物流综合服务体系，促进物流服务由传统的装卸、转运、仓储、配送业务向包装、加工、信息服务、保税、金融、贸易等上下游供应链延伸，实现物流与金融、商贸、信息化、技术服务等高附加值服务功能融合发展。基于通道网络、物流园区和配送体系，交通运输经营主体也要从"松散"转向"整合"，促进大、中、小企业合理分工，实现集群、协同发展。

4. 主动服务国家重大布局和重大战略实施

积极服务"一带一路"、京津冀协同发展、长江经济带等国家重大战略，当好实施区域协调发展战略的"先行官"。加快构建交通运输互联互通体系，重点突破恶劣自然条件下建设重大工程、深远海交通通道建设与应急保障、综合运输智能管控与协同运行、交通大气污染防控、长江黄金水道运输能力等关键技术。统筹协调"四大板块"，实施东部率先发展、西部大开发、中部崛起、东北振兴的区域协调发展政策，促进区域之间优势互补、分工协作与联动发展。积极服务"一带一路"建设，促进交通基础设施"陆、海、空、网"四位一体联通。

服务乡村振兴战略，以"四好农村路"建设为抓手，持续改善农村交通运输条件，推进城乡交通运输基本公共服务一体化、均等化。推进交通扶贫，精准识别交通贫困区域，精确贫困地区交通需求，加快农村骨干公路通外联内，保障农村公路的安全建设与运营，促进农村公路运输服务品质的提升，打造以"交通+特色产业"扶贫为主的特色致富路。

加快实施交通运输"走出去"战略，更好地服务于我国参与国际产业分工合作，高水平发展开放型经济。以交通基础设施建设为突破口，充分发挥我国在铁路、电力、通信、工程机械、冶金、建材等领域的优势。加强国际标准跟踪研究，推动综合交通运输优势特色技术标准转化为国际标准，提高交通运输标准国际影响力和话语权。

6.2 交通运输供给侧结构性改革

习近平总书记曾指出，"推进供给侧结构性改革，促进物流业'降本增效'，交通运输大有可为。"交通运输作为社会大生产中连接生产和消费的重要环节，其供给侧的深化改革与物流业的降本提质对我国整体供给系统的优化有着重要意义。

▶▶ 6.2.1 交通运输供给侧结构性改革背景

习近平总书记在2015年11月召开的中央财经领导小组会议上提出了供给侧结构性改革，即打破传统的需求拉动经济模式，从供给端着手，提高供给质量，用改革的办法推进结构调整，矫正要素配置扭曲，扩大有效供给，通过释放生产力来拉动经济增长，更好满足广大人民群众的需要，促进经济社会持续健康发展。

在供给侧结构性改革政策背景下，交通运输作为经济社会发展的基础性、先导性、服务性行业，也呈现出新的发展特点和趋势，需坚持"质量第一、效益优先"，以提高交通运输供给体系质量为主攻方向，围绕"降成本、补短板、强服务、优环境、增动能"，不断推进供给侧结构性改革。

▶▶ 6.2.2 交通运输供给侧结构性改革主要内容

根据《交通运输部办公厅关于印发〈2018年深化交通运输供给侧结构性改革工作要点〉的通知》等文件精神，现阶段交通运输供给侧结构性改革主要内容如下。

1. 降成本

进一步推动降费，以减轻企业负担为重点，着力通过管理创新、组织创新，大力发展多式联运、无车承运等先进运输组织方式，优化货车通行费优惠政策，扩大高速公路分时段差异化收费试点，精简中央定价港口收费项目等多项措施，持续降低企业物流成本和物流企业成本，不断释放交通运输降低物流成本新空间。

主要包括：加快发展多式联运，重点推进铁水联运发展，推动主要港口集装箱铁水联运。严格执行鲜活农产品运输"绿色通道"政策，免收整车合法装载运输鲜活农产品车辆通行费。鼓励货车使用ETC非现金支付、国际标准集装箱优惠计费、降低货车通行费收费标准。扩大高速公路分时段差异化收费试点。严格落实取消营业性货运车辆二级维护强制检测。落实货运车辆年检、年审合并工作。精简中央定价港口收费项目，规范市场自主定价的港口经营服务性收费。

2. 补短板

聚焦交通基础设施薄弱环节和瓶颈制约，保持合理有效投资，加快推动基础设施联网优化，更好地支撑服务国家重大战略，着力防控债务风险。

主要包括：加快京津冀交通一体化发展，完善高速公路网、持续提升国省干线技术等级、优化津冀沿海港口布局，推进区域航道、锚地、引航等公共资源的共享共用。支撑长江经济带发展，加快构建高质量综合立体交通走廊。推进"一带一路"交通建设，推进与六大走廊对接的境内高速公路待建路段及口岸公路和界河桥梁建设。支撑乡村振兴战略实施，以深度贫困地区为攻坚重点，加快剩余乡镇、建制村通硬化路建设，深化"四好农村路"建设，推进贫困地区资源路、旅游路、产业开发路改造建设。支撑军民融合深度发展，支持重点方向国防交通基础设施建设，加快国防公路、客运场站、国省干线服务区和邮政设施等建设。推进国家高速公路主通道建设及拥挤路段扩容改造。推进沿海港口公共基础设施建设。推进内河高等级航道建设。完善物流园区布局。推进综合客运枢纽建设。畅通港站枢纽"微循环"，推进重点港口集疏运体系建设。建设、改造普通国省干线公路服务设施。推动建立稳定的专项资金政策，研究设立公路发展基金、公路产业投资基金，继续规范有序推广运用PPP模式，用好政府一般债券和收费公路专项债券政策，加强防范和化解交通运输行业债务风险。

3. 强服务

提高保障和改善民生水平，多措并举提升旅客出行体验，切实增强人民获得感、幸福感和安全感。着力优化服务，畅通运输组织链条，提升冷链物流、城市配送等重点物流领域服务水平。

主要包括：鼓励开展空铁、公铁、空巴等形式多样的联程运输服务，积极发展"一站式"联程运输票务服务。提升冷链物流、城市配送等重点物流领域服务水平。持续推进车辆运输车治理。推进道路普通货运车辆在辖区范围内办理异地检验检测。进一步推进乡镇、建制村通客车。深入推进高速公路服务区文明服务创建工作。开展绿色出行专项行动。着力改善海运贸易便利化条件。研究完善内河船型标准化技术政策。开展质量提升行动，加强运输安全保障能力建设，提高物流全链条服务质量，增强物流服务时效，推动电子商务物流体系建设。

4. 优环境

通过推进"放管服"改革、投融资体制改革、完善现代市场体系等工作，增强交通运输可持续发展能力，激发市场活力，不断优化投资和市场环境。

主要包括：大力推进行政许可标准化建设工作，提升"互联网+"政务服务水平。完善事中、事后监管细则，全面推行"双随机、一公开"监管。推进交通运输领域中央与地方财政事权和支出责任划分改革工作。加快综合交通运输、冷链物流、智能运输和信用等领域标准制修订，加强重点标准有效供给，鼓励、引领企业主动制定和实施先进标准。推进"信用交通省"建设。推动交通运输网络安全评估及监测预警信息平台上线运行。深化区域港口一体化发展改革，推动港口资源整合，加快港口一体化发展。规范实施交通运输行业职业资格制度。加快推进汽车维修电子档案系统建设。组织实施对排除限制竞争政策措施进行清理。

5. 增动能

充分利用"互联网+"、物联网、云计算、大数据等新一代信息技术，加强科技创新、绿色发展和对外开放，推动交通与相关产业融合发展，积极培育发展交通运输新技术、新模式、新业态，加快形成新的经济增长点。

主要包括：支持培育"一带一路"海陆运输示范项目。推进自由贸易港建设。推进国家综合交通运输信息平台建设，建成交通运输政务信息资源共享交换平台。推进智慧公路、智慧港口、综合交通出行及交通旅游服务大数据应用等智慧交通试点示范建设，组织完成交通控制与运行系统的仿真及评估原型系统关键技术研究。完善网约车、小微客车租赁、互联网租赁自行车配套政策。开展绿色港口创建行动。推进绿色公路典型示范工程建设。推动邮轮经济发展。

6.3 交通运输科技创新

习近平总书记曾指出，科技是国家强盛之基，创新是民族进步之魂，实施创新驱动发展战略决定着中华民族前途命运，没有强大的科技，"两个翻番""两个一百年"的奋斗目标难以顺利达成，"中国梦"这篇大文章难以顺利写下去，我们也难以从大国走向强国。科技创新对于支撑交通强国建设，促进交通运输高质量发展具有深远的现实意义。

6.3.1 交通运输科技创新背景

1. 交通强国建设关键在于建设交通科技强国

十九大报告在"加快建设创新型国家"这一部分提出建设交通强国，一方面表明了建设交通强国是建设创新型国家的重要领域，是实现强国梦的先行官和战略保障；另一方面也表明了在我国由"交通大国"向"交通强国"的历史性转变过程中，科技创新发挥着关键性作用，即建设交通强国应把科技创新放在关键位置。进入21世纪以来，我国交通运输科技创新不断突破，在提升交通设施装备水平、改善管理水平、提高服务质量、带动新兴产业发展方面成效显著，针对国民经济和服务民生的重大需求，开展了一系列集成服务和规模化应用示范，取得了重大突破。

2. 交通运输领域关键核心技术创新能力不强

目前，与欧美发展国家世界交通强国相比，我国在主要运输装备设备及核心技术研发上还存在较大差距，关键技术、核心技术的原始创新能力较弱，新技术应用较为滞后。交通运输科技创新能力不足依然是我国交通运输发展过程中存在的突破短板。

我国交通运输业的中高速增长主要推动因素是固定资产投资和固定资本存量，二者合计约占60%，科技进步、人力资本、制度因素等创新驱动约占39%。美国交通运输业供给能力的增长中，固定资产投资和固定资本存量的贡献率仅为27%，创新的贡献率达48%。美国交通运输已实现充分的信息化，物流企业也不断进行创新，利用信息技术、货物运输技术、服务产品和其他策略优化网络效率，提供创新的解决方案，提高运输效率。

▶▶ 6.3.2 交通运输科技创新部分重点领域

1. 交通运输领域关键核心技术

建设创新型交通运输行业，我国应以世界先进技术为导向，对基础设施建设、运输服务水平、信息化建设、安全应急保障、节能环保水平及决策支持系统等重点方向存在的关键技术瓶颈重点突破。加快研发规划与自动驾驶、新能源等技术相对应的新型交通基础设施。加快解决综合交通运输在智能化管控、特殊重大工程建设及交通通道能力提高等领域的关键技术难题。

在基础设施方面，重点突破快速和重载铁路建设技术、高速铁路信号和控制系统、航测遥感、卫星定位等勘测技术、特殊路段公路施工技术、离岸深水港建造技术、大口径低能耗输油气管道建设技术、复杂条件下桥隧工程技术、城市轨道交通建设技术等。在技术装备方面，重点突破快速铁路客运机车和重载铁路货运机车及车辆、新能源汽车（巴士、小汽车、公交车等）、大型油轮、集装箱船和滚装船、化学品船、港口机械、国产大飞机等方面的核心关键技术。在交通与关联产业融合发展方面，加快交通运输与高端装备制造、电子信息产业、新能源等高端产业深度融合，实现交通运输技术跨越式发展。

2. 智慧交通

建设和完善智能交通运输平台，促进智能交通发展，实现转型升级提质增效。利用物联网、移动互联网、大数据及云计算等现代信息技术，以建设"智慧交通"为核心，促进互联网与传统交通运输业的有机整合。不断深入开发铁路智能运输系统（RITS）、高速公路联网不停车收费系统、道路运政信息化管理、水上交通船舶管制系统和自动识别系统、民航空管系统等新一代智慧交通信息系统，同时实现标准化信息管理，建立和完善信息平台。

开展新一代智能公路与智能车辆集成系统试点工程，实现新一代智能化公路运输管理与服务。建立以轨道交通地理信息平台为核心的轨道交通智能服务与共享体系，最终实现轨道交通各系统间的系统充分共享，全面提高轨道交通资源综合利用效率和展示服务水平。制定和完善物流技术标准、物流信息标准、物流管理标准和物流服务标准。突破道路客运、大型货运车辆、危险货物运输车辆等重点营运车辆的车路协同系统技术，形成支撑行业转型升级和智慧交通建设的稳定的重大技术方向，不断提升交通运输安全水平和效率。

3. 交通运输集约化、集成化开发

交通运输集约化是交通运输现代化的显著特征，要求网络化的公路、集群化的港口、国际化的空港、电气化的铁路、均等化的公共交通有机协调发展。加强交通运输集约化开发，在交通运输整体效率最高、效益最好的总目标下，实现各种运输方式的集约发展和综合利用，使有限的资源在国民经济和各种运输方式中得到合理、有效的应用和最优化的配置，以最低的社会成本，充分满足经济社会发展和人民群众出行对交通的需求。

交通运输现代化要求在完善的交通基础设施条件下，将先进的信息技术、数据通信传输技术、电子传感技术、电子控制技术及计算机处理技术和系统综合技术有效地集成并应用于整个运输系统，以解决交通安全性、运输效率、能源和环境问题，从而建立起大范围内发挥作用、适时、准确、高效的综合运输和管理系统。

4. 低碳交通

从全球能源格局来看，世界能源资源版图正加快调整，客观上要求我国加快优化国际能源运输战略布局，加快发展新能源技术，为确保国家能源安全和持续发展提供战略保障。从资源环境约束来看，随着全球气候变暖及资源、环境等问题日益突出，能源约束越来越高。交通运输是能源消耗特别是化石能源消耗的重要部分，其石油消费量占全社会石油消费总量的比重较大，尾气排放也是环境污染和温室气体的重要来源之一。我国作为能源消耗和二氧化碳排放大国之一，承担着节能减排的重要责任，需要大力推进运输结构优化，转变交通运输发展方式，着重发展绿色低碳交通。

低碳交通建设重点是调整能源消费结构，从能源结构和能源配送体系来看，未来应大力推广可再生能源、核能、氢能、太阳能等应用，推动智能电网、能源互联网的发展，构建新型能源配送体系。在交通基础设施、配套设施、运载工具和装备、运输服务等方面，不断健全绿色低碳发展的技术和标准体系。加快推进交通新能源技术创新，提早谋划推动交通新能源基础设施建设，为确保交通能源安全和持续发展提供战略保障。

6.3.3 交通运输科技创新对策

未来，交通运输产业面临着促进供给能力持续提高和不断满足多样化需求的迫切任务，需要加快从投资驱动型转向创新驱动型发展，由降成本的单方面改革转到调结构、调产能、降成本、降杠杆的综合改革，更加重视培育新主体，形成交通运输发展新动能。

1. 完善交通运输科技服务体系

促进交通运输科技体制机制的深入改革，着力转变相关政府部门的管理职能，不断推进管理创新，提高交通运输决策管理的科学化、精细化水平，加强市场的引导作用，优化创新环境。完善科技咨询、成果的转移转化、知识产权保护、科技信息及科学普及等服务。主动适应互联网+交通发展的新趋向、新特点，特别是对海量数据与信息的挖掘、提取、集成与再造的需求，推进各类资源的适度开放与共享，激发各类企事业单位、市场主体的活力与动力。全面推进智慧交通工程建设，实施交通"互联网+"行动计划，促进交通大数据、交通信息技术广泛应用，不断提升交通智能化水平。加快开发交通运输新技术、新模式和新业态，探索共享交通、共享物流新模式，通过共享资源实现交通物流体系资源优化配置，提高系统效率，降低物流成本。

2. 促进人才发展战略深入实施

充分发挥行业内外智囊作用，结合科研项目开展，大力培养具有国际化视野、丰富知识储备的低碳智能交通专业人才，形成优质的人才基础，为交通科技创新发展提供强大的智力支撑。积极引进高层次人才和领军人才，完善配套措施，鼓励海外高端人才回国就业创业，参与交通领域科技创新，提升交通运输创新能力。大力提倡科技人员到企业就业或自行创业，鼓励企业探索股权、期权等激励方式，吸引科学家和工程师到企业创新创业，提高行业发展活力。

3. 创新交通科技创新投融资模式

进一步加大财政投入，在各级、各类财政预算中安排交通专项资金和配套政策，并以绩效评价为导向积极创新财政资金管理模式和使用方式。积极探索以市场手段为核心的多元化筹融资途径，鼓励社会资本在交通科技创新方面加大资金投入，建立健全相关交易机制和定价机制，有效规范交易行为，形成"政府、社会、市场"共同参与、多方共赢的交通科技创新投融资模式。

4. 深化交通科技创新国际交流与合作

服务国家对外开放新格局，加快推进交通基础设施互联互通和大通道建设，开辟多式联运跨境交通走廊，深入融入全球产业链、价值链、物流链，以交通运输的网络联通推动政策沟通、贸易畅通、资金融通和民心相通，提升对"一带一路"的支撑力。引导国内企业与国际优势企业加强关键技术、产品的研发合作。推动相关技术装备、标准规范、服务和专业人才走出去，积极开展技术交流与合作，培育具有国际竞争力的企业，充分利用国际创新资源，促进相关技术发展。积极参与国际交通运输科技创新和治理体系构建，更多、更深参与相关国际合作，大力培养国际化的专家型人才，逐步扩大我国低碳智能交通在世界舞台的影响力和话语权。

6.4 交通运输现代化

现代化是一个具有时代特征的概念，伴随着经济社会发展不断演进。交通运输现代化是交通运输文明的演进过程，是人类文明进步的重要组成部分，随着时代、科学技术、交通工具的进步而变迁。

6.4.1 交通运输现代化内涵

1. 交通运输现代化定义

交通运输现代化属于一种领域的现代化，是经济现代化和国家现代化的重要组成部分之一。交通运输现代化本质是交通运输不断通过变革提升自身服务能力，既是交通运输满足经济社会需求、适应自然环境要求的一种状态，也是交通运输从欠发达到较发达的一个过程。

随着我国工业化、信息化、城镇化、市场化、国际化持续发展，交通运输现代化要依托现代科技和先进管理手段，有效满足现代经济社会发展需求，有力支撑社会主义现代化强国建设；在资源环境等外部约束条件下，交通运输要发挥技术经济比较优势，实现分工协作、优势互补、有效衔接、智能互联，不仅能充分满足社会经济发展需求，而且能实现与资源环境和经济社会的协调、可持续发展。

2. 交通运输现代化主要特点

（1）动态性。现代化只是针对当时的生产力水平而言的，交通运输现代化是交通运输发展的目的、目标、环境、条件不断耦合、变迁的过程，是一个渐进的、持续发展的动态过程，没有终点，不同的历史发展阶段有不同的现代化特征和基本标准。

（2）同质性。交通运输发展的价值标准或系统功能具有同质性，例如，各种交通方式都提出"安全、便捷、高效、绿色"等发展理念，已成为社会所公认的交通运输现代化的普适价值标准，尽管不同国家和地区发展水平存在差异，但也是世界各国交通运输发展的共同价值追求。

（3）先进性。对交通运输先进性的价值判断，不仅要关注其经济价值、社会价值，还要关注其生态价值、环境价值。无论交通运输现代化的过程、方向，还是其变革的状态、结果，都应该适应先进生产力的发展要求，符合人类社会先进文明的前进方向。例如，航空运输、高速铁路具有其他运输方式不可比拟的优点，其发展水平的高低成为衡量一个国家交通运输现代化程度的重要标志之一。

6.4.2 交通运输现代化框架

交通运输现代化是一个不断变化、发展的系统，可以从功能、结构、要素 3 个维度来考察和描述交通运输现代化。

1. 功能维度

从交通运输现代化的目的来看，是为了更好地实现人与物空间位移的目的，主要体现在更加安全、便捷、畅通、高效、绿色、智能等方面，这是人类生产生活对交通运输发展的基本诉求，是交通运输现代化的基本价值遵循，是交通运输现代化的功能体现。

2. 结构维度

从构成交通运输系统的各子系统来看，交通运输现代化表现为交通运输系统内部各子系统的现代化，又可以分为两个维度，一是各种交通运输方式的现代化；二是包括交通基础设施现代化、交通运输装备现代化、交通运输组织管理系统现代化在内的整体现代化。

3. 要素维度

从实现交通运输系统功能的主要元素来看，具体包括交通运输领域从业人员、技术装备、体制机制、组织管理的现代化。

▶▶ 6.4.3 交通运输现代化发展方向

交通运输现代化与其所处的国家和地区经济社会现代化水平密切相关，是交通运输领域由欠发达到发达、由落后到先进的一种过程，其发展方向主要体现在以下几方面。

1. 适度规模、结构优化

交通运输现代化首先要具备一定的规模化，具有较为完善的、支撑和引领经济社会发展要求的交通基础设施网络系统，既要有效满足经济社会发展所产生的各种客货运输需求，与人民群众美好出行需要相匹配，又能够引领经济和社会发展。保持适度的规模化是交通运输更好发挥基础性、先导性功能的基本条件。

现阶段交通运输发展面临的问题，一是总量问题，二是结构性问题。在总量问题方面，改革开放以来，交通运输与经济社会发展的关系也先后经历了"瓶颈制约"到"总体缓解"，再到"基本适应"等发展阶段。构建现代化经济体系，交通运输业肩负的促进经济长期持续稳定增长的使命将更加艰巨，交通基础设施建设仍然需要适度超前发展。

在结构性问题方面，突出表现为有效供给不足，客运快捷舒适、货运经济高效的要求更加突出，交通运输在城乡和区域分布不平衡问题较为突出，对国民经济和社会发展的支撑和引领功能有待进一步挖掘。这就需要不同运输方式在空间布局上应适应不同区域及城乡地区经济社会发展的特点和要求；交通运输枢纽建设在能力和布局上应与线路建设相适应，以实现交通运输点线能力相匹配；交通运输服务系统与交通基础设施网络系统相适应。

2. 集约化、系统化

交通运输集约化、系统化是交通运输现代化的显著特征，要求各种交通运输方式实现有机协调发展、集约发展，铁路、公路、水运、航空、管道 5 种运输方式按照各自的技术经济比较优势和国情条件实现合理分工，实现资源优化配置和综合利用，进而实现交通运输整体效率最高、社会成本最低的总目标，充分满足经济社会发展对交通运输的需求。各种运输方式由分散独立发展向协同发展，是交通运输现代化发展的普遍规律。

从公路、水路、铁路、航空比较分立的发展转向基于多式联运和综合枢纽的综合交通运输体系的协同发展，需要强化各种运输方式的衔接。整合现有综合货运枢纽资源，推进公路货运站场与大型港口、铁路编组站等物流节点的有效衔接。加强公铁联运、公水联运、空地联运等设施设备建设，提高货物在园区内的中转联运效率。交通运输经营主体也要从"小而散"转向"大、中、小企业合理分工"，基于通道网络、物流园区和配送体系，实现集群、协同发展。

3. 绿色化、智能化、人本化

交通运输现代化，必须把可持续化作为一个关键特征，强调交通运输与自然、社会和人的协调发展。积极发展绿色交通，以最低的能源、资源消耗来最大限度地满足各类客货运输需求，将交通发展的各种外部不经济性降至最低限度，实现交通运输系统与资源环境、经济社会的协调可持续发展。

交通运输现代化要在健全交通基础设施的条件下，积极运用先进的信息技术手段和系统综合技术，解决交通安全性、运输效率、能源和环境问题，从而建立起大范围内发挥作用、适时、准确、高效的综合运输和管理系统。

交通运输现代化的根本目的是满足人的发展需要，在交通运输规划、建设、运营的各个环节，都应突出"以人为本"的理念，构建惠及全民的交通运输公共服务体系，更加体现人文关怀和人性服务，为各类生产和生活活动提供安全、便捷、舒适、经济的交通运输服务。

本章参考文献

[1] Ali Dada, Thorsten Staake, Elgar Fleisch. The Potential of the EPC Network to Monitor and Manage the Carbon Footprint of Products [M].Auto-ID Labs White Paper WP-BIZAPP-047.2009, 3.

[2] Carbontrust. Carbon Footprints in the Supply Chain: The Next Step for Business[R]. 2007

[3] PCF Pilot Project Germany. Product Carbon Footprinting: The Right Way to Promote Low Carbon Products and Consumption Habits? [R]. THEMAI, Berlin, 2009.

[4] 陈璟，李可，朱超. 关于交通运输五年规划体系的思考[J]. 综合运输，2018

（2）:27-32.

[5] 丁金学.城市绿色交通发展的回顾与展望[J].综合运输,2013（9）.

[6] 董霞,刘法胜. 共享交通模式及优化[J]. 山东交通科技,2016(06)：14-16+27.

[7] 樊一江. 交通运输与经济社会深度融合发展：思路和建议[J].宏观经济研究,2018（8）:150-158.

[8] 葛晓鹏,王庆云. 交通运输系统供给侧结构性改革探讨[J]. 宏观经济管理,2017,(05)：46-50.

[9] 耿彦斌. 论交通运输供给侧结构性改革[J]. 综合运输,2016,38(11)：30-33.

[10] 胡建强,许家雄,等. 绿色循环低碳交通运输评价指标体系研究[J]. 公路与汽运,2018（3）：20-26.

[11] 景维民. 新常态下道路运输业发展趋势[J]. 交通企业管理,2015,30(06)：19-22.

[12] 陆化普.基于绿色交通理念的交通供求关系导向策略[J].综合运输,2013（6）.

[13] 马克思.资本论[M].徐靖喻,译.北京：煤炭工业出版社,2016：356-357.

[14] 宋华东,马娇,等. 新时代交通运输供给侧改革的战略趋向[J].综合运输,2018（8）：42-47.

[15] 王德荣. 中国交通运输中长期发展战略研究 2017[M]. 北京：中国计划出版社,2017.

[16] 魏东.加快推进绿色循环低碳交通运输发展[J].环境保护,2013（13）.

[17] 夏杰长,魏丽. 习近平新时代交通强国战略思想探析[J]. 河北经贸大学学报（综合版）,2018（2）：5-12.

[18] 杨传堂.发展绿色交通共建美丽中国[J].交通节能与环保,2013（8）.

[19] 杨传堂,李小鹏. 深化供给侧结构性改革建设现代综合交通运输体系[J]. 中国公路,2017(05)：18-21.

[20] 张国伍. 论交通运输系统规划、协调与发展[J]. 交通运输系统工程与信息,2005(01)：16-24.

第 7 章
综合交通运输发展

本章导入

习近平总书记曾指出,综合交通运输进入了新的发展阶段,在体制机制上、方式方法上、工作措施上,要勇于创新、敢于创新、善于创新,各种运输方式都要融合发展,平衡各种运输方式,加快形成安全、便捷、高效、绿色、经济的综合交通体系。发展现代综合交通运输体系是我国经济社会进入新阶段的迫切需要。交通强国建设,要促进各种交通方式的互动合作,创新发展综合交通运输体系。在综合交通运输规划、建设、运营等方面强化统筹,做到"规划建设一盘棋、运行管理一张网、出行服务一张图"。

7.1 综合交通运输发展概况

经过改革开放 40 多年来的艰苦努力,特别是进入 21 世纪,我国交通基础设施网络、运输保障能力和服务水平、技术装备水平显著提升,实现了跨越式发展,总体上从"瓶颈制约"到"初步缓解",再到"基本适应",现已成为引领经济社会发展的重要支撑。

▶▶ 7.1.1 综合交通运输发展基础条件

改革开放以来,伴随着国民经济的持续快速发展,交通基础设施规模快速增长,运输网络覆盖面持续扩大,通达能力不断提升,为综合交通运输发展奠定了坚实基础。

1. 综合交通网络基本形成,引领作用显著增强

经过多年持续发展,铁路、公路、水运、民航及管道等运输方式在运网规模上都得到了显著增加,综合交通网基本形成,网络布局和结构不断改善,现代综合交通运输体系建设快速推进,交通基础设施建设进入高水平各自成网和相互融合发展阶段。截至 2017 年年底,高速铁路营业里程达 2.5 万公里,覆盖 3/4 的百万人口城市;城市轨道交通运营里程 4583 公里;高速公路通车里程 13.6 万公里;农村公路里程 400 万公里,多项指标居世界第一。"十纵十横"综合运输通道建设稳步推进,国际性、全国性、区域性综合交通枢纽加快建设,多种运输方式间的协同性、融合

性不断增强,对经济社会发展的引领作用已经形成。

2. 运输结构趋于合理,技术经济优势凸显

积极发展分工合理、有机衔接、相互协调的现代综合交通运输体系已成为社会共识,目前已在综合运输通道建设、综合枢纽建设等方面取得了阶段性成效。各种运输方式之间的不同发展组合,体现着不同的社会资源消耗数量和系统效率水平,并对人口分布、生产组织方式、产业布局产生显著影响。交通运输发展过程中,逐步改变了单一运输方式,更加注重发挥各种运输方式不同的技术经济特点和比较优势,充分发挥几种运输方式相互衔接的综合优势。

3. 技术装备不断升级,步入世界先进行列

交通运输科技创新水平和智能技术取得重要进展,科技成果广泛应用,综合交通运输设施和运输装备水平不断提高,载运工具的质量和规模总量大幅提升。截至2017年,全国拥有铁路机车2.1万台,其中内燃机车占40.4%,电力机车占59.5%;拥有铁路客车7.3万辆,其中动车组2935标准组、23480辆;拥有铁路货车79.9万辆,再创历史新高。铁路再次实现大范围提速,系统掌握了时速250公里和时速350公里及以上速度等级涵盖设计施工、装备制造、系统集成、运营管理等高速铁路成套技术。在"和谐号"动车组技术优势的基础上,实现了"复兴号"的研制及上线运营,实现系列化的自主知识产权,网上售票、刷脸进站、高铁WiFi等服务环节智能化水平不断升级。互联网、大数据、云计算、人工智能、北斗导航、高分遥感等先进技术在交通运输领域广泛应用。交通运输绿色低碳化发展不断推进,能源消耗与环境保护指标持续改善。

4. 运输服务持续优化,运输需求不断改善

交通运输设施大规模建设和运输装备水平的不断提升,运输服务能力显著增强,促进了交通运输服务结构持续优化和运输需求不断改善。2017年,铁路全年完成旅客发送量30.84亿人,比上年增长9.6%,旅客周转量13456.92亿人公里,增长7.0%;全国铁路完成货运总发送量36.89亿吨,比上年增长10.7%,货运总周转量26962.20亿吨公里,增长13.3%。公路全年完成营业性客运量145.68亿人,比上年下降5.6%,旅客周转量9765.18亿人公里,下降4.5%;完成货运量368.69亿吨,增长10.3%,货物周转量66771.52亿吨公里,增长9.3%。水运全年完成客运量2.83亿人,比上年增长3.9%,旅客周转量77.66亿人公里,增长7.4%;完成货运量66.78亿吨,增长4.6%,货物周转量98611.25亿吨公里,增长1.3%。

7.1.2 综合交通运输发展主要瓶颈

尽管综合交通运输在总体规模、基础设施和技术装备现代化水平等方面取得突出成就,但是综合交通发展仍然存在一些挑战。从我国的国情和五大运输方式的技

术经济特性考虑，综合运输体系的协调发展状况仍然是低水平的、不全面的、不平衡的。

1. 各种运输方式分工不合理

主要体现在客货运输量的分担上，与我国的人口众多、人均土地少、能源占有量偏低的状况不相适应，大运量、低能耗、污染小的铁路、水运等运输方式的技术经济优势未能得到充分发挥。

2. 各种运输方式间的线路缺乏有效配合

在网络布局上各种运输方式间的线路缺乏配合，每种运输方式的网络布局自成体系，规划和实施在一定程度上缺乏综合交通运输体系的理念，造成大量土地资源的浪费，导致资源无效利用和恶性竞争。在各运输方式本身的内部关系上，方式内网络布局还不尽合理，层次分明的网络布局还不完善，各层次网络规模和其功能、地位相互匹配不够，基础设施技术等级结构不合理，枢纽与支线未能有效划分。

3. 各类交通方式之间有机衔接不畅

主要体现在运输枢纽节点及多式联运上。由于多年来各种交通方式只重视自身的建设，在网络设施的衔接和多方式枢纽的建设方面处于严重落后的局面。如港口及机场的集输运系统、铁路及公路枢纽场站、旅客的换乘系统，还存在"最后一公里"问题，使得各种运输方式的快速网络化运输难以实现。现有的枢纽设施布局不尽合理，与城市交通结合不好，客货运转不方便、不通畅；枢纽的作业管理水平落后，信息化程度较低，流程的规划和组织技术陈旧，难以适应多方式一体化的要求。尽管各大、中、小城市基本实现运输体系通达，但城市与城间交通缺乏衔接，客运难以实现零距离换乘，货运难以实现无缝衔接，导致城市内外交通联系不畅，对城市及城郊发展形成制约。

4. 综合交通管理体制机制不健全

条块分割、多头管理影响综合交通体系的总体效力发挥，导致一些领域、一些地方出现大量资源浪费和运输系统低效的问题。各种运输方式长期以来独立运作，在管理理念、思维模式上未能一致。在规划阶段各方式在选择自身的发展目标、发展模式时缺乏对其他运输方式的综合考虑，针对高速公路与铁路之间、高速公路与民航之间、铁路与港口之间、城际交通与城市交通之间的关系未能充分研究，针对综合交通体系的协调发展问题未能充分考虑。

▶▶ 7.1.3 综合交通运输发展对策

优化基础设施网络布局，促进综合交通运输体系发展，是落实交通强国战略、实现交通运输高质量发展的需要，也是一项长期战略任务。

1. 构建综合交通网络

由于运输方式的多样化、运输过程的统一化，各种运输方式朝着分工协作、协调配合、建立综合交通运输体系的方向发展。交通运输科技进步、能源环境约束作用增强，要求充分发挥各种运输方式的技术优势，实现交通运输综合一体化发展。促进各种交通运输方式优势互补，加快建设和发展以普通公路网为基础，以铁路、国家高速公路为骨干，与水路、民航和管道共同组成覆盖全国的综合交通网络，发挥系统综合优势。按照客运"零距离换乘"和货运"无缝化衔接"的基本要求，建设布局合理、功能完善、衔接顺畅的综合交通枢纽，促成综合交通"一张网"，以运输大通道为主干线，以枢纽为重要节点，加速实现品质高、效率高的综合交通运输网络化格局。

2. 优化交通运输结构

促进各种交通运输方式优势互补，在中长途旅客运输、城际大运量、快速旅客运输和大宗散货运输等领域，优先发展铁路等轨道交通，有条件的大城市鼓励发展市郊铁路；在中短途客货运输及小批量和高附加值货物运输、个性化交通运输等领域，优先发展公路；在国际国内中长途大宗散货、集装箱和滚装汽车运输等领域，优先发展水路；在国际国内中长途旅客运输，以及小批量、高附加值货物运输等领域，优先发展民用航空；在国际国内原油、天然气、成品油运输，以及其他液态货物运输等领域，优先发展管道；城市优先发展公共交通。

3. 高效集约通道资源

综合运输通道是在同一方向上的客货运输流密集地带，形成由两种或两种以上运输方式共同组成的骨干线路构成、跨省区域的、具有全国意义的运输通道。综合运输通道通常属于全国交通运输网的主骨架、主动脉，一般以铁路和干线公路为主，还包括干线内河航道、枢纽港（空港、海港）站。运输通道资源有限时，优先发展运量大、速度快、占用土地少、低污染、低消耗的轨道交通方式。在具备水运条件的地区，积极发展水路。同一区域内，各种运输方式通道应集约布局、线位共享、合并建设，以高效集约运行通道资源。促进交通基础设施"陆、海、空、网"四位一体联通。加快优化提升综合交通系统运营运行效率与质量，做好已有交通基础设施设备的监管与维护。

4. 系统推进一体衔接

推进综合交通枢纽设施一体化、信息一体化、运营一体化、管理一体化，加强各方式有机衔接，以保持各种交通方式的平衡和各种交通方式的联动发展，让各种交通方式的比较优势与组合效率得以充分施展。在综合交通枢纽设施一体化方面，加强以铁路、公路场站和机场等为主的综合客货运枢纽建设，完善枢纽布局和功能。依托交通枢纽，加强干线铁路、城际轨道、干线公路等与城市轨道交通、地面公共交通、私人交通、市郊铁路等的有机衔接，强化枢纽和配套设施建设，促进枢纽与干线协调发展，形成城市内外和不同方向之间便捷、安全、顺畅换乘。在综合交通信息一体化方面，大力推进综合交通运输领域的信息化进程，以点带面积极建设综合交通运输信息共享平台，探索各种交通节点和运输方式之间的信息采集、交换的标准化和共享机制，实现客运信息和物流信息的互联互通，建设开放性、数字化、集成化的交通信息资源共享服务网络。

7.2 综合交通枢纽

综合交通枢纽是综合交通运输体系的重要组成部分，许多客货运输往往不是通过一种运输方式一次就能完成的，需要各种运输方式衔接，这种衔接要借助于综合交通枢纽来完成。同时，综合交通枢纽对其所依托城市的形成和发展具有重要的带动作用，是城市对外交通的桥梁和纽带，并与城市交通系统有着密切的联系。

7.2.1 综合交通枢纽内涵

1. 综合交通枢纽的定义

通常认为"枢纽"是"冲要的地点，事物的关键之处"。综合交通枢纽是综合交通运输体系的重要组成部分，是衔接多种运输方式、辐射一定区域的客货转运中心。

在地理位置上，综合交通枢纽地处两种或两种以上的交通方式衔接处或客货流重要集散地。在运输设施上，综合交通枢纽是衔接多种运输方式，办理客货中转、发送、到达所需的各种运输设施的综合体。在运输网络上，综合交通枢纽是多条交通干线通过或连接的交会点，连接不同方向上的客货流，是交通运输网络的重要组成部分。在交通组织上，综合交通枢纽承担着各种交通方式的衔接，实现不同方向和不同运输方式间交通的连续性，完成交通出行的全过程。

2. 综合交通枢纽的功能

综合交通枢纽作为交通运输的生产组织基地和交通运输网络中客货集散、转运及过境的场所，具有运输组织、中转换乘和换装、物流功能、多式联运、信息流通和辅助服务 6 大功能。

1）运输组织功能

（1）运输生产组织。客运组织，为旅客上下车提供各种管理服务工作、为参营车辆安排运营班次、拟定发车时刻；货运组织，制订货物运输计划，组织货物的装卸、分发、换装、发送、中转、到达等作业，组织联合运输，对货物运输全过程进行质量监督与管理等工作。

（2）客货流组织。根据客流特征科学合理安排营运线路，以良好的服务和公关活动吸引新客源；掌握货源特征，根据不同货种，实现货物的高效合理运输。

（3）运力组织。向公众提供客货源、客货流信息，组织营运车辆进行客货物运输，开辟新班线、班次和运力；运用市场机制协调客货源与运力之间的匹配关系，使运力与运量保持相对平衡，为社会运力提供配载服务等。

（4）运行组织。办理参营车辆到发手续，组织客车按班次时刻准点正班发车；根据货流特点确定货运车辆行驶的最佳线路和运行方式，制订运行作业计划；掌握营运线路通阻情况，及时采取各种应对措施。

2）中转换乘和换装功能

综合交通枢纽站场为旅客的中转换乘、货物中转和换装提供方便，配备相应的站场服务设施，在时间、需求、物耗等方面为中转旅客、货主提供服务。

3）物流功能

综合货运枢纽站场面向社会开放提供物流服务，为货主提供仓储、保管、包装服务，以及货物销售代理、流通加工、物流咨询、设计等综合物流业务。

4）多式联运功能

综合枢纽站场可承担运输代理，为旅客、货主和车主提供双向服务，选择最佳运输线路，合理组织多式联运，实行"一次承运，全程服务"。

5）信息流通功能

通过计算机及通信设备，使公路运输枢纽与水运枢纽、铁路站场和航空港有机联系、相互衔接、形成网络，并使各种营运信息得以迅速、及时、准确地传递和交换，面向社会提供货源、运力信息和配载及通信服务。

6）辅助服务功能

为旅客、货主提供食、宿、娱乐、购物等服务，代货主办理报关、报检、保险等业务，提供商情等信息服务。为营运车辆提供停放、加油、检测和维修服务。

另外，综合交通枢纽还具有疏导城市交通功能，通过有效组织城市内外交通，区分城市过境交通和市内交通，发挥枢纽"截流"作用；通过枢纽内站场的合理布局，使进出货物"化整为零"和"集零为整"，并通过公共客运和共同配送货物减少市区的车流，从而达到缓解城市交通压力、减少城市污染的目的。

3. 综合交通枢纽系统组成

综合交通枢纽系统包括运输子系统、设备子系统、信息子系统、人员子系统及技术管理子系统等组成部分。

（1）运输子系统

综合交通枢纽系统包括两种以上性质不同的交通运输方式，其运输子系统包括：一是外部运输子系统，即综合交通枢纽与其所在城市外部区域间联系的干线运输方式；二是内部运输子系统，即实现综合交通枢纽系统内部运输联系的运输方式，包括枢纽内部联络方式、城市交通运输方式及慢行交通等。

（2）设备子系统

设备子系统可分为枢纽外部运输方式交通设备、内部运输方式交通设备。枢纽外部运输方式交通设备主要包括各种运输方式的线路及相对应的运输站点；内部运输方式交通设备主要包括枢纽内仓储设备及联络线、换乘或转运设备及场所等各种转接设备。

（3）信息子系统

信息子系统包括交通信息服务、管控中心、综合枢纽旅客换乘引导、货运集疏引导、综合枢纽协调管理及枢纽结合部的安全救援等功能，以此改善对枢纽用户的服务质量和综合效率。

（4）人员子系统

人员子系统组成要素主要有两类：一类是旅客，包括直通旅客、中转换乘旅客和集散旅客等，他们对系统运营有不同要求；另一类是系统内部职工，主要包括第一线的基层职工和后勤、管理及技术人员等，他们是服务的提供者。

（5）技术管理子系统

技术管理子系统主要包括各种作业技术、方法和管理制度，属于系统软件部分，主要是保证枢纽内部不同交通方式间运量合理分配、相互协调等功能的实现。

7.2.2 综合交通枢纽分类

对综合交通枢纽进行科学分类，有利于实现枢纽的规划、设计、建设、运营与管理。

1. 综合交通枢纽服务辐射范围

按辐射范围区分，主要包括国际性、全国性、区域性、地区性综合交通枢纽（见表 7-1）。国际性综合交通枢纽的评价标准，主要包括铁路干线通过数量、国家高速公路连接条数、国际客货运量（主要包括国际班轮航线条数、国际航线条数、外贸货物吞吐量、国际旅客运输量、国际货邮运输量等）等指标。

表 7-1 按辐射范围综合交通枢纽类型分类表

服务区域	枢纽类型	代　　表
国际（含港、澳、台地区）	国际性综合交通枢纽	北京—天津、上海、广州—深圳、成都—重庆等
国内	全国性综合交通枢纽	长春、沈阳、石家庄、青岛、济南、南京等
	区域性综合交通枢纽	丹东、珲春、绥芬河、黑河、满洲里、二连浩特等
	地区性综合交通枢纽	一般地级市

按照综合交通枢纽服务辐射半径划分，分为超大型（辐射半径为 1500 公里及以上）、特大型（1000 公里及以上 1500 公里以下）、大型（500 公里及以上 1000 公里以下）、中型（200 公里及以上 500 公里以下）、小型（200 公里以下）综合交通枢纽（见表 7-2）。

表 7-2 按综合交通枢纽服务辐射半径分类表

类 型	服务辐射半径（公里）	代 表
超大型	≥1500	北京—天津、上海、广州—深圳、成都—重庆等
特大型	(1500，1000]	长春、沈阳、石家庄、青岛、济南、南京等
大型	(1000，500]	区域性中心城市
中型	(500，200]	一般地级市
小型	<200	县级市、县城

根据《国务院关于印发"十三五"现代综合交通运输体系规划的通知》（国发〔2017〕11号），"十三五"期间，我国将进一步优化综合交通枢纽布局，着力打造北京、上海、广州等国际性综合交通枢纽，加快建设全国性综合交通枢纽，积极建设区域性综合交通枢纽，优化完善综合交通枢纽布局，完善集疏运条件，提升枢纽一体化服务功能。

（1）国际性综合交通枢纽（12个）

重点打造北京—天津、上海、广州—深圳、成都—重庆4个国际性综合交通枢纽，建设昆明、乌鲁木齐、哈尔滨、西安、郑州、武汉、大连、厦门8个国际性综合交通枢纽，强化国际人员往来、物流集散、中转服务等综合服务功能，打造通达全球、衔接高效、功能完善的交通中枢。

（2）全国性综合交通枢纽（63个）

全面提升长春、沈阳、石家庄、青岛、济南、南京、合肥、杭州、宁波、福州、海口、太原、长沙、南昌—九江、贵阳、南宁、兰州、呼和浩特、银川、西宁、拉萨、秦皇岛—唐山、连云港、徐州、湛江、大同26个综合交通枢纽功能，提升部分重要枢纽的国际服务功能。推进烟台、潍坊、齐齐哈尔、吉林、营口、邯郸、包头、通辽、榆林、宝鸡、泉州、喀什、库尔勒、赣州、上饶、蚌埠、芜湖、洛阳、商丘、无锡、温州、金华—义乌、宜昌、襄阳、岳阳、怀化、泸州—宜宾、攀枝花、酒泉—嘉峪关、格尔木、大理、曲靖、遵义、桂林、柳州、汕头、三亚37个全国性综合交通枢纽建设，优化中转设施和集疏运网络，促进各种运输方式协调高效，扩大辐射范围。

2. 综合交通枢纽衔接交通方式种类

衔接综合交通枢纽的交通方式分城市对外交通和城市内部交通两大类，其中城市对外交通主要包括铁路（高速铁路、城际铁路）、公路（高速公路、国省干道、普通公路）、水路、航空、管道等；城市内部交通主要包括城市轨道交通（地铁、轻轨）、地面城市公交（BRT、普通公交）、出租车、私家车、慢行交通等，枢纽衔接的交通方式至少两种（含）以上。按照综合交通枢纽主导的交通方式分类，又分为铁路主导型综合交通枢纽、公路主导型综合交通枢纽、航空主导型综合交通枢纽、水运主导型综合交通枢纽等。

（1）铁路主导型综合交通枢纽

铁路主导型综合交通枢纽一般是以国家干线铁路枢纽站场的客流集散和中转为基本需求，集公路、轨道交通、普通公交及出租、社会车辆等各类交通方式于一体，实现不同交通方式间衔接和联运、转换的综合交通枢纽。铁路主导型综合交通枢纽是我国当前综合交通枢纽建设的主体类型。铁路主导型综合交通枢纽在承担交通功能的同时，往往发挥着以交通带动城市拓展开发、区域内商业开发等多种功能。此类枢纽大部分处于城市新城区或城市中心区，存在多种布局形态，可与各类型轨道交通、公路乃至民航机场及城市交通相结合，是构建综合运输体系的重要节点。

（2）公路主导型综合交通枢纽

公路主导型综合交通枢纽是指主要依托公路运输的枢纽站场，并与城市轨道交通、航空运输、城市公共交通结合而成的综合交通枢纽，是城市对外交通与城市内部交通转换的重要场所之一。公路主导型综合交通枢纽存在多种集疏运方式，各种交通方式（出租、公交、社会）车流混杂，周边道路交通组织条件复杂，易形成对城市交通的压力，对与城市道路网直接衔接的道路条件要求较高，对枢纽内服务设施、交通标识等设置要求较高。

（3）航空主导型综合交通枢纽

航空主导型综合交通枢纽一般是依托枢纽机场或干线机场的航站楼进行建设，并与铁路、公路、城市轨道交通、城市公共交通结合而成的综合交通枢纽。通常情况下，航空主导型综合交通枢纽受机场选址条件约束，离机场所在城市中心较远，旅客集疏运交通方式较多，快速集疏运特征明显。大型航空综合交通枢纽空间上大多采用多层立体设计、平面与垂直换乘相结合的方式，枢纽除了完成客货中转任务以外，还兼顾商业开发功能。

（4）水运主导型综合交通枢纽

水运主导型综合交通枢纽主要在沿海、沿江港口城市，主要以货运枢纽为主，兼顾少量客运和旅游码头功能。在客运方面，由于水上旅游交通快速发展，使得以旅游、口岸等服务功能为主，为旅客提供多元化交通出行服务的该类型综合客运枢纽的建设日益受到关注，但是水路运行速度相对较慢、航线受限。在货运方面，水路货运具有运载量大、运价低廉的特点，主要以承担大宗散货和集装箱货物运输为主，集疏运以公路、铁路、水路等运输方式为主。我国外贸运输量的90%依靠水运来完成。因此，水运主导型综合交通枢纽是综合交通运输体系中多式联运的重要节点。

▶▶ 7.2.3 综合交通枢纽协调机制

《国家发展改革委关于印发促进综合交通枢纽发展的指导意见的通知》（发改基础〔2013〕475号）（以下简称《指导意见》）提出，以加快转变交通运输发展方式，创新体制机制，促进各种运输方式在区域间、城市间、城乡间、城市内的有效衔接，提高枢纽运营效率，实现各种运输方式在综合交通枢纽上的便捷换乘、高效换装为总体要求，推进综合交通枢纽建设，实现各种运输方式的一体化发展。《指导意见》提出了"衔接顺畅、服务便捷"的基本原则，以及加强以客运为主的枢纽一体化衔接；完善以货运为主的枢纽集疏运功能；提升客货运输服务质量；统筹枢纽建设经营等发展任务。特别是提出了"鼓励组建公司实体作为业主，根据综合交通枢纽规划，负责单体枢纽的设计、建设与运营管理。统一设计、同步建设、协调管理"等机制、体制创新的内容。

1. 综合交通枢纽协调形式

（1）技术作业协调。枢纽内各种交通方式的技术作业统一，以保证交通流最优的衔接换乘方式和通过方式，减少换乘时间消耗。主要途径有：绘制和采用各种运输方式的联系运行图，在相互协作的运输方式间组织直达化运输等。

（2）信息协调。枢纽内建立统一的信息集成系统，使相互协作的子系统在信息的内容、输入/输出标准、提供方式、提供时间及载体等各方面达到协调统一，以更加精准地实现各种运输方式相互协作，提高综合效益。

（3）管理协调。不同运输行业和企业的产业政策、法规和规划条例、各种交通方式的运输规程及各种规章制度之间需要协调统一。

（4）计划协调。包括编制枢纽内各种运输方式发展总体规划、制订统一的客货运输计划、协调一致的运价表等，实现各种运输方式最优作业方式的协调。

2. 综合交通枢纽系统与城市空间布局的协调

综合交通枢纽系统与城市空间布局的协调归根于综合交通枢纽系统规划与城市空间布局规划的协调。从空间相互关系的角度来看，可以使综合交通枢纽的布局和功能配置更好地与城市社会经济的发展、交通枢纽周围用地的性质、开发强度和布局形态及其他环境的要求相适应，进一步优化城市空间布局结构，健全城市综合交通运输网络，使综合交通枢纽的分工与布局更趋合理，减少由于交通枢纽的集聚作用而产生的对城市交通的冲击。

3. 综合交通枢纽系统与综合交通网络的协调

综合交通枢纽系统与综合交通网络的协调归根于综合交通枢纽系统规划与综合交通网络规划的协调。综合交通枢纽系统与综合交通网络规划是区域交通规划中两个紧密联系、互为补充的重要内容。综合交通枢纽的优化布局必须以交通运输网络的合理规划为前提，而综合交通枢纽的规划和建设又会影响其所在区域的交通运输网络的运转。

在综合交通枢纽规划中，应充分反映综合交通枢纽系统与综合交通网络之间的互动关系，在交通运输网络规划与综合交通枢纽规划之间建立一定的反馈机制，使综合交通枢纽与交通运输线路在建设上和能力上相适应。做到交通枢纽与其相衔接的各条交通运输线路同步建设，同时进行技术改造并投入使用，以确保线路畅通、各环节的运输能力都得到合理利用，并能相互调剂补充。

4. 综合交通枢纽系统与城市交通的协调

综合交通枢纽以一个城市为依托，它的主要功能就是连接城市内外交通，因此综合交通枢纽与所在城市的性质和功能有着密切的联系。交通枢纽内部的短距离运输实际是货运需求者利用城市内道路进行的，它与货运需求者对运输路径和站点位置的选择行为有关，并与城市交通融为一体。交通枢纽之间长距离运输是利用城市间的公路、铁路、水路和航空线路等进行的，运输企业在这个阶段对自己的运力、运输线路的安排进行较为详细的研究，以保证运输企业的经济效益最大化。与城市交通衔接时要注重，一方面保证交通枢纽站场与城市联系方式便利，使旅客和货物及时集散和中转；另一方面尽量减小集散交通流与城市交通流的干扰。

▶▶ 7.2.4 综合交通枢纽发展重点

《国家发展改革委关于印发促进综合交通枢纽发展的指导意见的通知》（发改基础〔2013〕475号）提出了促进综合交通枢纽发展的主要任务。

1. 加强以客运为主的交通枢纽一体化衔接

根据城市空间形态、旅客出行等特征，合理布局不同层次、不同功能的客运交通枢纽。按照"零距离换乘"的要求，将城市轨道交通、地面公共交通、市郊铁路、私人交通等设施与干线铁路、城际铁路、干线公路、机场等紧密衔接，建立主要单体交通枢纽之间的快速直接连接，使各种运输方式有机衔接。鼓励采取开放式、立体化方式建设交通枢纽，尽可能实现同站换乘，优化换乘流程，缩短换乘距离。

高速铁路、城际铁路和市郊铁路应尽可能在城市中心城区设站，并同站建设城市轨道交通、有轨电车、公共汽（电）车等城市公共交通设施。视需要同站建设长途汽车站、城市航站楼等设施。特大城市的主要铁路客运站，应充分考虑中长途旅客中转换乘功能。

民用运输机场应尽可能连接城际铁路或市郊铁路、高速铁路，并同站建设城市公共交通设施。具备条件的城市，应同站连接城市轨道交通或做好预留。视需要同站建设长途汽车站等换乘设施。有条件的鼓励建设城市航站楼。

公路客运站应同站建设城市公共交通设施，视需要和可能同站建设城市轨道交通。港口客运、邮轮码头应同站建设连接城市中心城区的公共交通设施。

2. 完善以货运为主的枢纽集疏运功能

统筹货运枢纽与产业园区、物流园区等的空间布局。按照货运"无缝化衔接"的要求，强化货运枢纽的集疏运功能，提高货物换装的便捷性、兼容性和安全性，降低物流成本。铁路货运站应建设布局合理、能力匹配、衔接顺畅的公路集疏运网络，并同站建设铁路与公路的换装设施。

港口应重点加强铁路集疏运设施建设，大幅提高铁路集疏运比重；积极发展内河集疏运设施。集装箱干线港应配套建设疏港铁路和高速公路，滚装码头应建设与之相连的高等级公路。民用运输机场应同步建设高等级公路及货运设施。强化大型机场内部客货分设的货运通道建设。

公路货运站应配套建设能力匹配的集疏运公路系统，切实发挥公路货运站功能。

3. 提升客货运输服务质量

（1）整合信息平台。综合交通枢纽建设和运营过程中应有效推进科技创新，集成、整合现有信息资源（系统），推进公共信息平台建设，建立不同运输方式的信息采集、交换和共享机制，实现信息的互联互通、及时发布、实时更新、便捷查询，提高综合交通枢纽的信息化、智能化水平。

（2）发展联程联运。积极推进铁路、公路、水运、民航等多种运输方式的客运联程系统建设，普及电子客票、联网售票，推进多种运输方式之间的往返、联程、异地等各类客票业务，逐步实现旅客运输"一个时刻表、一次付票款、一张旅行票"。推进大宗散货水铁联运、集装箱多式联运，实现货物运输"一票到底"。

4. 统筹枢纽建设经营

鼓励组建公司实体作为业主，根据综合交通枢纽规划，负责单体枢纽的设计、建设与运营管理。

（1）统一设计。依法确定一家具有资质的设计研究机构，由其牵头组织协调交通各个专业，实行总体设计、分项负责。设计中应集约布局各类场站设施，突出一体化衔接，有效承载多种服务功能，实现枢纽的便捷换乘、经济适用、规模适当，切忌贪大求洋、追求奢华。

（2）同步建设。强调集中指挥、同步建设，统筹综合交通枢纽各种运输方式建设项目的开工时序、建设进度和交付时间，使各类设施同步运行，各类功能同步实现。不能同步实施的应进行工程预留。

（3）协调管理。创新管理模式，完善协调机制，培育专业化枢纽运营管理企业，保障综合交通枢纽整体协调运营，提升运行效率、服务能力和经营效益。

5. 相关保障措施

（1）制定枢纽规划。对于综合交通运输体系中的节点城市，其综合交通枢纽规划由所在城市人民政府组织编制，纳入城市总体规划进行审批（或修改城市总体规划时进行审批），用于指导城市交通枢纽设施的空间布局和建设。在规划工作中，应统筹各种运输方式之间、城市交通与对外交通之间、客运与货运之间及既有设施与新建枢纽之间的关系，衔接相关规划，注重规划的全局性、前瞻性和可操作性。

（2）创新管理机制。要切实打破行业分割、突破地区分割，创新体制机制，破解综合交通枢纽发展中的难题。城市人民政府统筹协调枢纽的规划、设计、建设等事宜，国家相关部门应予以积极支持。逐步建立和完善规划评估、调整机制。

（3）拓宽融资渠道。要充分发挥政府投资的引导作用，加大资金支持力度。同时，要创新盈利模式，探索以企业为主体、资本为纽带的投融资方式，鼓励社会资本进入综合交通枢纽的建设和运营，形成多元化的投融资格局，建立稳定的综合交通枢纽投融资渠道。

（4）鼓励综合开发。要在保障枢纽设施用地的同时，集约、节约用地，合理确定综合交通枢纽的规模。对枢纽用地的地上、地下空间及周边区域，在切实保证交通功能的前提下，做好交通影响分析，鼓励土地综合开发，收益应用于补贴枢纽设施建设运营。

（5）完善技术标准。按照构建综合交通运输体系的要求，在总结国内外实践经验的基础上，协调各行业的设计标准和规范，逐步研究制定符合国情、经济适用的综合交通枢纽设计、建设、运营服务等标准和规范。

7.3 综合交通运输网络化

综合交通运输网络化是指各种交通运输线路、节点交织形成的综合交通运输网络，通过对不同方式一体衔接、优化交通网络结构，构建功能清晰、衔接顺畅、运行高效的现代综合交通运输网络体系。其要点主要包括网络（综合交通网络）和节点（综合交通枢纽）两个组成部分。旨在构建便捷、安全、高效的现代化综合交通运输体系，提高运输服务能力和服务水平，更好支撑国民经济和社会快速发展。

▶▶ 7.3.1 综合交通运输网络化背景

我国交通运输发展从规模扩张已迈入网络优化、功能完善的新阶段，各方式的交通运输网络功能日趋完善，不同空间层次的交通运输网络功能渐趋分化，基于综合交通网络发展基础、未来运输需求特征，促进综合交通运输网络化具有重要意义。

1. 政策背景

（1）2007年11月《国家发展改革委关于印发综合交通网中长期发展规划的通知》（发改交运〔2007〕3045号）发布，提出综合交通枢纽是在综合交通网络节点上形成的，由两种或两种以上运输方式组成的客货流转换中心，按照其所处的区位、功能和作用，衔接的交通运输线路的数量，吸引和辐射的服务范围大小，以及承担的客货运量和增长潜力，将综合交通枢纽分为"全国性综合交通枢纽"、"区域性综合交通枢纽"和"地区性综合交通枢纽"3个层次，并选定了42个全国性综合交通枢纽（节点城市）。

（2）2012年6月《国务院关于印发"十二五"综合交通运输体系规划的通知》（国发〔2012〕18号）发布，该规划将"实现通道畅通、枢纽高效"作为未来综合交通运输体系发展的原则之一，按照零距离换乘和无缝化衔接的要求，全面推进综合交通枢纽建设。

（3）2013年3月《国家发展改革委关于印发促进综合交通枢纽发展的指导意见的通知》（发改基础〔2013〕475号）发布，提出以加快转变交通运输发展方式，创新体制机制，促进各种运输方式在区域间、城市间、城乡间、城市内的有效衔接，提高枢纽运营效率，以实现各种运输方式在综合交通枢纽上的便捷换乘、高效换装为总体要求，推进综合交通枢纽建设，实现各种运输方式的一体化发展。

（4）2017年2月《"十三五"现代综合交通运输体系发展规划》发布，从全系统视角明确提出建设由快速交通网、普通干线网和基础服务网构成的综合交通"三张网"，三张网功能互补、有机衔接，共同构成国家现代综合交通网络整体。国家快速交通网的发展重点是建设以"八纵八横"为主骨架的高速铁路网、以"71118"为主骨架的国家高速公路网和以民航干线航路为主骨架的民用航空网。通过快速交通网建设，实现高速铁路覆盖80%以上的城区常住人口100万以上的城市，高速公路、民航运输机场基本覆盖城区常住人口20万以上的城市，所有省会城市间当日往返，重要城市群核心城市间、核心城市与周边节点城市间1~2h通达。国家普通干线网的发展重点是加快完善普速铁路网，推进普通国道提质改造，完善水路运输网，强化油气管网互联互通。通过普通干线网建设，实现铁路覆盖城区常住人口20万以上的城市，普通国道全面连接县级及以上行政区、交通枢纽、边境口岸和国防设施，1000km以内的省会间当日到达，东中部地区省会到地市当日往返、西部地区省会到地市当日到达。国家基础服务网的发展重点是引导普通省道发展，加快农村公路建设，推进支线铁路建设，加强内河支线航道建设，推进通用机场建设，完善港口集疏运网络。通过基础服务网建设，实现铁路对县级以上行政区、普通省道对乡镇以上行政区的基本覆盖，以及农村公路对所有建制村的全面覆盖。

2. 现实意义

（1）促进综合交通运输网络化有利于促进综合交通运输系统优化。综合交通运输网络化使各种交通方式不再是单独运作的个体，而是作为一个要素同其他交通方式共同构成综合交通系统，通过全局角度规划、宏观管理协调不同交通方式的整体运营，有利于实现资本规模效益，将不同方式间的竞争关系升级为协作关系，有效实现社会效益和企业效益的双重利益最大化。

（2）促进综合交通运输网络化有利于实现"网"上运输衔接。综合交通运输网络化使综合交通枢纽和所服务区域内的大量需求点有机连接，实现客货从需求点到枢纽的汇集和从枢纽到目标点的分散，组织城际间长途客货运输，实现网络输送功能。同时使城市内外交通有效衔接，进而改善内外交通由于运输组织方式差异造成的"瓶颈"制约。

（3）促进综合交通运输网络化有利于加快"面"上客货集散。综合交通运输网络化将业务覆盖所有服务的区域，利用枢纽内部站场、线路的吸引性，实现由"点"到"面"的扩张，为综合交通干线运输提供客货源和疏散客货流，实现向干线运输的汇集和向支梢运输的扩散。

（4）促进综合交通运输网络化有利于高效疏导城市交通。综合交通运输网络化可以使进出货物"化整为零"和"集零为整"，通过共同配送货物减少市区的车流，从而达到缓解城市交通压力的目的；通过有效组织城市内外交通，区分城市过境交通和市内交通，通过公共客运实现合理分流。

7.3.2 综合交通运输网络化实践状况

1. 综合交通运输网络化建设情况

改革开放以来，我国综合交通运输网络建设取得历史性成就，截至2017年年底，全国综合交通运输网络规模超过490万公里，高速铁路营业里程、高速公路通车里程、城市轨道交通运营里程、港口万吨级及以上泊位数等均位居世界第一位。各地在综合交通运输网络化建设方面主要呈现出如下特点。

（1）以高铁枢纽站为中心的综合交通运输网络化建设。伴随着高铁的快速发展，在高铁客运站规划和建设方面，更加注重高铁与其他运输方式的衔接，由于新建的高铁客运站大多位于城市外围，相比位于城市中心的既有客站，具有更好的建设条件，各地高铁客运站规划中能够同步建设城市轨道交通、公交车场、长途车场等及相关配套设施，或至少预留必要的建设条件。

（2）以客运枢纽站为中心的综合交通运输网络化建设。一些地方从城市总体规划层面，分层次布局了一批城市枢纽节点，包括全国客运枢纽、区域客运枢纽、城市换乘枢纽和分区换乘枢纽等，枢纽内部在设施布局、换乘设计、交通组织3个方面进行规划，并规划建设相应的轨道交通和道路交通系统。还有一大批城市建设了城市综合客运枢纽，注重与其他运输方式、城市公交的有效衔接。

（3）以航空枢纽站为中心的综合交通运输网络化建设。各地依托大型民航机场，改变过去机场地面集疏运方式依托高速公路单一方式的不足，引入城市轨道交通、有轨电车、城际高铁、长途客车等多种交通方式，大大缓解了机场地面集疏运的压力，方便了旅客出行。

（4）以不同方式多种枢纽站点为中心的综合交通运输网络化建设。还有一些地方依托大型机场和铁路集装箱中转站，建设国际性、全国性的空港物流园区、铁路集装箱物流园区、铁路散货物流园区，并建设一批区域性物流中心、货运集散中心，依托机场、铁路、公路、内河水运等多种运输方式，实现机场、港口、货站间的互联互通，以及多种运输方式间货物运输的无缝衔接、协调发展。

展望未来，随着我国交通运输网络逐步趋向成熟，发展重点将由规模扩张逐步转向质量提升，交通运输网络整体质量的全面改善和综合效率的显著提升，将极大依赖网络结构的优化。根据不同功能定位，重新优化网络结构，打造国家层面的"三网"架构，即构建高品质的快速交通网、强化高效率的普通干线网、拓展广覆盖的基础服务网；健全地方层面的"四网"架构，即打造多向立体的区域快通网、构建快捷高效的城际畅联网、建设广覆深达的市域集散网、优化一体衔接的城市通勤网[1]，形成衔接顺畅、功能清晰、运行高效的现代综合交通运输网络框架体系。

2. 存在的主要问题

作为多种运输方式的结合点，综合交通运输网络化建设涉及诸多部门，现行的交通运输管理体制机制在综合交通枢纽的发展过程中还存在一些不适应和不顺畅的问题。另外，在综合交通枢纽的建设标准、资金筹措等方面也还存在一些问题和困难。

（1）各自为政，规划的协调作用不够

由于铁路、公路、民航、城市轨道与城市道路交通工程立项分属不同的部门审批，由不同的部门规划，出资主体和运营主体各异，各部门和单位往往更多考虑自身利益和需求，造成前期规划和方案研究各自为政、缺少沟通，直接造成各种运输方式之间无法有机衔接。

目前，综合交通运输网络化还缺乏统一的规划、设计，各种运输方式之间竞争多于衔接，综合运输体系尚未有效建立，各种运输方式发挥各自优势、有效配置、有序竞争的机制尚未有效形成。例如，国内多数大型民航机场都未能引入城市轨道交通或快速城际铁路，主要依靠机场高速公路衔接，民航旅客集散完全依靠公路运输，不能满足民航机场旅客吞吐量快速增长的需求，给旅客出行造成不便。铁路站场未能与公路站场一体化规划建设，部分铁路客运站甚至远离城区，不能与城市交通实现零距离换乘。很多港区与铁路运输也存在"最后一公里"的难题。

（2）条块分割，统筹协调机制缺失

由于条块分割，现有综合交通管理体制机制尚不健全，综合交通枢纽涉及铁路、民航、交通等多个部门，涵盖城市、市域、城际三类交通，不同部门间衔接不紧密、信息沟通不充分的情况时有发生，导致各种运输方式的组合效率和整体优势未得到充分发挥。

（3）体系各异，标准规范不健全

各运输方式管理部门适用的法律法规和技术标准分别由不同的部委制定，综合运输枢纽缺乏统一规范的建设标准，管理协调难度大，客观上形成了"各唱各的调"、互不通气甚至相互冲突的局面，无法实现综合交通货运"一单式"、客运"一票式"、综合信息"一站式"服务。

---

[1] 丁金学，樊一江. 现代综合交通运输网络框架体系研究[J]. 综合运输，2018（9）.

（4）资金筹措难度大

综合交通运输基础设施建设成本高，资金需求量巨大，一般通过国家财政补助、土地置换、贷款融资等方式筹集资金，但往往难以满足交通项目建设所需的巨大资金需求，资金筹集难问题已成为制约交通快速发展的最大瓶颈。

7.3.3 综合交通运输网络化对策

1. 技术层面

（1）通过工程、技术、信息、管理等手段，有效促进不同交通方式技术作业过程之间相互协调，以保证交通流最优的衔接换乘方式和通过方式，减少换乘时间消耗。通过信息协调促进相互协作的子系统之间，在信息的内容、输入/输出标准、提供方式、提供时间及服务载体等方面达到协调统一，提升运行效率。

（2）通过枢纽布局和合理设计，促进综合交通枢纽与综合交通网络之间相互协调。做到综合交通枢纽与其相衔接的各条交通运输线路同步建设、同时进行技术改造并投入使用，以确保线路畅通、各环节的运输能力都得到合理利用。同时，依照客流分布规律、城市分区功能、用地供给能力及对外交通的特点，合理确定站场位置与空间分布、站场规模及服务范围，确保城市各种交通方式之间的衔接。

（3）通过内外交通有效衔接，促进综合交通枢纽与城市交通之间相互协调。将综合交通枢纽有机连接城市内外交通，确保枢纽站场及时有效集散、中转城市客货运输，尽量减小集散交通流与城市交通流的干扰。

（4）打造国家层面"三网"架构，优化国家综合交通运输网络系统。通过构建高品质的快速交通网、强化高效率的普通干线网、拓展广覆盖的基础服务网，促进现代综合交通运输网络系统高质量发展，提升基本服务保障能力，满足快速、便捷、及时、高效的中高端交通运输需求。

（5）健全地方层面"四网"架构，提升地方综合交通运输网络服务水平。以区域、城际、市域、城市4个层面的交通网络建设为视角，打造多向立体的区域快通网、构建快捷高效的城际畅联网、建设广覆深达的市域集散网、优化一体衔接的城市通勤网，加强"四张网"的有机衔接和功能互补，提升多层次、广覆盖、高标准的地方现代综合交通运输网络服务能力，构建不同服务对象和服务功能的多空间交通功能圈。

2. 管理层面

（1）继续深化综合交通运输管理体制改革。统筹发展铁路、公路、水运、民航等各种运输方式，在综合交通运输规划、建设、运营等方面，强化统筹协调能力，做到规划建设一盘棋、运行管理一张网、出行服务一张图，系统推进重大战略、重大规划、重大改革、重大政策、重大工程。健全综合交通运输网络化政策法规体系，促进不同运输行业产业政策、法规、规划、各种方式的运输规程、规章制度之间协调统一，促进各种方式在更广领域、更高层次、更大程度上实现深度融合发展，充分发挥组合效率和系统优势，为现代综合交通运输体系发展提供有力保障。完善"部、省、市共建"的管理模式，合力推进综合交通运输网络化建设，打通"最后一公里"。鼓励各地因地制宜，结合实际，统筹本地综合交通运输体系规划、建设、运营、管理和服务，完善责权分明、运转顺畅的综合交通运输行政管理体制。

（2）完善综合交通运输法规、发展规划、产业政策和标准体系。一是健全综合交通运输法律法规体系，保障各种运输方式能够最大化发挥比较优势和组合效率。二是出台综合交通运输发展规划研究编制、执行落实、监测评估等各环节工作制度和办法，提升综合交通运输发展的质量和效益。统筹考虑综合交通运输体系发展与人口布局、土地利用、产业发展、生态保护融合发展，研究推进综合交通运输发展的重大改革、重大政策、重大工程，增强综合交通运输发展规划的前瞻性、指导性和操作性。加强综合交通运输布局政策、结构政策、技术政策研究，明确原则性和约束性要求，推动综合交通运输提质增效。三是健全综合交通运输产业政策，促进综合交通运输体系建设、管理、养护、运营、服务、安全、环保等各个领域发展，带动综合交通运输关联产业发展，为建设现代化经济体系提供有力支撑。四是完善综合交通运输技术标准体系，健全完善工程建设、装备制造、运营管理、运输服务等技术标准，实现各种运输方式技术标准的有效衔接，提升综合运输一体化服务水平。加强国际标准跟踪研究，推动综合交通运输优势特色技术标准转化为国际标准，提高综合交通运输标准国际影响力和制度化话语权。

（3）探索科学有效的综合交通治理体系。构建政府、企业、行业、社会共治的综合交通运输治理体系，继续深化简政放权、放管结合、优化服务改革。加强综合交通运输发展规划引导，做好综合交通枢纽规划编制工作，推动交通项目多评合一、统一评审，简化审批流程，缩短审批时间。创新综合交通运输监管方式，强化交通运输部门在宏观管理、市场监管、行业治理、公共服务、环境保护等方面的职能落实。加快完善综合交通运输市场体系，促进各类生产要素自由流动、优化配置，激发市场主体活力。完善各种运输方式价格形成机制，逐步放开竞争性环节价格，更好发挥价格在合理调节出行需求中的作用。创新投融资模式，探索PPP、BOT等项目融资方式，多渠道筹措资金，推动综合交通枢纽项目可持续发展。坚持运用法治思维和法治方式，依法协调和处理综合交通运输体系建设中的各种利益问题。积极稳妥推进交通运输综合行政执法改革。

（4）健全综合交通运输发展绩效评价机制。围绕建设现代化经济体系提出的新要求，完善体现新发展理念要求的综合交通运输发展绩效评价机制，贯穿综合交通运输体系规划、建设、维护、运营、管理、服务的全过程。例如，通过设立交通运输科技进步贡献率、综合交通运输服务、单位运输周转量的能耗、土地占用和二氧化碳排放等方面的指标，强化转方式、调结构的导向；通过设立综合交通网络规模、结构和覆盖率、交通运输脱贫攻坚、运输效率、现代物流发展等方面的指标，强化补短板、强弱项的导向；通过设立交通运输基本公共服务均等化、城市公共交通网络、客运准点率等方面的指标，强化交通公共服务的导向。

本章参考文献

[1] 邓润飞，过秀成，孔哲.模糊熵权模型在综合客运枢纽规划中的应用[J].交通运输工程与信息学报，2011，9（1）：16-20.

[2] 丁金学，樊一江. 现代综合交通运输网络框架体系研究[J].综合运输，2018（9）.

[3] 胡祖才. 以供给侧结构性改革为主线全面推进现代综合交通运输体系建设——在全国发展改革系统基础产业工作会议上的讲话[Z]. 综合运输，2017.

[4] 李传成，余晋. 节能型铁路客运枢纽换站区规划探讨[J].华中科技大学学报（城市科学版），2009.

[5] 刘强，陆化普，王庆云.区域综合交通枢纽布局双层规划模型[J].东南大学学报（自然科学版），2010，40（6）：1358-1363.

[6] 鲁斌. 政府推进综合客运枢纽发展的思考[J]. 交通标准化，2010.

[7] 罗仁坚. 中国综合运输体系理论与实践[M]. 北京：人民交通出版社，2009.

[8] 唐热情，李鹏林，郝满炉，林奇东.长三角地区综合客运枢纽发展的经验与启示[J].重庆交通大学学报（社会科学版），2012.

[9] 王宝春. 现代综合交通运输治理体系建设的思考[J].综合运输，2018（8）.

[10] 王先进，杨雪英. 国外交通行政管理体制[M]. 北京：人民交通出版社，2008.

[11] 《我国交通运输对标国际研究》课题组. 我国交通运输对标国际研究[M]. 北京：人民交通出版社，2016.

[12] 周立.城市公路客运枢纽布局规划方法研究[D].北京交通大学硕士学位论文，2008.

第 8 章
共享交通发展

> **本章导入**
>
> 分享经济作为一种借助互联网平台而兴起的新经济形态,对传统经济业态产生了变革性影响。"共享交通"作为"互联网+交通"模式,其广泛应用正改变传统交通出行业态,并成为分享经济发展的典型代表。共享交通在实践中不断丰富其内涵,是源于新消费方式与互联网信息技术相互作用下,对社会与公众的交通资源进行再配置与分享的新经济形态。

8.1 共享交通内涵与发展趋势

共享交通基于现代信息技术手段的综合运用实现市场交易,在增进他人效用的同时,自身效用得到提高或者福利增加,是分享经济的重要体现。让信息技术成为现代经济增长的新要素,是分享经济不同于传统工业经济的新增长机制。

▶▶ 8.1.1 共享交通内涵特征

1. 共享交通含义

"共享交通"是一种基于开放共享机制,以现代信息技术为媒介,将交通资源使用权与所有权分离,实现交通资源共享、高效利用的"互联网+交通"组织模式。共享汽车、共享停车位、网约出租车、共享单车、共享物流等这些交通新业态,均为城市交通出行的新模式,在一定程度上被统称为"共享交通",其广泛应用正改变传统交通出行业态,并成为分享经济或平台经济发展的典型代表。

早在 20 世纪 40 年代的欧洲,即已开始所谓的"共享交通",由于家庭小汽车当时刚刚面市,价格较高,邻里之间通过共享同一辆汽车以节省成本。后来,随着小汽车在欧美国家的广泛普及,过于依赖小汽车的交通模式,导致路况拥堵、能源危机和城市环境恶化,一些国家如美国政府于 20 世纪 60 年代颁布法令,促进城市交通向大容量轨道交通发展,70 年代又提出引导小汽车合乘(carpooling)、高承载率汽车制度(High Occupancy Vehicle,HOV)等政策措施,这些都可以算作早期"共享交通"的雏形。但由于当时并未产生互联网平台,因而,那个时候的分享交通模式并非现代意义上的"共享交通"。

2. 共享交通内涵特征

共享交通是一种"新业态""新经济""新模式""智慧型""参与型""全方位"的交通发展模式。

（1）共享交通实现使用权与所有权的分离，催生市场资源配置机制由竞争独占走向共享共生。本着"不求拥有，但求所用"的新消费观、"闲置就是浪费、使用但不购买"的环保自觉消费理念，实现消费方式变革，形成新消费经济，同时拉动上游生产方式变革，是现代分享经济发展的新业态。

（2）共享交通是以互联网为媒介的市场交易，一定程度上解决了因信息不对称诱发的供需难以匹配、高额交易成本等问题，重塑社会闲置资源的供需关系，提高资源利用率，是基于互联网信息技术、实现跨界资源低成本、高效率再配置的新信息经济。

（3）共享交通实现生产者与消费者的融合，促进生产方式由单一大规模化向去中心化转变，促进形成"人尽其能，物尽其用""利他中利己"的精神理念，推动由少数人控制的资本经济转向人人参与的分享经济，从物质与生产端主导的财富增值经济转向消费端主导的物质与精神复合增值的新财富经济。

（4）共享交通具有"智慧型"特征。共享交通的实现需要具备开放共享机制，以互联网、大数据、云计算、地理信息系统等现代信息技术手段的综合运用为支撑，结合对人的交通行为分析，关注并满足人们个性化、多样化的需求，这体现出"智慧型"特征。

（5）共享交通具有"参与型"特征。共享交通的供给力量具有广泛的参与性，包括各类不同的主体，都可以将资源拿出来实现共享；共享交通的需求对象也具有广泛的参与性，由于共享交通自身具有的便利性，可以吸引交通需求者积极参与，逐步将私人交通出行的依赖模式转变为共享交通需求模式。

（6）共享交通具有"全方位"特征。共享交通方式着眼于优化交通系统本身，促进出行结构优化，提升交通资源使用效率，有利于减少能源消耗、环境污染等外部性效应，能够有效缓解城市交通拥堵难题。

3. 共享交通的意义

共享交通作为一种新的交通组织管理方式，其意义主要包含以下几个方面。

（1）共享交通有利于促进交通供需关系更加平衡。通过强调优化交通组织管理，通过建立开放共享的运行机制，引导人们理性分享空间和资源，避免一味地增加交通供给而带来交通过度膨胀、资源浪费、拥堵问题，从而实现更高的整体利益，达到城市交通需求和供给在不同阶段、不同层次上的时空适度平衡目标。

例如，汽车共享是降低汽车保有量增速的另一有效策略，与政府出台强制措施不同，汽车共享通过满足城市居民的短时用车需求，从而减少他们购买私家车的意愿，达到降低汽车保有量增速的效果。国外在汽车共享实践和研究方面取得较大发展，北美 Zipcar、法国 Autolib、德国 Cambio 等汽车共享公司都取得了很大成功，北美和欧洲市场分别约占全球汽车共享市场的 50.8% 和 38.7%[1]。汽车共享减少因购车后边际成本降低而诱增的无效出行，并将高昂的用车成本分摊到每次使用的距离和时间上，产生明显的社会、经济和环境效应。

还有，城市中心区停车资源共享配置，可有助于解决有限的停车设施与日益增长的停车需求之间的矛盾。综合考虑停车需求时空资源分布的不均衡性及管理中挖潜的必要性，有效统筹城市建筑物配建停车设施、路内停车设施及路外公共停车设施等资源，实现城市停车资源共享，促进单个建筑物范围内停车资源的规范化和挖潜、相邻建筑物间配建停车位的共享、路内停车资源的利用和路外公共停车场的建设，有利于缓解城市停车供需矛盾。

（2）共享交通通过引导人们理性出行，减少对私人拥有小汽车出行的依赖，实现对分散化的交通需求与交通供给重新匹配，能够有效整合社会闲置资源，提高交通资源的使用效率，有利于节约社会资源，缓解城市交通拥堵，降低城市环境污染。

发展共享交通，智能匹配城市出行的供给和需求，消除信息不对称，提高总体效率，降低社会成本，将让出行变得更加高效便捷；实现汽车共享，社会对汽车产品的额外需求可能就会下降，可以有效地节约资源和保护环境；而对于运营企业而言，如果能够参与到共享交通经济中去，就能提高社会闲散资源的利用效率，提高企业的盈利能力。

（3）共享交通有助于交通需求层次的提升。传统的交通需求往往立足于出行者自身的利益需求，其影响变量包括经济状况、出行目的、个人偏好、生活习惯等，共享交通倡导人们的交通需求要立足于更高层次，关注资源环境承载力及更大范围群体的公共利益，并逐步认同共享交通的理念，将其作为城市生态低碳交通的一种重要方式，实现主动选择。

▶▶ 8.1.2 共享交通发展背景

随着新一代信息技术、互联网平台的迅猛发展，以及共享发展理念的普及，共享经济新业态大量涌现，催生出共享交通新模式。

1. 新一代信息技术迅猛发展

在互联网出现以前，政府、市场与居民之间存在着信息不对称现象，行业的供给信息和居民的需求信息往往难以有效匹配，难以及时相互传递，造成交通供需双方在时间与空间上无法实现有效衔接。"互联网+"时代的到来，为各行各业带来了

---

1 Susan Shaheen, Adam Cohen. Innovative Mobility Car Sharing Outlook: Car Sharing Market Overview, Analysis, and Trends Fall 2012［EB/OL］. Transportation Sustainability Research Center of UC- Berkeley. http:// tsrc.berkeley.edu./node/701, 2012-12-05.

颠覆性的改变，各领域通过互联网技术的应用与传统行业进行深度融合，在创造新业态的同时，也使传统行业的效率得到大幅提升，加快了行业发展和整个社会的进步。在复杂多变的市场需求及行业竞争加剧的双重驱动下，大数据、云计算、人工智能（AI）等新一代信息技术应用不断深化，引领共享交通创新发展，推动形成数据驱动型创新体系和发展模式。

2. 交通借助互联网平台衍生新业态

互联网技术的出现解决了由于信息不对称导致的供需不匹配问题，一方面，"互联网+交通"为政府实现智能化交通管控提供了信息平台，提高了政府在规划交通基础设施建设和制定规章制度上的科学性；另一方面，创新的交通软件提供了多样化的出行方式，提高了居民出行效率，优化了社会资源配置，有利于城市交通问题的缓解和解决，从而形成行业的外部经济，实现长远发展。互联网技术的引入重构了政府、行业、居民之间的相互作用关系（见图8-1），使政府与行业之间建立了更加密切的合作关系，政府既是行业的监管者又是合作者；同时，互联网通过评价体系和征信系统将居民的意愿及时反馈给政府和行业，为改进政府管理和提升行业服务提供参考，从而促进城市交通体系的完善。

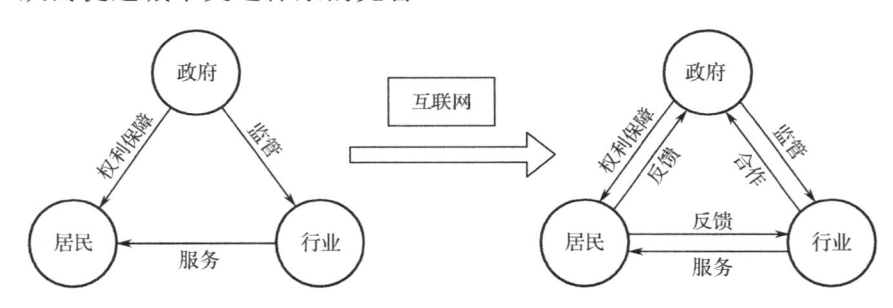

图8-1 互联网植入与城市主体相互作用关系演变示意图

互联网产业的迅速兴起使其在各行各业得到广泛应用。2000年之后，伴随着移动互联网、GPS、GIS、大数据、云计算、车联网等信息技术的应用，信息技术的个人行为时空变化、居民流动模式、地理信息系统的研究有了重大突破。交通与互联网的融合就是将互联网思维植入城市交通的管理、居民出行、物流运送等各个方面，使整个交通行业的发展趋于便捷化和智能化。同时，也拓宽了互联网产业的发展领域，丰富了互联网的产业形态，扩展了产业链组织的末端延伸，借助互联网规模经济和范围经济的特点，带动与互联网相关产业的发展，形成相互影响、相互带动的发展机制。

3. 共享发展理念普及与共享经济涌现

党的十八届五中全会提出"创新、协调、绿色、开放、共享"新发展理念，其中"共享"广受社会关注。随着互联网在生产、生活各领域的深度应用，共享理念在各领域生根发芽,衍生出共享经济并蓬勃发展。

Botsman & Rogers(2010)将共享经济定义为基于如时间、空间和技能等物理或人类资产的使用而非拥有的一种经济[1]。这一定义很好地突出了"使用而非拥有"在共享经济中的重要性。而Gansky(2010)进一步拓展了该内涵,认为"使用而非拥有"和"不使用即浪费"是共享经济的两个核心理念[2]。它是通过新兴技术平台分享住房、汽车、技能、时间,以及生产装备、生产能力等闲置资源和能力,在满足社会需求的同时提高社会资源利用效率的一种绿色发展模式。

共享经济开创了服务消费的新模式,消费者可以对自己的资产实现共享,比如汽车、房屋等。共享消费通过更多人分享更少的产品或服务,直接减少全社会对一些传统行业新增产品和服务的需求,仅需购买产品使用权的共享消费大幅降低了消费成本,由此产生的收入效应会催生更多新增需求和衍生需求。"互联网+交通"平台的广泛应用正在改变传统的交通出行业态,共享交通成为共享经济发展的典型代表。

8.1.3 共享交通发展实践

近年来,随着移动互联网、大数据等技术的广泛应用,加之我国庞大的用户群体和良好的交通设施设备基础,共享交通从无到有、迅猛发展,也成为共享经济争议最多的领域,在增加交通供给规模、提升供给质量的同时,带动了大众就业和相关产业发展,迅速成为我国经济发展的新增长点。

1. 我国共享交通发展现状

2017年我国共享经济市场交易额约为49205亿元,比上年增长47.2%;共享经济平台企业员工数约716万人,比上年增加131万人,占当年城镇新增就业人数的9.7%。共享交通在"分享经济"领域尤为瞩目。2016年,共享交通领域市场交易额约2038亿元,融资超过700亿元人民币,参与人数超过3.5亿人[3]。截至2017年6月,网约出租车用户规模达到2.78亿,共享单车用户规模达到1.06亿,日均订单量分别超过2000万单、3000万单。一些企业还走出国门,进入国外市场,涉足共享汽车、共享停车位、共享物流等领域,市场规模急剧扩张。

交通新业态的发展给人们带来了便利生活,加速了社会发展智能化进程,释放了新的消费需求,为经济发展和社会进步做出了突出贡献。交通业态创新也成为交通领域供给侧结构性改革的强劲动力,特别是社会资本的积极参与和以民营企业为主的市场格局,大大激发了市场活力,推动了传统产业转型升级。

---

1 Botsman R,Rogers R. What's Mine is Yours:The Rise of Collaborative Consumption[J]. New York: Harper Business, 2010.

2 Gansky L. The mesh: Why the future of business is sharing [M].Penguin,2010.

3 张广厚. 我国共享交通发展对策研究[A].中国城市规划学会城市交通规划学术委员会.创新驱动与智慧发展——2018年中国城市交通规划年会论文集[C].北京:中国建筑工业出版社,2018:1-9.

共享交通新业态作为新生事物在给经济社会发展带来便利与效益的同时，不可避免地会产生一些问题和风险，其中有的已经受到相关部门关注，并采取了应对措施，但还有一些问题并没有引起足够重视，特别是交通新业态"虚火"过后对制造业等实体经济的冲击尤其值得反思和警醒。比如，一度火爆的共享单车带火了自行车产业，大量的自行车生产企业从以往开工不足状态进入到超负荷运转，订单暴增至几十倍甚至上百倍，为此不断增加流水线和员工。然而，随着投资热度降低，很多运营企业资金链断裂，甚至纷纷倒闭，进而引起一些社会问题。

已有汽车共享研究基本集中于欧美模式，其共享汽车由汽车共享服务公司提供，在我国汽车共享实践中，私家车作为主要的共享汽车进入顺风车和专车等商业出租业务。由于目前的汽车共享模式主要通过市场手段提供了一种新的出行选择，这对降低私家车出行数量的效果不明显，考虑我国城市交通拥堵主要是由私家车的上路数量过多引起的，如何减少私家车的出行数量是治理城市拥堵的关键。

2. 共享交通发展趋势

随着城市人口的增加和小汽车的普及，城市交通拥堵、环境污染等问题日益严峻，共享交通发展过程中尽管暴露出一些问题，但是从长远看，仍然存在着巨大发展空间。

从共享交通的实现途径看，共享交通发展有赖于两个重要的外部条件，即政府政策推动与社会共享发展理念的宣贯。政府相关部门需要对共享交通进行顶层设计，统筹规划，完善标准规范，把握未来城市交通变革与发展的趋势，着眼提升居民出行效率、优化市场监管体系、提升行业服务水平，对行业门槛、运营资质、从事业务进行规范和相应保障，在社会氛围上强调"淡化所有、倡导共享"的理念，促进资源开放流动，实现各种主体各取所需，优化资源配置。

从共享交通技术支持看，共享交通发展离不开新一代信息技术的有力支撑。城市共享交通是硬件基础设施和知识通信与社会基础设施使用及其质量的集合。立足城市交通发展现状及存在问题，结合互联网、智能手机和大数据等新兴技术因素在居民出行选择、城市交通管理等方面的应用，利用现代信息技术有效整合交通资源，实现交通系统整体技术升级。共享交通是智能交通技术在城市交通组织管理领域的新应用，互联网与城市交通之间的结合也越来越紧密。共享交通发展过程中，交通服务提供方需要契合移动互联和共享经济的发展浪潮，利用领先的移动互联网技术、基于大数据和云计算的资源匹配能力及持续的科技驱动力为城市交通的变革奠定良好的技术基础。

从产品市场生命周期看，通过对汽车拥有水平的预测，其销量（或人均汽车拥有量）随时间变化，呈现出导入、成长、成熟、衰退四个阶段，其基本趋势为 S 形（见图 8-2）增长线路上升，直到最终接近饱和水平。随着市场饱和与人们购车愿望不断得到满足，汽车市场增长空间就越来越小。其原因，大概是城市公共交通服务频率影响汽车拥有率，共享交通服务也降低汽车拥有率的增长速度，即汽车拥有率的长期增长可能会因不断改进的城市公共交通（共享交通）服务而受到抑制。共享交通未来可能会成为一种规模庞大的产业，或许会替代私家车交通，成为居民出行的首选。共享交通产业将汇集相对集中、不断重复、高强度的客流，使城市交通资源得到有效配置。

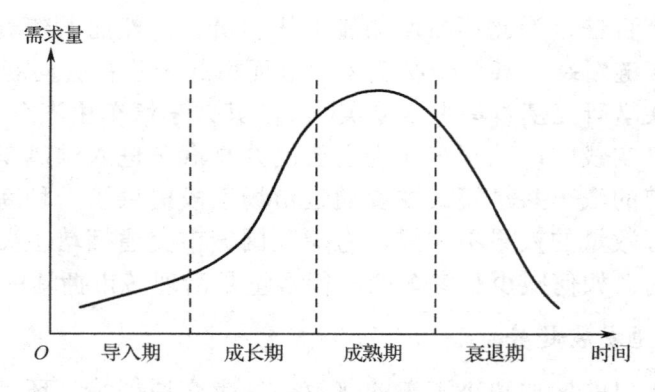

图 8-2　汽车拥有水平的预测图

随着实践发展，共享交通的内涵和外延将不断发生变化。有学者指出，更广范围意义上的"共享交通"，体现在交通基础设施、交通工具、交通组织管理系统各个层面上，是能够实现共建、共用、共享的交通组织管理方式。这主要强调：一是不同方式的交通设施在空间和资源上相互共享，实现交通空间的精细设计与优化，尽量减少低水平重复建设，即空间资源的共同使用；二是强调不同交通方式之间、同一交通方式内部的不同交通工具之间实现共享，即交通资源的共同使用；三是强调在交通组织管理方面引导不同主体共同参与。

8.2　共享交通技术与治理

在当前经济社会转型、城市化发展、信息时代时空要素和流动性变化的背景下，需要从社会的、宏观的视角去认识城市交通问题，共享交通模式、技术方法对于促进城市交通可持续发展具有广阔的应用前景。

8.2.1　共享交通建设关键技术

根据"新业态""新经济""新模式""智慧型""参与型""全方位"的内涵特征，共享交通建设关键技术主要包括以下几个方面。

1. 多源异构数据采集与融合

在共享交通各种传感器、移动终端设备、智能基础设施、摄像头等感知网络的支撑下，整合利用各类城市运行数据（如网络数据、传感器数据、居民活动数据等）、地理空间数据（如市政管网、土地利用、自然生态、遥感测绘数据等）、结构化数据（如人口、社会、经济等统计数据）、情感和文本信息数据等多源异构数据，在数据合并加工、清洗过滤、格式转化的基础上，构建系统、融合的数据库，支撑对人口流动、自然、社会和经济等空间要素的分析评价、综合模拟和预测等研究。

通过物联网、移动互联网、云计算等新一代信息技术，进行共享交通大数据的互联互通、采集和整合，利用大数据与传统结构数据的结合，实现多源异构数据的融合应用，结合新的空间分析技术和手段，全面综合地认识理解信息技术、人类活动和物质环境之间的耦合关系及协调优化。同时，利用多源异构数据的融合来创新协调与处理共享交通的方法、技术手段。

2. 信息共享与系统平台支撑

信息共享与分析平台的建设，将进一步推动信息技术、要素流动和空间的深层次互动，为数据管理、数据共享及空间分析、空间仿真模拟提供重要平台。利用共享交通信息平台整合数据管理系统，搭建城市数据共享平台，实现不同要素、部门之间的数据整合与共享使用，为城市交通资源优化配置、空间分析和城市交通仿真模拟提供数据服务系统。在这一过程中，需要建立面向城市资源环境、公共服务、交通运行、居民活动的服务信息平台，建立面向城乡空间协同规划、部门联动管理、多元主体互动的数据共享平台，为智慧化共享交通的规划管理提供平台支撑。

在数据管理系统和共享平台的基础上，通过地理信息数据、物联网等城市运行数据的整合，形成城市共享交通仿真模拟平台，从而为城市共享交通的应用分析提供系统的平台支撑。重点是构建可持续空间模拟仿真的信息与数据平台，形成面向城市基础设施布局、社会要素配置、经济发展、交通运输、污染控制、公共安全、社区管理、居民出行等要素仿真的数据系统和应用分析平台，从而为共享交通仿真模型提供系统保障。

3. 技术运行过程优化整合

共享交通建设技术支持的过程中，利用领先的移动互联网技术、基于大数据和云计算的资源匹配能力及持续的科技驱动力，在立足城市交通发展现状的基础上，整合互联网、智能手机和大数据等信息技术资源，在居民出行选择、城市交通管理等方面实现应用。共享交通发展过程中，多源异构数据的采集与融合、信息共享与系统平台构建是共享交通建设的关键技术，并为共享交通应用开发提供技术支撑，为居民活动视角的空间分析提供新的数据和技术手段。

▶▶ 8.2.2 共享交通研究方法

在技术不断进步和深入发展的背景下，越来越强调复杂要素系统协调共生与耦合，以及以新的交通关系视角来研究地理空间变化，通过系统综合、动力学模拟等新方法与新手段创新共享交通研究。基于新的人地关系系统、流动空间、时空协调布局等理论基础，在多源异构数据、信息平台的支撑下，进行城市交通要素的综合分析评价、空间仿真模拟和发展预测、信息时代流动空间、新的交通关系等研究，不断创新共享交通的研究方法、范式和内容体系。

1. 研究方法创新

突破目前分享经济框架下的共享交通研究方法，加大多源异构数据采集与集成分析、居民出行行为活动、空间可视化与模拟仿真等方法研究，构建应对交通关系日益复杂化、共享范围广泛性、地域系统更加开放互动的共享交通研究方法体系。在共享交通大数据与传统结构化数据集成分析的基础上，重点探索基于居民日常活动与情感空间、线上线下活动互动、满足个性化需求的分析方法和技术，通过智能手机、位置信息服务等技术，拓展居民行为活动研究的方法。

全球化和信息化发展加速了全球范围的要素流动，极大地改变了人流、物流、信息流、交通流等要素的流动性。在信息技术的作用下，空间逐渐由静止、封闭的状态转向流动和共享型空间，活动的时空灵活性不断增强，并出现了新的流动范式。加强对居民流动性及信息、资本等要素流特征的分析描述，创新对流空间的可视化研究与表达。

综合应用数理模型分析、时空关联分析、虚实空间关联分析和要素集成分析等方法，提升交通与城市、区域空间结构、城乡关系、活动空间、地域场所等不同尺度空间系统模拟仿真的技术手段。以共享交通建设进一步强化时空压缩，发挥远程控制作用，对流动空间产生更加深刻、全面的影响。

2. 研究范式创新

强调人本化的共享交通研究转向，尤其是关注人的流动性和行为活动，并强化对新的交通关系系统的模拟与分析，以及情绪与空间的互动研究。信息技术加速改变了人文、自然要素的构成，以及人与地理环境的交互模式，通过居民活动、社会经济等人文要素与资源要素、建成环境等物质要素的耦合分析，进一步优化协调交通关系系统。

在流空间理论和时间地理学的指导下，分析移动信息技术、智能交通服务应用等影响下的城市居民活动——移动的新范式，重点通过研究活动——移动的尺度、网络和关系变化，来反映城市活动空间的分布规律、相互作用等，探索不同空间尺度的居民活动模式、空间需求及满意度、幸福感等内容，将共享交通与居民行为活动、宜居、智慧、幸福城市等建设紧密结合。同时，在深入挖掘人对地理环境、城市空间的感知、体验、偏好等情感时空数据的基础上，分析城市居民对不同地理环境的满意度、空间需求等，评价不同地理空间的发展质量及存在问题。

3. 研究视角创新

共享交通的研究视角主要建立在对交通关系的认识上。对新的交通关系系统的研究，为人本导向的共享交通建设提供重要的理论支撑。首先，在"人、路、车"

构成的传统交通关系系统基础上，对"人"的理解从自然人转向情感关怀、需求不断满足和智慧化、理性出行；对"路"的认识从地理环境、自然资源条件等转向要素流动、科技创新、网络关系等方面的理解；对"车"的认识从财富的拥有物转向其使用功能。其次，新的交通关系不同于以往各种方式、各个主体相对独立、分散化的、各自为政的传统交通关系，新的交通关系是综合、集成、共享、生态、惠民和可持续发展的重要基础，通过新的交通关系协调来促进交通与城市人口、资源、环境及城市经济社会发展的和谐。

共享交通的建设，以构建更加全面、协调、可持续的新型交通关系系统为目标。互联网、物联网和信息平台的建设，改变了传统的"人—路—车"互动关系，可实现实时的人对路、人对车、物对物的感知、信息采集和传输，这在很大程度上改变了交通的交互模式，优化了人对生存环境的认识水平。共享交通通过积极的手段来引导交通出行能更好地服务于人类的生产生活，提升解决交通、生态环境、公共安全等各种城市问题的能力，促进经济的高效运行和人们生活质量的提高。

4. 研究内容创新

重点加强共享交通对城市要素的系统性评价、城市空间的仿真模拟与预测，以及城市资源的优化配置等方面的研究和探索。分析城市化、机动化、全球化、技术进步、智能化等新兴发展要素对城市交通、地理要素分布、城市和区域发展环境与动力机制的影响，以及城市要素系统布局模式变化，从而研究新的区位因子和空间要素体系构成变化，并对城市发展条件进行系统性分析评价。

信息时代地理空间对人类活动的约束作用越来越小，人类活动的时空灵活性、流动性日益增强，不断改变着传统的交通关系。共享交通的建设将优化分析与处理交通关系的方法和技术手段，借助共享交通的感知网络和数据库，挖掘、采集、加工处理各类城市运行数据，并整合遥感等地理空间信息数据和结构化的统计数据，综合应用各种分析模拟等方法，进行人、车、路系统的模拟、分析、评价和预测，以达到更高层次人地关系协调与和谐共生。

从共享交通应用所带来的居民在线活动、线下活动及其他实体活动的关系入手，对城市交通空间运行状况进行动态监测，以提高城市交通空间运行与管理效率，并对未来城市空间发展进行预测和情景模拟。同时，在居民日常行为活动模式、时空利用与交通出行特征分析的基础上，加强对居民行为活动与城市交通、城市基础设施布局、公共服务供给、社会文化、经济发展等的关联研究，进而优化城市资源与服务的配置体系，并探索面向居民个体实际需求的服务模式创新。

▶▶ 8.2.3 共享交通治理

我国共享交通仍具有广阔的发展前景，在规模不断增加、新业态不断涌现、新趋势不断演进的情况下，要加强前瞻性研究，促进共享交通科学治理。

1. 做好共享交通顶层设计

进一步推动简政放权和政府职能转变，按照审慎包容原则，清理阻碍共享交通发展的不合理规章制度。加强顶层设计和发展导向，根据不同运输方式技术经济特点，因地制宜制定共享交通发展战略，明确不同共享交通业态的发展定位，充分利用共享交通快速发展带来的交通供给条件，有选择性地发展不同共享交通业态，进一步优化交通运输系统结构。

2. 加强共享交通行业监管

加强事中事后监管，提升运输服务质量、服务水平，对企业违法失信行为及时处罚，努力营造既开放包容又公平有序的共享交通发展环境。充分运用互联网、大数据的先进理念、技术和资源，加强对市场主体的服务和监管。完善守信联合激励和失信联合惩戒机制，加快构建以信用为核心的新型市场监管体制，加快交通领域征信体系建设，推进各信用信息平台无缝对接。加强信用记录、风险预警、违法失信行为等信息的在线披露和共享，营造公平诚信的市场环境。鼓励公众参与、社会监督，促进单一监管向共同治理转变。出台新经济时代反行业垄断的相关法律、法规，切实保障企业的公平竞争权、乘客的自由选择权和消费权益。

3. 优化共享交通发展环境

规范共享交通企业保险购买，为共享交通参与者提供必要保障。加快补充道路网、停车、场站等交通基础设施短板，并使共享交通与传统交通享有同等的使用权利。充分考虑共享交通未来发展新趋势，加快建设智能感知、智能通信等智能交通基础设施，为共享交通的智能化发展提供支持。强化交通运输数据信息开放共享，大力推动政府部门数据共享、公共数据资源开放、公共服务资源分享。严格要求运营企业履行主体责任，遵守国家网络和信息安全规定，落实网络安全等级保护制度。引导企业在创新中不断完善商业模式，促进共享交通与实体经济健康融合发展。

本章参考文献

[1] Shaheen S A. Introduction Shared-Use Vehicle Services for Sustainable Transportation: Carsharing, Bikesharing, and Personal Vehicle Sharing across the Globe[J]. International Journal of Sustainable Transportation, 2012, 7(1):1-4.

[2] Pelechrinis K, Zacharias C, Kokkodis M, et al. Economic impact and policy implications from urban shared transportation: The case of Pittsburgh's shared bike system.[J]. Plos One, 2017, 12(8).

[3] Yu S, Zhang H, Zhao J. Integrating shared autonomous vehicle in public transportation system: A supply-side simulation of the first-mile service in Singapore[J]. Transportation Research Part A Policy & Practice, 2018, 113:125-136.

[4] 段宗涛，等. 车联网大数据环境下的交通信息服务协同体系[J]. 长安大学学报（自然科学版），2014（3）：108-114.

[5] 郭欢，陈峰. 城市轨道交通资源共享研究[J]. 铁道工程学报，2010（1）：99-103.

[6] 雷切尔•博茨曼，等. 共享经济时代——互联网思维下的协同消费商业模式[M]. 上海：上海交通大学出版社，2015.

[7] 倪云华，等. 共享经济大趋势[M]. 北京：机械工业出版社，2016.

[8] 张广厚. 我国共享交通发展对策研究[A]. 中国城市规划学会城市交通规划学术委员会. 创新驱动与智慧发展——2018年中国城市交通规划年会论文集[C]. 北京：中国建筑工业出版社，2018:1-9.

实践篇

第 9 章
国外交通运输发展

本章导入

随着经济社会的发展和工业化进程的推进,特别是科学技术的进步及新技术的推广和应用,一方面人们对生活质量和交通运输质量的追求不断提高,另一方面交通日益加剧生态环境不断恶化。为此,美、日、欧等发达国家和地区及印度、巴西等发展中国家,在促进交通运输智能化发展、一体化发展、绿色与可持续发展、解决现实交通问题、促进交通运输现代化发展方面积极探索实践经验,值得我国学习和借鉴。同时,应把握世界交通运输业发展趋势,促进我国交通运输业高质量发展,为交通强国建设奠定坚实基础。

9.1 国外交通运输发展实践

美、日、欧等发达国家和地区在促进交通运输智能化发展、一体化发展、绿色与可持续发展方面具有丰富的实践经验;印度、巴西等发展中国家在积极应对落后交通状况、促进交通运输现代化发展方面采取了一系列积极措施,这些都值得我国学习和借鉴。

9.1.1 美国交通运输发展实践

1. 交通运输发展战略目标

美国交通运输发展的战略目标是致力于发展改善人们生活和推动经济增长的科技型交通运输。21 世纪的美国运输系统被视为一种战略性投资,其使命是保证运输安全、促进经济发展、提高美国人民的生活质量;战略目标包括安全、畅通、经济增长、人与环境相和谐、国家安全 5 大目标。

美国交通运输体系将优先保证运输的安全可靠和可持续发展,而且继续向国际延伸,以智能化为主要特征,努力实现个性化服务。在充分估计经济、技术、政治、环境和社会因素的未来影响情况下,营造一种创新开拓和科技导向的交通运输发展环境,一个更加安全、高效的综合交通运输系统。

2. 交通运输发展战略计划

1)《美国国家创新战略》

《美国国家创新战略》首次颁布于 2009 年，并于 2011 年进行修订。2015 年发布最新版《美国国家创新战略》，主要针对先进制造、精密医疗、大脑计划、先进汽车、智慧城市、清洁能源和节能技术、教育技术、太空探索、计算机等 9 大战略领域进行部署，力挺创新。涉及交通运输的战略主要包括清洁能源和节能技术、先进汽车领域。联邦政府决定通过部署和开发清洁能源技术，进一步提高能源利用率，在保证提升美国能源安全的前提下，继续保持新能源生产量增加这一势头。在先进汽车方面，提出在传感器、计算机和数据科学方面实现突破，把车对车通信和尖端自主技术投入商用，通过提升机器智能决策反应速度和精度，进而提升交通安全性。2016 年财政预算加倍投资汽车技术研究、提升全自动汽车的性能和安全标准。

2)《美国智能交通发展规划 2015—2019》

在 ITS 领域最前沿的实践和成绩的基础上，美国交通部（DOT）制定了汽车互联技术和推进车辆自动化两个战略重点。在推进智能交通发展方面，《美国智能交通发展规划 2015—2019》制定了 5 个战略主题。

（1）通过发展更优的风险管理、驾驶监控系统，打造更加安全的车辆及道路。

（2）通过探索管理办法和战略，提高系统效率，缓解交通压力，增强交通流动性。

（3）交通运输与环境息息相关，通过对交通流量的优化管理及运用车联网技术，解决实际车辆、道路问题，达到保护环境的目的。

（4）为了更好地满足未来交通运输的需求，全面促进技术发展，推动创新。

（5）通过建立系统构架和标准，应用先进的无线通信技术，推动汽车与各种基础设施之间实现车路协同通信，与便携式设备之间实现通信交互，促进信息共享。

3）美国 IntelliDrive 计划

IntelliDrive 计划的核心是在车-车（V2V）、车-路（V2I）或车-手持设备之间支持高速传送网络，实现更安全、高效的应用。美国运输部通过应用手机宽带无线通信、WIMAX、卫星通信等方式，建立开放式通信平台，为车辆提供优质通信服务。IntelliDrive 计划提供的服务重点在车辆主动安全方面，同时兼顾多种运输方式和出行模式的解决方案，为驾驶员提供动态、连续的服务，保证车与车、车与路侧、车与管理中心等主体之间连接的方便性。IntelliDrive 计划利用车辆与基础设施（V2I）及乘客无线设备发送的匿名信息，向交通管理机构发送动态更新的有关实时交通、运输和停放车辆的数据，从而支撑交通管理决策，以更有效地管理交通系统和最大限度地减少堵塞。IntelliDrive SM 将使驾驶员根据实时信息改变他们的行驶路线、驾驶时间和方式，以避免交通拥堵。

4）美国无线河流和智慧船闸

为协调美国海岸警卫队、陆军工程兵团、航道经营公司、港口等部门的各种应用系统，解决目前缺乏信息共享和集成、通信费用高、业务流程落后、设备多等问题，基于新一代无线通信网络技术，美国提出建立无线河流（Wireless River）和智慧船闸（Smart Lock）概念。拟在下一代河流信息服务上，采用物联网技术、WiFi、3G、WiMax等接入方案，建立无线河流，就像用虚拟的网络连接不同的系统，像胶水一样把水路系统涉及的方方面面粘连起来，通过先进的信息技术手段进行监测和管控，实现水运的实时、高效、经济、安全。

9.1.2 日本交通运输发展实践

1. 交通运输发展战略目标

日本未来交通运输发展的战略目标主要是加强国际航空线和海上干线发展及国内、国际交通网的连接；实施《无障碍交通法》，改善残疾人的交通便利；改善铁路与公路交通的节点状况，减少换乘时间，提高客运交通效率和服务质量，使客运交通更加便捷；通过消除铁路与公路间的障碍提高物流运输效率等。

2. 交通运输发展战略计划

（1）日本智能交通发展战略

日本从2001年起开始应用ETC（不停车电子收费系统），截至2010年年底，ETC用户就已达到3300多万，接近人口总数的30%，利用率达85.7%。日本将以前建设的各自独立的ITS功能如VICS、ETC、AHS/ASV平台及建立的车载单元，整合成一个通用的智能交通公共信息平台，开发出集成车载导航系统（VICS）和安全驾驶系统（ASV），形成新的智能公路系统Smartway，使道路与车辆（车-路）能够由ITS通信双向传输而成为智能道路和智能车辆，通过平台提供信息服务、电子收费、安全驾驶、公众出行支持、交通管理优化、紧急救援等9个方面智能交通服务，能够在确保包括老年人行动便利等方面产生积极影响，进一步方便民众使用。

2009年，由丰田公司发起，组建政府、各大企业共同参加的联合体，提出为应对金融危机和带动产业发展，在ETC和VICS普及应用的基础上，政府应该投资建设沿高速公路的ITS信息交互设施，产业界则按照统一的标准生产集成化的车载设备，建设高速度、大容量的路车通信系统，开辟下一代ITS的新应用，推动车载终端在国家整体框架设计下逐步推广。

日本政府在全国高速公路网上建设覆盖全部路网的ITS信息交互设施，在全国主要的高速公路、高速公路休息区部署智能交通信息点，提供交通信息综合服务。

（2）汽车节能领跑者计划

日本政府制定了"领跑者计划（Top Runner Program）"，按照汽车重量对汽油和柴油的轻型客货车制定了一套燃油经济性标准，即"分重量级燃油经济性标准"。采用"Top Runner"的方法确定每种重量汽车的标准,即在每个重量级中确定具有"最优"燃油经济性的汽车,并以其燃料经济性水平作为本重量级的燃油经济性标准,并且标准值根据产品技术进步不断修订,同级新车须在规定年限内达到标准,否则将受到警告、公告、命令、罚款等处罚;对于表现突出的制造企业,可以获得政府研发支持、低息贷款、贷款担保、列入政府采购目录等政策支持。日本自1999年开始对客车燃油经济性标准设定目标值以来,汽车制造商和进口商需要在目标年对在日本销售的客车提高燃油经济性标准,带动了技术相对落后汽车的燃油经济性提高,燃油经济性取得了显著的效果,进一步促进了节能减排。

(3) 新能源汽车研发

日本注重新能源汽车研发,主要包括:混合动力货车,由发动机或电动机或两者驱动,装配有电力感应式传送系统;二甲醚货车,具有清洁排放、高燃料效率和长距离等特征;超级清洁柴油发动机,新一代柴油发动机将采用现代发动机技术,拥有先进的排放控制和优良的燃料消耗性能;液化天然气(LNG)车辆;燃料电池车辆;氢燃料车辆。

9.1.3 欧盟交通运输发展实践

1. 交通运输发展战略目标

欧盟在交通运输发展方面的战略目标是,致力于建立各种交通方式相互融合的综合交通运输体系,发展海、陆、空立体交通。具体包括:促进城镇交通向高质量、无污染方向发展;完善更加综合、相互融合的交通运输体系的技术条件;加强欧洲交通运输基础建设和改造;强化欧洲运输体系建设的总体协调,进一步改善欧洲交通环境,发挥海、陆、空立体运输优势;建立泛欧高速交通运输网,尤其是大力推进高速公路网和高速铁路网的互相融合。

2. 交通运输发展战略计划

(1) 地平线2020

"地平线2020"于2014年1月在英国启动。该科研规划几乎囊括了欧盟所有科研项目,分基础研究、应用技术和应对人类面临的共同挑战3大部分,其主要目的是整合欧盟各国的科研资源,提高科研效率,促进科技创新,推动经济增长和增加就业。在"地平线2020"的战略优先领域"应对人类面临的共同挑战"中,包含智能、绿色和综合交通研究,总投资高达63.36亿欧元,重点支持增长性交通、绿色车辆、开启与交通相关创新小企业的快车道3个项目,旨在增强欧洲交通行业的竞争力,实现资源节约,气候与环境友好,对所有公民、经济和社会安全及无缝衔接的欧洲交通系统,该领域共支持4个关键目标(见表9-1)。

表 9-1　地平线计划智能、绿色和综合交通研究关键目标

关 键 目 标	内　　　容
开发资源节约型交通工具	制造更清洁、更安静的车辆和船只；开发智能设备、基础设施和服务，改善城市地区交通和出行条件，减小交通系统对气候和环境的影响
改善机动性、减少拥堵、提高安全性	大幅减少交通拥堵；大幅改善人与货物的流动性；发展货运和物流新概念，降低事故率，降低人员伤亡率，提高安全性
支持欧洲交通行业取得全球领导地位	加强欧洲交通制造业和关键服务的竞争力，巩固欧盟某些领域的主导地位
开展社会经济行为研究与前瞻性决策活动	支持必要的政策制定与调整，促进创新活动，应对社会需求给交通带来的挑战

（2）《未来铁路 2050》

《未来铁路 2050》（Future of Rail 2050）研究报告根据城市人口增长、气候变化和新技术发展趋势，对铁路未来发展进行展望，期盼其中一些具前瞻性的构思能够引起铁路工程界和政府部门的讨论，在未来制定规划和政策时予以考虑。主要包括：铁路的定期维护工作，由机械人处理；无人驾驶列车能提供更安全快捷的服务；货物会自动运送到目的地；而应用于移动设备及穿戴式装置的智能技术将提升乘客的体验，实现无票旅行等。

根据《未来铁路 2050》的预测，铁路系统自动化将优化客运时间，提高网络的可靠性和安全性。例如，铁路基础设施都配备传感装置，使无人驾驶列车可相互沟通，实时显示列车在轨道上的位置，确保列车安全行驶。未来新建和翻新铁路设施的工作将由智能机器人代劳。智能机器人将在基础设施（如隧道和桥梁）的检查和老化结构的维修中发挥更大的作用。大数据和物联网让不同的运输系统在更广泛的环境中进行相互通信，为真正的集成和多式联运交通方案铺平道路。由于更高智能的移动设备和超快连接，基于云端的服务将变得更加普遍，智能通信技术将成为未来超大城市的关键基础设施的支柱之一。无票技术可消除旅客排队入闸的麻烦，自动化系统将旅游文件认证与收费一并处理，在各种交通工具之间无缝连接。适用于火车、轨道交通、公共汽车、汽车共享计划和自行车的电子通行证，将以个人账户核准身份证明文件和自动处理付款，避免闸机口出现拥堵。移动设备、穿戴式装置、定位技术及大数据的融合是改善乘客体验的关键。高性能网络能提供准确实时的旅游资讯，让乘客在路上也可以不间断地工作和娱乐。车站和车厢内都设有虚拟购物墙，乘客可利用移动设备购买墙上展示的产品。未来的地铁站及车辆段也是市民大众的目的地和市中心，与大规模的商业、住宅和娱乐设施整合。地铁+物业模式将地铁设施变为时尚生活中心，并提供财政持续发展的条件，重新定义超大城市的生活模式和土地政策。

（3）Cooperative-ITS

合作式智能交通系统（Cooperative-ITS）是综合应用信息、通信、传感网络、

下一代互联网等前沿领域技术，能够实现车-车、车-路动态实时信息交互，完成全时空动态交通信息采集和融合，实现人、车、路之间的智能协作，从而保障在复杂交通环境下车辆行驶安全、实现道路交通主动控制、提高路网运行效率，进而实现节能减排目标的新一代智能交通系统，也是目前国内外智能交通领域关注的研究热点和 ITS 中心的前沿研究方向之一。

社会的发展带来了交通运输总量快速增加、环境污染日趋严重及能源短缺等问题，严峻的道路交通安全形势、亟须提高的交通运输效率、亟待解决的低碳环保需求越来越受到关注。与传统的交通运输模式不同，现代交通强调的是人、车、路等交通要素形成有机的联系，各要素通过发挥各自特长来加强信息的实时交互，完成全时空动态交通信息采集和融合，克服独立要素间因缺乏沟通、交互而引起的误判和误操作。因此，需要在先进的科学技术支撑下构建新的建设、运营和管理模式。

欧洲在基于车-路/车-车合作的智能交通系统领域始终积极推进相关技术的研究并保持领先，其典型项目包括 Easy way、euro FOT、CVIS、DRIVE C2X 等。这些项目虽然侧重点各有不同，但都是以人、车、路合作式智能交通技术为基础。主要针对车-车/车-路合作式智能交通系统中的无线通信技术进行开发、标准化和推广。

（4）欧洲 eCoMove 项目

2010 年，欧盟开展了"eCoMove 项目"，预计为期 3 年，由来自英国、德国、法国等 10 多个国家的 30 多个相关厂商和单位组成，这其中包括研究机构、高校、汽车制造商、交通系统供应商和集成商、设备供应商等，旨在利用车-车（V2V）和车-路（V2I）通信技术，建立一个"完美节能驾驶技术"在"完美节能管理"的路网上行驶，达到理论最低能耗值，通过高效节能的驾驶行为和交通管理、控制方法，减少全部交通燃油耗量的 20%。

eCoMove 项目着力解决目前 3 种低效的交通现象：低效的路线选择、低效的驾驶行为、低效的交通管理和控制。首先，通过优化行车路线，减少不必要的行驶里程；其次，帮助优化驾驶员驾驶行为；最后，提高交通管理和控制效率，建立生态友好型交通管理和控制系统。与生态驾驶和绿色驾驶相比，eCoMove 项目的创新之处在于通过协同技术将其与远程信息处理系统（Telematics）进行集成，并使浪费的燃油最少和能量效率最大。

（5）欧洲 RIS 系统计划

随着欧盟经济与社会一体化不断推进，跨国、跨区域运输日益频繁，欧洲国家特别是莱茵河、多瑙河流域的欧盟成员国之间独立、分散的航运信息系统，无法满足现实中跨国交通运输管理、快速物流及航运安全的需求。为提高内河航运的竞争力，加强水运与其他运输方式之间的无缝衔接，利用现代信息技术，面向内河航运各环节用户提供协同的信息服务，欧盟开展了 RIS（River Information Services）系统计划，旨在促进欧洲内河航运信息系统的协同化与规范化，消除各国制度、法规不一致所带来的障碍，以保障内河跨国、跨区域航运的高效、经济与安全性，进而推动欧洲内河航运业整体发展。

在现代信息技术基础上，RIS 集成了系列的航海技术创新，比如，研发内河电子海图显示与信息系统（Inland ECDIS）、内河自动识别系统（Inland AIS）、基于互联网的多语种电子航行警告（Notices to Skippers）、船货数据的跟踪与跨国交换（Electronic Report）等，整合提炼出航道信息服务（FIS）、通航信息（TI）、通航管理（TM）、法规应用实施服务（ILE）、运输物流服务（ITL）、应急救援（CAS）、规费稽征（CHD）、统计服务（ST）等功能。RIS有效促进了内河航运信息化的发展建设，在多瑙河、莱茵河等国际河流的跨国界运输船舶监管、危险货物运输、河流桥渡与船闸等管理方面发挥了非常重要的作用。

（6）自动化集装箱码头系统

应用自动化作业设备及配套的管理和控制软件系统，可以部分或全部替代通常由人工完成的复杂和非重复性的集装箱搬运和装卸，使需要配备的码头生产人员大量减少。尽管自动化集装箱码头投资大，但由于生产人员的减少，营运成本相对降低，能够稳定可靠地提高集装箱码头作业效率、通过能力和服务水平。

20 世纪 80 年代中期，在劳动力成本昂贵、熟练劳动力匮乏的地区，自动化运转集装箱码头首先受到关注，英国泰晤士港、荷兰鹿特丹港均规划建设自动化运转的集装箱码头。

▶▶ 9.1.4 印度交通运输发展实践

1. 交通运输管理体制

印度实行中央和邦两级交通主管部门负责交通行业的管理。印度政府对交通运输业实行分散管理。在中央层面上，主管交通运输行业的部门主要有民航部、铁道部及海运、公路运输和高速公路部 3 个部。

（1）条块结合管理

印度实行的是条块结合的管理模式，实行铁道、民航、公路、水运的分散管理，铁道部负责全国的铁路运输管理；民航部负责管理印度的民用航空事业；海运、公路运输和高速公路部负责全国水运、公路管理。

从业务垂直管理上看，铁路和民航系统由中央政府集中统一管理，邦一级政府未设立专门的主管机构。公路和水路实行中央和邦共同管理模式，中央负责宏观规划，各地执行中央政策，负责本地管辖区内的公路、水路建设与管理。

（2）政企合一管理

印度政府整体实行国家所有制，交通行业也是如此，几乎全是政企合一管理形式。铁路是印度最大的公营部门，由政府经营管理。民用航空事业也是政企合一的管理形式。印度航运发展基金会的基金来源于中央政府拨款。航运和运输部长是委员会主席，成员为财政和司法部的代表、印度航运公司的政府董事等。印度的主要港口由港口托拉斯管理，托拉斯也是政企合一的组织，既经营码头业务，又有行政管理职能。每个主要港口托拉斯的主席由中央政府和由中央政府任命的理事会或高级专员委员会委派。印度的海运企业也是国营的海运公司。

2. 交通运输发展现状

印度交通运输业以铁路为主，近年来公路运输发展较快，并且拥有世界最大公路网之一，其旅客周转量已显著超过铁路，货物周转量仍只有铁路的一半。但是，印度仍然面临交通基础设施薄弱、交通服务质量差等问题，地区间铁路、航空等设施较为落后，运输效率低下，运输能力有限，城市化、机动化迅速发展给城市中心带来了严重的交通拥堵，交通服务水平远不能满足人们的需求。

3. 交通运输发展战略

印度政府非常重视交通运输规划，从其第十一个五年计划（2007—2012）开始，便制定了以现代化手段扩展、整合运输服务体系的重点工作目标，并提出对运输机构进行改革的计划，加大交通运输投资。印度针对其农村地区交通条件落后的现状，开展总理农村道路项目，提高农村地区路网的可达性。

印度"十二五"规划的一个重点是加强各种方式的运输能力，以现代化手段扩展、整合运输服务体系的重点工作目标，加大基础设施投入和建设速度，兴建一批大型道路、港口、机场、铁路项目。

在公路建设方面，除完成当前在建的国道外，切实发展高速公路网。提升对国道的维护标准，并对有关道路进行扩容。为实现道路全面联通，提出了优先发展乡村道路通道建设计划（PMSGY）。

在铁路建设方面，将铁路作为交通运输基础，加强铁路建设为当务之急。为进一步提高铁路的运输能力，将发展高速铁路网，并扩大其覆盖范围。其远景规划，到 2020 年，新增线路 24000 公里，双轨线路 11000 公里，轨距转换 9500 公里，电气化 12000 公里。计划以 PPP 形式建设 2000 公里的高速铁路通道和 50 个世界一流水平的火车站。

在机场建设方面，印度计划以 PPP 方式新建新孟买和果阿两个新机场；在二、三线城市新建机场 8 个，完成 21 个机场的升级改造。此外，将建设大量灯光照明降落跑道和短距离起飞跑道。

在港口建设方面，印度将简化和便利港口建设的各项手续，吸引私营资本参与港口现代化建设及扩建。修建或改造部分港口成为深水码头，以适应新型船只。

▶▶ 9.1.5 巴西交通运输发展实践

与印度一样，巴西作为全球经济迅速增长的发展中大国，近些年来也面临着交通基础设施薄弱、交通服务质量差、运输效率低下、运输能力有限等问题，城市中心带交通拥堵较为严重，交通服务水平远不能满足现实需求。

巴西政府根据全国的经济情况制订了专门的交通发展计划，加强了国家对交通运输业的统一规划管理，交通部门获得了必要的资金和技术支持，促进了交通运输业的快速发展。由于历史原因，巴西公路建设集中于经济繁荣的东南部地区，为此，政府制订了专门计划，扩大北部落后地区的公路里程，大大促进了边远地区的经济发展。巴西还采取了优先发展公共交通、以人为本和可持续发展的理念，注重环保和安保工程，优先发展公共交通运输，促进交通与社会经济相协调、土地利用与交通一体化，在实践中取得一定成效。

9.2 世界交通运输发展趋势

如何更加合理、有效地配置有限的交通资源，以及如何为经济社会发展提供所需要的服务，以实现经济、社会、地区、城乡、环境的协调发展是当今世界交通运输发展理念变化和趋势所要体现的内容。

9.2.1 世界交通运输发展总体趋势

当今世界交通运输发展理念和趋势主要体现在以下几个方面。

（1）可持续发展

20世纪80年代以来，各国普遍对交通运输发展所造成的环境问题、现有交通运输系统社会成本迅速增长问题感到担忧。交通运输系统的评价不再仅仅停留在经济方面，而是越来越注重从其可持续发展角度进行评估。随着现代高新技术的发展和应用，在动力来源、运行速度和服务方式等方面，赋予了铁路这种传统运输方式以较强的新的竞争力；在环境保护方面，以大运量、高效率、低能耗的优点，远远胜于目前还只能以石油为燃料的汽车运输。在大城市，以轨道交通为主体的绿色交通正成为公共交通的代名词。

（2）综合化、集约化发展

技术的进步和需求的变化推动着运输方式的不断演进和运输结构的逐步优化。20世纪90年代后，公路运输虽然由于采用高新技术，特别是智能运输技术，继续保持较强的活力，但其快速增长的势头有所减弱；而水运和铁路等运输方式由于技术和管理方法的进步，特别是高速铁路客运、重载货运、远洋大型集装箱运输等技术突破，使其技术经济特点在中长途、大批量货物和旅客运输中保持绝对的优势，重新焕发生机活力。为了发挥各种运输方式的优势，提高交通运输系统的整体效率，在满足交通运输服务的同时，最大限度地节约资源、能源，保护生态环境，强调充分发挥各种运输方式的技术经济优势，促进交通运输走向综合化。交通运输综合化不仅表现为多种运输方式的相互衔接和协调共同完成运务的全过程，而且还表现为交通运输系统与土地、城市布局、经济社会发展、能源、环境等外部大环境系统的全面协调可持续发展。

（3）国际化发展

随着经济全球化，快速成长的国际贸易成为国际运输发展的重要动力之一。国际运输的发展主要影响基础设施建设，特别是海上货运设施、航空货运设施、路上过境运输设施、国内进出港通道等。国际贸易的不断增长，推动了海港、机场、铁路枢纽、过境通道、航货运设施和航道，以及需要支持的公路、铁路进出通道在数量和技术等级上的提高。

（4）高质量交通运输服务

发达国家基本进入了后工业化阶段，并相继步入信息社会，经济运行方式发生了巨大变革，计算机和网络技术向经济、社会领域广泛渗透，大大提高了经济运行效率。人们的观念、生活、工作、学习、娱乐方式都发生了很大的改变，多样化和个性化需求更加凸显。

交通运输作为重要的基础条件，实现更高质量的发展，主要表现在：一是在交通运输供给上，满足机动、快速、便捷、安全的空间位移需求，交通运输发展更加重视运输的高质量服务；二是在实现供给的途径和方式上，随着现代信息技术的发展，传统运输业要转变为建立在高新技术基础上的现代产业，并且更加符合人类社会不断提高的生存与发展原则、价值观念和文化伦理。

（5）引领性发展

发达国家交通运输均制定了具有一定引领性的发展战略。在发展政策、发展环境和协调运输方式之间的关系上、协调交通运输和其他产业的关系上，更加体现包容的品质，更加注重交通运输与信息技术等现代科技发展深度融合。在运输方式的协调上，注重发展一体化的综合交通运输体系。在规划范围上，更加注重体现国际化或区域化。在交通管理上，更加体现管理能力和管理特征的智能化。

9.2.2 铁路运输业发展趋势

铁路最显著的特点是运力大、占地少、能耗低、污染小、安全性好，特别适合大宗、中长距离的货物和旅客运输，以及大运量旅客运输，是一种具备可持续发展能力的运输方式。铁路作为陆上运输主力军，在长达一个多世纪的时间里居于垄断地位，但随着汽车、航空和管通运输的迅速发展，铁路不断受到新浪潮冲击。20世纪90年代以来，世界发达国家铁路进入重新崛起的时期，主要呈现出以下发展趋势。

（1）兴建高速铁路

兴建高速铁路是铁路发展的最主要趋势。高速铁路是高新技术与铁路深度融合发展的结果，它使交通运输结构发生新的重大变化，是铁路重新崛起的重大因素之一。高速铁路输运能力大、安全可靠，可大大节省时间；旅行舒适度高，较少受气候变化的影响，又具有节省能源和资源、保护生态环境、避免交通堵塞等优势，是解决运输大通道上大运量快速输送问题的最有效途径，已成为世界铁路普遍发展趋势。

（2）发展重载运输

重载运输是世界铁路货运发展的重要趋势。大宗货物运输是铁路的优势，重载运输使铁路更具有规模经济的运输效益。发展重载运输，进一步发挥铁路长距离大宗物资运输的优势，是当今铁路货物运输的重要方向。

（3）融入多式联运

铁路运输不断融入综合交通运输系统之中，成为多式联运的重要环节，从而融合其他运输方式的技术、经济优势，不断推进铁路技术进步和运输服务提升。多式联运也使铁路具有了便捷的特征，可以提供全程、多方位、人性化的运输服务。

（4）拓展区域城际客运

区域城际轨道交通是服务于区域城市群的网络化快速轨道交通系统，采取小编组、高密度公交化运行组织方式，主要承担沿线各城市和主要中心城市之间的客流。拓展区域城际客运，是区域经济一体化建设和城市群发展的必然要求，是适应可持续发展战略的需要。

9.2.3 公路运输业发展趋势

20世纪80年代末90年代初以来，各国在已建成的发达公路网络基础上，维护改造已有的路、桥设施，进一步完善公路网络系统，重点解决车流合理导向、车辆运行安全及环境保护等问题，以提高公路网综合通行能力和服务水平。

（1）公路基础设施发展趋势

此外，各国还特别重视公路环保设施的建设，在公路建设和运营过程中对环境和生态进行保护。例如，通过居民区的路段建设防噪声墙等，以减小汽车行驶噪声的影响；又如，设置动物等专用通道，保证公路沿线动物的生活不受大的影响。

高速公路呈现出了新的发展趋势，主要表现在：第一，为了更好地发挥高速公路效益，邻国之间合作修建高速公路，加强国际之间的公路运输联系，形成国际高速公路网。第二，信息化公路正逐步实现。信息化公路不仅具有运输人和物资的固有交通功能，而且具有输送电力等能源及各种信息、美化环境、抗灾避难及作为建造其他建筑物的基础等空间功能。第三，卫星检测及控制系统将得到广泛应用。各类检测及监测系统将普遍使用，交通控制中心将充分利用卫星地面系统转发的交通信息指挥汽车按最优路线行驶。

（2）汽车发展趋势

面对能源紧缺和环境恶化等问题，环保节能的新能源车将引导未来汽车发展趋势，面对因汽车增多而日益突出的交通拥堵问题、安全问题，未来的新能源汽车与车辆"智能化"相结合，将成为汽车工业的发展方向。随着汽车电子技术的发展，汽车智能化技术正在稳步得到应用，这种技术使汽车的操纵越来越简单，动力性和经济性越来越高，行驶安全性越来越好，因此，新能源、智能化是未来汽车发展的趋势。另外，大客车向着大型、安全、舒适、美观的方向发展。载货汽车的构成向轻、重型两极发展。重型货车中，半挂车和汽车列车的使用十分广泛。载货汽车向着专用化的方向发展，大型汽车动力向柴油机化方向发展。

（3）公路运输科技发展趋势

公路运输技术与相关技术迅速发展、相互融合。一是移动式无线电通信技术。移动通信技术由仅进行信息传递逐步向信息收集、传输、储存、处理和控制的综合化方向发展。二是电子计算机技术。公路运输组织管理，包括车辆调度、监控、运输工作的统计分析、汽车保修安排等均采用计算机进行自动化控制，大大提高了管理水平、工作效率和准确程度。

9.2.4　水路运输业发展趋势

水运主要包括海运和内河运输。水路运输业的发展趋势如下。

（1）港口方面

世界港口的发展大体经历了三代。第一代港口功能定位为纯粹的"运输中心"，主要提供船舶停靠及海运货物的装卸、转运和仓储等功能；第二代港口功能定位为"运输中心＋服务中心"，除了提供货物的装卸、仓储等功能外，还增加了工业和商业活动，使港口具有了货物的增值功能；第三代港口功能定位为"国际物流中心"，除了作为海运的必经通道在国际贸易中继续保持货物的强大集散功能之外，还具有集有形商品技术、资本、信息的集散于一体的物流功能。

目前，世界主要港口中第二代港口仍是发展的主流。但随着经济全球化、市场国际化和信息网络化发展，一些大型港口已经开始向第三代港口转型，正向国际化、规模化、系统化发展，形成高度整合的"大物流"港。因此，进一步拓展服务功能的"增值物流"、打造技术密集型的"现代化智能港"是当前港口物流发展的趋势。

港口建设将同工业区的发展紧密结合，将建设大量深水专业化码头。通过疏浚，进出港航道和码头前沿水深将获得改善，将开辟较宽广的船舶调头区和锚地；突堤码头将会拓宽，以保证有足够的仓库和堆场；顺岸码头后方将开辟出足够的陆域。水陆联运、水水联运将得到发展，以增大港口的集疏运能力。港口建设将逐步走向群体化、深水港和一般港口结合，分别完成中转和集疏运任务。中转港的码头长度、堆场面积、前沿水深都会进一步扩大。

装卸设备和工艺将向高效率和专用化方向发展。重型机械和自动化技术被逐步引进港口装卸过程，以加速码头前沿和堆场的运作，目前各国正在发展吊车自动转向、全自动无人驾驶龙门吊车、自动导向运输车等，利用先进的电子跟踪技术和定位系统，完成从船舶到堆场到集疏运卡车的自动装卸过程。

（2）航道方面

通航河流上以航运为主，结合发电、灌溉、防洪、供水、渔业等方面进行综合开发和利用。航运网的规划和建设会受到充分重视，大力整治航道并使之渠化，逐步提高通航等级。为适应海洋船舶大型化的趋势，各国对海港的进港航道和港池进行了较大规模的疏浚和拓宽工程。采用河道港口工程模型试验,应用电子计算机,来确定航道疏浚和整治及港口工程的设计和施工。

(3) 船舶方面

海洋运输船舶今后仍将沿着专用和多用途并举的方向发展。集装箱船舶大型化,滚装船和其他专用船将得到进一步发展。滚装船主要用于客运和汽车轮渡,技术上也在不断革新;专用船能够满足贵重及易腐货物的快速、高效、便捷服务。

内河运输船舶则视航道条件、货物种类和批量大小,发展分节驳顶推船队和机动货船,在一些地区拖带船队将继续使用。客运船舶除旅游客船外,高速的水翼客船和气垫客船将得到发展。

(4) 水运方面

发展中国家和一些岛国的水路客运仍将在现有水平上有所发展,发达国家的水路客运将以旅游为主。大宗货物的散装运输、件杂货的集装箱运输将是水路货物运输发展的主要趋向。世界各国对石油、煤炭、矿石、粮食等大宗货物实行散装运输已很普遍,对件杂货采用集装箱运输的比重日益增加。近年来,一些国家开始研究对煤炭、矿石实行浆化运输。

▶▶ 9.2.5 航空运输业发展趋势

航空运输是一种科技含量高而密集的运输方式。高水平航空科技成果和大型、高速运输飞机的发展,先进通信、导航设备和技术的应用,新一代空中交管技术的实施,机场及其设施现代化,自动化及运输管理系统的信息化等都是空运发展新水平的体现。

(1) 机场建设与环境保护的有机结合

随着人们对环境重要性认识的日益提高,对善待环境的期望也越来越高。一直以来,现代化机场面临着如何有效解决噪声,安全储存和转运燃油、润滑油,安全地处理冰化学品等问题。现在,世界上几乎所有新建的国际机场不仅关注旅客的便利和安全,还要考虑善待环境,建设绿色机场。

(2) 新一代航空运输载运工具

目前绝大部分民用飞机只能是亚音速客机,最大载客量不超过 500 人。21 世纪在解决音爆、高升阻比、高温材料、一体化飞行推力控制系统等问题的基础上,将推出一批新机型。届时,超音速客机的飞行速度将达 2~3 倍声速,亚音速客机的最大载客量将达 800~1000 人,旋转翼垂直起降运输机的最大载客量可达 100 人。两栖运输船(又称地效飞机)可载 100 名左右的乘客,沿水面或较平坦的地面飞行。

(3) 实施新一代通信、导航、监视和空中交通管理(Communication Navigation System and Air Transportation Management,简称 CNS/ATM)系统

旨在解决现行空管系统的三大缺陷:覆盖范围不足,对大洋和沙漠地区无法进行有效控制;运行标准不一致,跨国(地区)飞行安全难以保障;自动化程度不够,

管制人员的负担过重。

（4）信息技术在航空运输中得到更普遍的应用

以信息化为核心的机场运作体系将涉及运行信息、现场管理、旅客服务信息、进离港系统、货运系统、保安系统及航空公司和空管部门的信息接口等各个业务领域。信息技术将广泛应用于航空运输的市场预测、机队规划、航班计划、价格决策、收益管理、定座系统、机务与航材管理、飞机运行管理、财务数据分析、运行统计评估等各个方面。

9.2.6 城市交通发展趋势

在现代世界城市交通发展中，交通一体化、公共交通、智能交通、绿色交通是最鲜明、最主要的趋势。

（1）交通布局的全面立体化与大规模智能化管理系统的有机结合，将使现代城市交通成为一体化服务系统。现代城市往往会利用海、陆、空发展地面、地上和地下的多种交通工具，形成一体化的立体交通网络，通过采取统一时间表、一票制、驻车换乘等时间和空间上的联合等措施，给旅客提供优质交通运输服务。

（2）优先大力发展公共交通。轨道交通成为大城市公共交通主体，铁路承担城市与远郊客运，地铁和轻轨承担市区内部和近郊大容量客运，公共汽车以承担区内某一区域客运为主。

（3）智能交通系统将先进的信息技术、数据通信传输技术、电子传感技术、电子控制技术及计算机处理技术等有效集成，运用于整个地面交通管理系统，建立起一种在大范围内全方位发挥作用的实时、准确、高效的综合交通运输管理系统。

（4）绿色交通可以有效地利用现有交通设施，减少交通负荷和环境污染，保证交通安全、提高运输效率。未来将更加注重发展高效、低污染的城市立体交通网络，电动车、混合动力车、燃料电池车等节能环保的新能源汽车将在城市交通中得到广泛推广和应用。

本章参考文献

[1] Ali Dada, Thorsten Staake, Elgar Fleisch. The Potential of the EPC Network to Monitor and Manage the Carbon Footprint of Products [M]. Auto-ID Labs White Paper WP-BIZAPP-047. 2009, 3.

[2] Carbon trust. Carbon Footprints in the Supply Chain: The Next Step for Business[R]. [EB/OL]. https://www.mendeley.com/catalogue/carbon-footprints-supply-chain-next-step-business, 2006.

[3] Intelligent Transportation Systems (ITS) Joint Program Office (JPO), ITS Strategic Plan 2015—2019, 2015.

[4] Liakou, Haris Marina. An overview of transports and ITS. Communications in

Computer and Information Science, 2010.

[5] PCF Pilot Project Germany. Product Carbon Footprinting: The Right Way to Promote Low Carbon Products and Consumption Habits? [R]. THEMAI, Berlin, 2009.

[6] The Intelligent Transportation Society of America in cooperation with The United States Department of Transportation. Ten-Year National Program Plan and Research Agenda for Intelligent Transportation Systems in the United States. U.S. DOT & ITS America, 2001.

[7] 罗仁坚.中国综合运输体系理论与实践[M].北京：人民交通出版社，2009.

[8] 王先进，杨雪英.国外交通行政管理体制[M].北京：人民交通出版社，2008.

[9] 《我国交通运输对标国际研究》课题组. 我国交通运输对标国际研究[M]. 北京：人民交通出版社，2016.

[10] 杨雪英.印度交通运输管理体制概况[J].综合运输，2009（1）.

第 10 章

国内交通运输发展

本章导入

新中国成立后尤其是 20 世纪 90 年代以来，国家将加快交通运输发展作为优先发展的战略目标，实现了交通基础设施规模总量的快速速长，客货运输服务体系、交通运输技术装备、交通运输安全保障和节能环保、交通行业管理体制改革均取得长足进展，总体适应了经济社会发展要求。在交通运输智能化、低碳化、一体化发展方面积极探索，取得了一些突出成绩，并成为我国交通运输发展的趋向。

10.1 我国交通运输发展状况

20 世纪 90 年代以来，经过 4～5 个五年规划（计划）重点扶持，我国交通运输行业"适度超前"发展，客货运输服务体系、交通运输技术装备、交通运输安全保障和节能环保、交通行业管理体制改革均取得长足进展，总体适应了经济社会发展要求。

▶▶ 10.1.1 交通运输发展取得的主要成就

1. 基础设施建设情况

基础设施持续快速发展，网络规模不断扩大，技术等级大幅提升，总体能力显著增强。截至 2017 年年底，我国"十纵十横"综合运输大通道基本贯通，综合交通运输网络已初具规模，初步形成以"十纵十横"综合运输大通道为主骨架，铁路、高速公路为骨干，普通公路、水路、民航等为补充的综合交通网络系统。诸多交通领域基础设施规模水平位居世界前列，成为享誉世界的"交通大国"，为国民经济和社会发展提供了有力支撑。铁路营业里程达 12.7 万公里，其中"四纵四横"高铁营业里程为 2.5 万公里，占世界高铁总量的 66.3%。公路总里程为 477.35 万公里，全国 99.99% 的乡镇和 99.98% 的建制村已通公路；高速公路里程达 13.65 万公里，居世界第一位。内河航道通航里程达 12.7 万公里，居世界第一位；规模以上港口万吨级泊位达 2366 个；货物吞吐量超过亿吨的港口超过 33 个，集装箱吞吐量超过 100 万 TEU 的港口超过 20 个，全球货物吞吐量和集装箱吞吐量前 10 位的港口中，我国分别占据 8 席和 6 席。颁证民航运输机场达 229 个，北京首都国际机场旅客吞吐量位居世界第二位，上海浦东国际机场货邮吞吐量位居世界第三位。陆上油气管道总里程超过 12 万公里。

2. 运输服务保障能力

客货运输能力不断提升，运输结构持续优化，服务水平进一步改善，邮政服务水平迈上新台阶。

（1）旅客运输

客运规模继续保持较快增长，铁路旅客周转量、公路客运量及周转量均居世界第一。高铁旅客周转量超过全球其他国家和地区的总和。随着综合交通网络不断完善，各种运输方式能够进行更加合理的分工，运输结构日趋优化。区域协调发展战略持续推进，中西部地区依托资源与政策优势加快发展步伐，交通基础设施不断改善，产业吸引力增强，人员流动加速，旅客运输需求日益旺盛，运输量与周转量年均增速超过全国平均水平，各地趋向均衡发展。

以农村客运、支线航空等为重点，运输普遍服务深度、广度及品质显著提升，乡镇、建制村通班车率达到 99%以上。随着城市轨道、公交设施不断完善和运输组织水平提高，大城市公共交通出行分担率逐步提高。伴随快速铁路、高速公路、机场等交通基础设施覆盖范围的不断扩大，连接主要枢纽节点城市的快速交通网络和围绕重要区域性中心城市的快速交通圈正在形成，客运服务时效性、舒适性、便捷性、多样性等显著提升。依托综合客运枢纽强化衔接与换乘服务，加强信息共享与运输组织协调，旅客出行效率大幅提高。各领域服务水平不断改善，铁路依托现代技术手段完善了客票销售、信息查询与车站服务，大幅降低退票费等收费标准；高速公路联网收费区域不断扩大，私人小汽车出行更加便捷。

（2）货物运输

铁路货运量、公路货运量及周转量均居世界第一。港口集疏运体系不断完善，集装箱吞吐量已超过全球总和的 1/3，为我国成为世界贸易大国提供了有力支撑。货物运输服务水平不断提高。公铁联运、铁水联运、公路甩挂运输继续推进，一批国际集装箱班列陆续开通，内陆港加快布局，运输组织不断优化，一体化程度明显提高。交通运输物流公共信息平台、铁路货运网上办理平台等行业公共信息平台陆续开通，资源整合加强，服务功能延伸，服务方式不断创新；快递、城市配送快速发展，城乡农超配送等工作取得进展，物流服务能力不断增强。

（3）邮政服务

邮政行业规模持续扩大，快递业务量跃居世界第一，邮政快递实现乡乡设所、村村通邮。服务水平有效提升，竞争能力不断增强。补建空白乡镇邮政局所、改造西部和农村地区邮政设施工作有序推进，邮政网络能力进一步增强，邮政终端服务体系建设取得进展，新建村邮站数量逐年增加。

3. 交通运输科技创新

交通运输领域技术创新能力不断增强，装备结构持续优化，技术水平明显提升，交通信息化支撑力度显著增强。高速铁路成套技术和铁路重载运输技术不断成熟并得到广泛应用，高速列车、大型客机等大批交通运输装备成为"中国制造"的崭新名片，交通运输整体技术装备水平大幅提升。汽车安全性能和智能化水平不断提升；超大型、大型专业运输船舶建造水平大幅提高，内河船舶的环保性能、标准化程度和运输安全性明显改善；国产大飞机研制进展顺利；运输装备研发及交通基础设施建设和养护等方面的众多关键技术取得重大突破，诸多领域达到国际先进水平；交通运输装备产业化和国产化水平有所提升，船舶工业和轨道交通"走出去"初显成效。高速通道、特大桥隧、深水筑港、大型机场工程等建造技术具备世界领先优势。

以互联网、大数据、人工智能、新能源等为代表的新技术在交通运输领域广泛应用，共享单车、网约车等新业态不断涌现，智慧交通、无人驾驶等新科技正被迅速推向市场。交通运输信息统筹整合工作稳步推进，一卡通应用领域不断拓展。铁路、公路客票系统信息化和自动化程度显著提升，电子票据得到大力推广。物流仓储的信息化程度不断提升，智能定位通信装置、智能标签、智能集装箱和海事通信等信息化技术得到广泛应用，远程货物运输保障能力明显加强。不停车收费系统逐步在省市间联网扩展。智慧城市和智能交通的推广示范显著提升了大中城市的出行体验，公共交通信息化水平明显改善。

4. 交通运输行业治理

交通运输行业体制机制改革持续推进，政策规划体系不断完善。综合交通运输体系建设和大部制改革进一步覆盖到铁路系统。不同运输方式的统一管理促进了相互间的有效衔接和服务一体化。结合行政管理体制改革的要求，推进交通运输领域"放管服"改革，取消下放行政审批事项公开工作，让公众及时了解放权情况、监督放权进程、评价放权结果。推进事中事后监管，对每项拟取消行政许可事项提出事中事后监管细则，及时公布随机抽查事项清单。推动行政许可网上办理公开，实现行政许可在线申报、流程跟踪和结果公示，提高行政许可服务能力和水平。严格管制违法违规行为，有效治理交通运输行业存在的各种乱象。积极探索交通运输领域投融资体制改革，多项投融资政策相继出台，为发展提供了有力的资金支持。

▶▶ 10.1.2 交通运输发展存在的主要问题

交通运输发展在取得显著成效的同时，仍然存在诸多问题，主要表现在以下几个方面。

1. 交通运输发展不平衡问题突出

交通基础设施技术水平总体偏低，网络覆盖面、通达度不足。交通基础设施总量仍然偏少，现有运网密度较低，承受需求波动的弹性仍然较小。交通基础设施结构性矛盾仍然较为突出，区域间、方式间、方式内发展不协调、不平衡，"重干轻支""重建轻养"等问题普遍存在；南北向、入疆等通道能力紧张，交通基础设施发展水平参差不齐，城际铁路、市域（郊）铁路、综合交通枢纽建设滞后。按国土面积和人口数量计算的交通运输网络密度还远低于发达国家；人均货运周转量、人均客运周转量与部分发达国家差距较大。中西部地区特别是西部地区、老少边穷地区交通还比较落后。大中城市尤其是特大城市的交通拥堵形势依然严峻，城市群交通需求旺盛，有效供给不足。乡村交通发展相对滞后，农村交通服务尚显不足。

2. 各种运输方式发展不协调问题凸显

各种方式综合衔接不畅，缺乏统筹协调、相互配合、有机衔接和一体化运作，各种运输方式的比较优势和组合效率没有得到有效发挥。客货运输量分担与我国人均土地、能源占有量偏低的状况不相适应，大运量、低能耗、污染小的铁路、水运等运输方式的技术、经济优势未能充分发挥。各种运输方式和运输枢纽分散发展、自成体系，既有的交通基础设施及服务衔接不畅，网络设施衔接和综合枢纽建设较为滞后，港口、机场的集疏运系统、旅客换乘系统，普遍存在"最后一公里"问题。货物运输服务组织化水平距"无缝化衔接"和"一体化服务"的要求尚有一定差距，专业化运输服务供给滞后。

3. 运输装备和整体技术与世界先进水平仍有差距

技术装备产业化水平依然不足，整体实力亟待加强，国际竞争力有待进一步提升。不同运输方式的技术装备水平表现出很大的不平衡性，技术和装备自主创新能力有待加强，一些关键技术尚未完全摆脱对国外核心技术和关键零部件的依赖。信息化的技术水平和覆盖广度有待提升；交通管理网络架构扁平化不足，交通信息对决策的支撑作用有待改善。交通运输信息资源整合力度和共享水平仍待提高。

4. 交通管理体制机制不完善、标准体系不健全

目前行业分割和部门化现象还比较严重，影响综合交通体系的效力发挥。各种方式在规划阶段确定自身发展目标、发展模式时，缺乏对其他运输方式的综合考虑。各种运输方式长期独立运作，管理理念、思维模式差异较大，深度融合发展程度不高。传统融资渠道受到制约，交通基础设施建设发展与资金紧张的矛盾进一步加剧。交通基础设施发展面临的土地、岸线、生态环境等资源约束日趋收紧。

10.2 我国交通运输发展的主要趋向

近年来，我国积极探索交通运输智能化、低碳化、一体化发展，并取得了一些突出成绩，在提高服务质量、服务民生需求、带动新兴产业发展的同时，促进了国

民经济和社会发展，成为交通运输发展的趋向。

▶▶ 10.2.1 智能交通发展

1. 智能交通价值

智能交通发展有效改善了交通基础设施的服务水平，例如，ETC车道和装备的广泛推广、隧道照明智能控制系统的应用，有效提高了高速公路的通过能力，降低了基础设施的能源消耗和环境影响。智能交通发展有效提高了运输装备的水平，例如，由于GPS全球定位系统的普及，运输装备管理条件明显改善，有效提高了运输效率和安全水平。智能交通发展使运输组织的自动化和智能化水平大幅提升，例如，层出不穷的各类智能调度系统有效改善了运输装备的组织调度效率，从而提升了运输系统效率，降低了运输能源消耗与对环境的影响。

但低碳与智能交通两者的融合发展还相对较少，尚处在各自发展阶段。

2. 智能交通发展成效

我国智能交通发展从20世纪90年代中期起步，开展了智能交通发展战略和体系框架研究，集中进行了智能交通关键技术攻关和产品研制，在高速公路、港口和城市开展试点应用，取得了一定的示范效应。智能交通在交通控制与管理、交通安全保障、综合交通信息服务、公共交通运营与服务、货运组织管理、交通电子支付等方面取得了较多成绩。

（1）智能化交通控制与管理方面

实施了国家公路网管理与应急处置系统示范工程，实现了对区域路网的运行监测与管理，覆盖里程超过40万公里。围绕北京奥运会、上海世博会等重大国际活动，开展大规模交通组织、管理与服务的智能交通集成应用，达到了国际先进水平。建成了覆盖全国沿海和重要内河水域的船舶自动识别岸基网络系统，实现了相关船舶的有效监控。建成了重点水域船舶交通管理系统，实现所辖水域内船舶的跟踪监控。大型港口建成了智能化生产调度指挥中心系统，在码头、堆场自动化装卸和调度方面取得显著进展。

（2）交通安全保障方面

初步建立了特大桥梁、长大隧道、通航枢纽等重要基础设施的安全监管系统，提高了交通基础设施的安全保障能力。初步建立了全国重点营运车辆动态信息交换平台，完成了海事应急辅助指挥系统试点工程和沿海船舶远程识别与跟踪系统，基本实现了重点营运车辆、船舶的动态监管，提高了道路运输和水上安全监管与应急处置能力。初步实现了对公交车辆的实时跟踪和出租车的实时监控，尝试应用电子站牌信息服务和公交信号优先控制。组织开展了交通电子口岸、国家交通运输物流公共信息共享平台和区域性物流公共信息共享平台建设。

(3) 综合交通信息服务方面

政府部门实施了省级公路交通信息资源整合与服务示范及推广工程，推动了政府交通出行信息服务系统建设。实现高速公路不停车收费（ETC）全国联网，覆盖10万公里以上高速公路。基于智能终端的动态交通信息服务大规模应用，互联网公司和地图服务商不仅提供动态道路交通信息，而且定期发布城市和公路的交通服务水平。公路和港口客运联网售票系统在部分地区得到应用。静态导航、电子江海图显示信息系统广泛应用。利用多种信息发布手段提供了全国路况快讯、公路气象预报、航道通告、海事气象等信息服务，推动了多种运输方式间的信息共享和有效衔接。

(4) 新兴业态发展方面

移动互联技术在我国蓬勃发展，互联网+便捷出行深入推进，催生了网络租约车、定制公交、拼车、顺风车等新业态应用，出现了物流智能服务平台或服务模式。未来还需要进一步实施交通"互联网+"行动计划，促进交通大数据、交通信息技术广泛应用，不断提升交通智能化水平，促进交通新业态发展。

▶▶ 10.2.2 低碳交通发展

1. 低碳交通政策措施

我国非常重视低碳交通发展。一是注重节能减排政策与法规标准建设，出台了营运车辆燃料消耗量限值及测量方法、码头船舶岸电设施建设技术规范等一系列公路、水路相关标准和规范。二是建立节能减排试点示范机制，开展了"车、船、路、港"千家企业低碳交通运输专项行动，以及天然气动力车、船试点工作。低碳交通城市、低碳公路、低碳港口、交通清洁化等各种类型的试点示范有效推动了低碳交通发展。三是加强低碳交通科技研发与推广。针对制约行业低碳发展的关键环节，组织开展了具有前瞻性、战略性和基础性的政策研究和技术研发，不断夯实行业节能减排能力基础。目前公路运输、水路运输和港口生产能源统计指标已初步纳入国家统计指标体系中。初步建立了行业节能减排监测考核体系，研究建立了低碳交通运输考核评价体系。

2. 低碳交通发展成效

从不同运输方式的排放结构来看，货运行业二氧化碳排放占整个交通运输行业的比重最大，且占比趋势比较稳定。这主要是因为我国仍处于工业化阶段，第二产业比重较大，货物周转量仍维持在高位，公路货运和铁路货运二氧化碳排放量较大。由于城市公交、城乡一体化进程加快和私家乘用车数量的大幅上涨，居民出行趋于选择更便利的交通工具，城市客运的二氧化碳排放占交通二氧化碳排放的比重有所增加。随着铁路牵引机车电气化和水路运输先进技术的推广，铁路和水路客运能耗占比逐渐降低，二氧化碳占比下降幅度逐渐加大。近年来，由于沿海港口"RTG油改电"等节能技术的推广，沿海港口二氧化碳排放占比逐步下降。

从交通运输行业消费的能源品种结构来看，柴油、汽油等石油制品占绝对比重，天然气、电力等清洁能源和新能源只占很小份额。随着城市轨道交通的跨越式发展，港口装卸机械设备"油改电"技术推广及铁路电气化的快速发展，电力消费量稳步上升，我国交通运输能源消费结构得到了初步改善与优化。未来，还需要持续推进各类新能源交通基础设施建设，加快发展各种新能源交通技术，促进低碳交通行业发展。

▶▶ 10.2.3 一体化交通发展

1. 一体化交通发展基础

新中国成立后尤其是 20 世纪 90 年代以来，国家将加快交通运输发展作为优先发展的战略目标，实现了交通基础设施规模总量快速速长。交通运输快速发展在全国初步形成了一个综合运输网络，逐步改变了单一运输方式分别发展的模式，更加注重发挥各种运输方式不同技术、经济特点和比较优势，注重几种运输方式的衔接，充分发挥综合运输优势。一个以公路为基础、铁路为骨干，充分发挥航空、水运、管道比较优势，结构合理、有机衔接、协调发展、资源节约、环境友好的现代综合交通运输网络已基本形成。截至 2017 年年底，由铁路、高速公路和国省干线公路组成的"十纵十横"综合运输主骨架已基本形成。

2. 一体化交通发展战略重点

（1）优化区域、城际及城市交通网，健全农村交通网络，进一步完善综合交通运输基础设施建设。

当前我国仍存在交通运输网络总量不足、区域综合交通运输发展不平衡问题。要加快交通基础设施建设，优化综合运输通道布局。合理配置综合交通运输。建立符合我国基本国情、反映经济地理特点、适应社会发展、满足国防需求和城乡人民生活需要的综合交通运输网络。

① 加强跨区域运输通道的建设，注重解决跨区域的铁路、公路、水路的建设和完善，强化区际运输网络。

② 加强城市群、都市圈城际间交通网络建设，适应城市化和城市群一体化发展的需要，推进重点开发区域城市群、都市圈的城际干线建设。

③ 优先发展公共交通，建设规模合理、网络完善、结构化化、有效衔接的城市综合交通运输系统，完善城市道路和公共交通基础设施，推动多种交通方式一体化发展，加快智能交通建设，提升城市综合交通运输承载力。

④ 促进农村交通设施发展。以促进交通公共服务均等化为目标，以切实改善农村交通运输为出发点，持续加快农村交通基础设施建设。

⑤ 国际运输通道建设。为拓展国际合作与发展空间、提升我国参与全球及区域经济合作的能力和水平提供交通支持。

⑥ 合理布局综合交通运输枢纽。选择综合枢纽建设发展模式，强化不同运输方式之间的衔接。

（2）促进综合交通运输高质量发展，提升安全、高效、便捷的综合交通运输服务能力。

在完善基础设施网络的同时，加强各交通方式之间的衔接，完善综合运输通道，打造一体化综合交通枢纽，提升交通运输效率，提高交通安全水平。加快运输市场体系建设，完善政府运输监管和公共服务职能，着力提高运输服务水平，提升运输服务对国民经济和社会发展的支撑作用。把多种运输方式协调发展、区域协调发展、城乡融合发展放在更加重要的位置，确保区域发展和城乡发展公平享有交通运输服务。

（3）提升综合交通运输科技水平，实现交通运输技术装备现代化。

从制度、技术、资金、管理等方面，积极探索符合基本国情及与经济水平相适应的交通现代化道路，建立比较完善的交通科技创新体系，不断提高交通科技创新能力，提高综合交通运输枢纽和运输通道规划理论与方法，加快提升重大装备技术水平，提升交通运输管理和技术水平，实现交通运输管理现代化，加快交通运输现代化进程，实现交通运输业跨越式发展。

本章参考文献

[1] 樊一江. 交通运输与经济社会深度融合发展：思路和建议[J]. 宏观经济研究，2018（8）:150-158.

[2] 胡建强，许家雄，等. 绿色循环低碳交通运输评价指标体系研究[J]. 公路与汽运，2018（3）：20-26.

[3] 交通运输部. 2015—2018年交通运输行业发展统计公报. 交通运输部网站，2018.

[4] 宋华东，马娇，等. 新时代交通运输供给侧改革的战略趋向[J]. 综合运输，2018（8）：42-47.

[5] 王德荣.中国交通运输中长期发展战略研究2017[M].北京：中国计划出版社，2017.

[6] 夏杰长，魏丽. 习近平新时代交通强国战略思想探析[J]. 河北经贸大学学报（综合版），2018（2）：5-12.

[7] 杨传堂，李小鹏. 深化供给侧结构性改革 建设现代综合交通运输体系[J]. 中国公路，2017(5)：18-21.

附录 A 交通运输发展规划文本

A.1 "十三五"现代综合交通运输体系发展规划

交通运输是国民经济中基础性、先导性、战略性产业，是重要的服务性行业。构建现代综合交通运输体系，是适应把握引领经济发展新常态，推进供给侧结构性改革，推动国家重大战略实施，支撑全面建成小康社会的客观要求。根据《中华人民共和国国民经济和社会发展第十三个五年规划纲要》，并与"一带一路"建设、京津冀协同发展、长江经济带发展等规划相衔接，制定本规划[1]。

一、总体要求

（一）发展环境。

"十二五"时期，我国各种交通运输方式快速发展，综合交通运输体系不断完善，较好完成规划目标任务，总体适应经济社会发展要求。交通运输基础设施累计完成投资13.4万亿元，是"十一五"时期的1.6倍，高速铁路营业里程、高速公路通车里程、城市轨道交通运营里程、沿海港口万吨级及以上泊位数量均位居世界第一，天然气管网加快发展，交通运输基础设施网络初步形成。铁路、民航客运量年均增长率超过10%，铁路客运动车组列车运量比重达到46%，全球集装箱吞吐量排名前十位的港口我国占7席，快递业务量年均增长50%以上，城际、城市和农村交通服务能力不断增强，现代化综合交通枢纽场站一体化衔接水平不断提升。高速铁路装备制造科技创新取得重大突破，电动汽车、特种船舶、国产大型客机、中低速磁悬浮轨道交通等领域技术研发和应用取得进展，技术装备水平大幅提高，交通重大工程施工技术世界领先，走出去步伐不断加快。高速公路电子不停车收费系统（ETC）实现全国联网，新能源运输装备加快推广，交通运输安全应急保障能力进一步提高。铁路管理体制改革顺利实施，大部门管理体制初步建立，交通行政审批改革不断深化，运价改革、投融资改革扎实推进。

---

[1] 国务院.关于印发"十三五"现代综合交通运输体系发展规划的通知（国发〔2017〕11号）[EB/OL].
http://www.ndrc.gov.cn/zcfb/zcfbqt/201703/t20170302_840224.html,2017-03-02/2019-01-20.

专栏1 "十二五"末交通基础设施完成情况

指　标	单　位	2010年	2015年	2015年规划目标
铁路营业里程	万公里	9.1	12.1	12
其中：高速铁路	万公里	0.51	1.9	—
铁路复线率	%	41	53	50
铁路电气化率	%	47	61	60
公路通车里程	万公里	400.8	458	450
其中：国家高速公路	万公里	5.8	8.0	8.3
普通国道二级及以上比重	%	60	69.4	70
乡镇通沥青（水泥）路率	%	96.6	98.6	98
建制村通沥青（水泥）路率	%	81.7	94.5	90
内河高等级航道里程	万公里	1.02	1.36	1.3
油气管网里程	万公里	7.9	11.2	15
城市轨道交通运营里程	公里	1400	3300	3000
沿海港口万吨级及以上泊位数	个	1774	2207	2214
民用运输机场数	个	175	207	230

注：国家高速公路里程统计口径为原"7918"国家高速公路网。

"十三五"时期，交通运输发展面临的国内外环境错综复杂。从国际看，全球经济在深度调整中曲折复苏，新的增长动力尚未形成，新一轮科技革命和产业变革正在兴起，区域合作格局深度调整，能源格局深刻变化。从国内看，"十三五"时期是全面建成小康社会决胜阶段，经济发展进入新常态，生产力布局、产业结构、消费及流通格局将加速变化调整。与"十三五"经济社会发展要求相比，综合交通运输发展水平仍然存在一定差距，主要是：网络布局不完善，跨区域通道、国际通道连通不足，中西部地区、贫困地区和城市群交通发展短板明显；综合交通枢纽建设相对滞后，城市内外交通衔接不畅，信息开放共享水平不高，一体化运输服务水平亟待提升，交通运输安全形势依然严峻；适应现代综合交通运输体系发展的体制机制尚不健全，铁路市场化、空域管理、油气管网运营体制、交通投融资等方面改革仍需深化。

综合判断，"十三五"时期，我国交通运输发展正处于支撑全面建成小康社会的攻坚期、优化网络布局的关键期、提质增效升级的转型期，将进入现代化建设新阶段。站在新的发展起点上，交通运输要准确把握经济发展新常态下的新形势、新要求，切实转变发展思路、方式和路径，优化结构、转换动能、补齐短板、提质增效，更好满足多元、舒适、便捷等客运需求和经济、可靠、高效等货运需求；要突出对"一带一路"建设、京津冀协同发展、长江经济带发展三大战略和新型城镇化、脱贫攻坚的支撑保障，着力消除瓶颈制约，提升运输服务的协同性和均等化水平；要更加注重提高交通安全和应急保障能力，提升绿色、低碳、集约发展水平；要适应国际发展新环境，提高国际通道保障能力和互联互通水平，有效支撑全方位对外开放。

（二）指导思想。

全面贯彻党的十八大和十八届二中、三中、四中、五中、六中全会精神，深入贯彻习近平总书记系列重要讲话精神和治国理政新理念新思想新战略，认真落实党中央、国务院决策部署，统筹推进"五位一体"总体布局和协调推进"四个全面"战略布局，牢固树立和贯彻落实新发展理念，以提高发展质量和效益为中心，深化供给侧结构性改革，坚持交通运输服务人民，着力完善基础设施网络、加强运输服务一体衔接、提高运营管理智能水平、推行绿色安全发展模式，加快完善现代综合交通运输体系，更好地发挥交通运输的支撑引领作用，为全面建成小康社会奠定坚实基础。

（三）基本原则。

衔接协调、便捷高效。充分发挥各种运输方式的比较优势和组合效率，提升网络效应和规模效益。加强区域城乡交通运输一体化发展，增强交通公共服务能力，积极引导新生产消费流通方式和新业态新模式发展，扩大交通多样化有效供给，全面提升服务质量效率，实现人畅其行、货畅其流。

适度超前、开放融合。有序推进交通基础设施建设，完善功能布局，强化薄弱环节，确保运输能力适度超前，更好发挥交通先行官作用。坚持建设、运营、维护并重，推进交通与产业融合。积极推进与周边国家互联互通，构建国际大通道，为更高水平、更深层次的开放型经济发展提供支撑。

创新驱动、安全绿色。全面推广应用现代信息技术，以智能化带动交通运输现代化。深化体制机制改革，完善市场监管体系，提高综合治理能力。牢固树立安全第一理念，全面提高交通运输的安全性和可靠性。将生态保护红线意识贯穿到交通发展各环节，建立绿色发展长效机制，建设美丽交通走廊。

（四）主要目标。

到2020年，基本建成安全、便捷、高效、绿色的现代综合交通运输体系，部分地区和领域率先基本实现交通运输现代化。

网络覆盖加密拓展。高速铁路覆盖80%以上的城区常住人口100万以上的城市，铁路、高速公路、民航运输机场基本覆盖城区常住人口20万以上的城市，内河高等级航道网基本建成，沿海港口万吨级及以上泊位数稳步增加，具备条件的建制村通硬化路，城市轨道交通运营里程比2015年增长近一倍，油气主干管网快速发展，综合交通网总里程达到540万公里左右。

综合衔接一体高效。各种运输方式衔接更加紧密，重要城市群核心城市间、核心城市与周边节点城市间实现1~2小时通达。打造一批现代化、立体式综合客运枢纽，旅客换乘更加便捷。交通物流枢纽集疏运系统更加完善，货物换装转运效率显著提高，交邮协同发展水平进一步提升。

运输服务提质升级。全国铁路客运动车服务比重进一步提升，民航航班正常率逐步提高，公路交通保障能力显著增强，公路货运车型标准化水平大幅提高、货车空驶率大幅下降，集装箱铁水联运比重明显提升，全社会运输效率明显提高。公共服务水平显著提升，实现村村直接通邮、具备条件的建制村通客车，城市公共交通出行比例不断提高。

智能技术广泛应用。交通基础设施、运载装备、经营业户和从业人员等基本要素信息全面实现数字化，各种交通方式信息交换取得突破。全国交通枢纽站点无线接入网络广泛覆盖。铁路信息化水平大幅提升，货运业务实现网上办理，客运网上售票比例明显提高。基本实现重点城市群内交通一卡通互通，车辆安装使用ETC比例大幅提升。交通运输行业北斗卫星导航系统前装率和使用率显著提高。

绿色安全水平提升。城市公共交通、出租车和城市配送领域新能源汽车快速发展。资源节约集约利用和节能减排成效显著，交通运输主要污染物排放强度持续下降。交通运输安全监管和应急保障能力显著提高，重特大事故得到有效遏制，安全水平明显提升。

专栏2 "十三五"综合交通运输发展主要指标

	指标名称	2015年	2020年	属性
基础设施	铁路营业里程（万公里）	12.1	15	预期性
	高速铁路营业里程（万公里）	1.9	3.0	预期性
	铁路复线率（%）	53	60	预期性
	铁路电气化率（%）	61	70	预期性
	公路通车里程（万公里）	458	500	预期性
	高速公路建成里程（万公里）	12.4	15	预期性
	内河高等级航道里程（万公里）	1.36	1.71	预期性
	沿海港口万吨级及以上泊位数（个）	2207	2527	预期性
	民用运输机场数（个）	207	260	预期性
	通用机场数（个）	300	500	预期性
	建制村通硬化路率（%）	94.5	99	约束性
	城市轨道交通运营里程（公里）	3300	6000	预期性
	油气管网里程（万公里）	11.2	16.5	预期性
运输服务	动车组列车承担铁路客运量比重（%）	46	60	预期性
	民航航班正常率（%）	67	80	预期性
	建制村通客车率（%）	94	99	约束性
	公路货运车型标准化率（%）	50	80	预期性
	集装箱铁水联运量年均增长率（%）	10		预期性
	城区常住人口100万以上城市建成区公交站点500米覆盖率（%）	90	100	约束性

续表

指标名称		2015年	2020年	属性
智能交通	交通基本要素信息数字化率（%）	90	100	预期性
	铁路客运网上售票率（%）	60	70	预期性
	公路客车ETC使用率（%）	30	50	预期性
绿色安全	交通运输CO_2排放强度下降率（%）	7*		预期性
	道路运输较大以上等级行车事故死亡人数下降率（%）	20*		约束性

注：①硬化路一般指沥青（水泥）路，对于西部部分建设条件特别困难、高海拔、高寒和交通需求小的地区，可扩展到石质、砼预制块、砖铺、砂石等路面的公路。

②通用机场统计含起降点。

③排放强度指按单位运输周转量计算的CO_2（二氧化碳）排放。

④*：与"十二五"末相比。

二、完善基础设施网络化布局

（一）建设多向连通的综合运输通道。

构建横贯东西、纵贯南北、内畅外通的"十纵十横"综合运输大通道，加快实施重点通道连通工程和延伸工程，强化中西部和东北地区通道建设。贯通上海至瑞丽等运输通道，向东向西延伸西北北部等运输通道，将沿江运输通道由成都西延至日喀则。推进北京至昆明、北京至港澳台、烟台至重庆、二连浩特至湛江、额济纳至广州等纵向新通道建设，沟通华北、西北至西南、华南等地区；推进福州至银川、厦门至喀什、汕头至昆明、绥芬河至满洲里等横向新通道建设，沟通西北、西南至华东地区，强化进出疆、出入藏通道建设。做好国内综合运输通道对外衔接。规划建设环绕我国陆域的沿边通道。

专栏3 综合运输通道布局

（一）纵向综合运输通道。

1. 沿海运输通道。起自同江，经哈尔滨、长春、沈阳、大连、秦皇岛、天津、烟台、青岛、连云港、南通、上海、宁波、福州、厦门、汕头、广州、湛江、海口，至防城港，至三亚。
2. 北京至上海运输通道。起自北京，经天津、济南、蚌埠、南京，至上海，至杭州。
3. 北京至港澳台运输通道。起自北京，经衡水、菏泽、商丘、九江、南昌、赣州、深圳，至香港（澳门）；支线经合肥、黄山、福州，至台北。
4. 黑河至港澳运输通道。起自黑河，经齐齐哈尔、通辽、沈阳、北京、石家庄、郑州、武汉、长沙、广州，至香港（澳门）。
5. 二连浩特至湛江运输通道。起自二连浩特，经集宁、大同、太原、洛阳、襄阳、宜昌、怀化，至湛江。
6. 包头至防城港运输通道。起自包头（满都拉），经延安、西安、重庆、贵阳、南宁，至防城港。
7. 临河至磨憨运输通道。起自临河（甘其毛都），经银川、平凉、宝鸡、重庆、昆明，至磨憨，至河口。
8. 北京至昆明运输通道。起自北京，经太原、西安、成都（重庆），至昆明。

续表

9. 额济纳至广州运输通道。起自额济纳（策克），经酒泉（嘉峪关）、西宁（兰州）、成都、泸州（宜宾）、贵阳、桂林，至广州。 10. 烟台至重庆运输通道。起自烟台，经潍坊、济南、郑州、南阳、襄阳，至重庆。 （二）横向综合运输通道。 1. 绥芬河至满洲里运输通道。起自绥芬河，经牡丹江、哈尔滨、齐齐哈尔，至满洲里。 2. 珲春至二连浩特运输通道。起自珲春，经长春、通辽、锡林浩特，至二连浩特。 3. 西北北部运输通道。起自天津（唐山、秦皇岛），经北京、呼和浩特、临河、哈密、吐鲁番、库尔勒、喀什，至吐尔尕特、至伊尔克什坦、至红其拉甫；西端支线自哈密，经将军庙，至阿勒泰（吉木乃）。 4. 青岛至拉萨运输通道。起自青岛，经济南、德州、石家庄、太原、银川、兰州、西宁、格尔木，至拉萨。 5. 陆桥运输通道。起自连云港，经徐州、郑州、西安、兰州、乌鲁木齐、精河，至阿拉山口、至霍尔果斯。 6. 沿江运输通道。起自上海，经南京、芜湖、九江、武汉、岳阳、重庆、成都、林芝、拉萨、日喀则，至亚东、至樟木。 7. 上海至瑞丽运输通道。起自上海（宁波），经杭州、南昌、长沙、贵阳、昆明，至瑞丽。 8. 汕头至昆明运输通道。起自汕头，经广州、梧州、南宁、百色，至昆明。 9. 福州至银川运输通道。起自福州，经南昌、九江、武汉、襄阳、西安、庆阳，至银川。 10. 厦门至喀什运输通道。起自厦门，经赣州、长沙、重庆、成都、格尔木、若羌，至喀什。

（二）构建高品质的快速交通网。

以高速铁路、高速公路、民用航空等为主体，构建服务品质高、运行速度快的综合交通骨干网络。

推进高速铁路建设。加快高速铁路网建设，贯通京哈—京港澳、陆桥、沪昆、广昆等高速铁路通道，建设京港（台）、呼南、京昆、包（银）海、青银、兰（西）广、京兰、厦渝等高速铁路通道，拓展区域连接线，扩大高速铁路覆盖范围。

完善高速公路网络。加快推进由7条首都放射线、11条北南纵线、18条东西横线，以及地区环线、并行线、联络线等组成的国家高速公路网建设，尽快打通国家高速公路主线待贯通路段，推进建设年代较早、交通繁忙的国家高速公路扩容改造和分流路线建设。有序发展地方高速公路。加强高速公路与口岸的衔接。

完善运输机场功能布局。打造国际枢纽机场，建设京津冀、长三角、珠三角世界级机场群，加快建设哈尔滨、深圳、昆明、成都、重庆、西安、乌鲁木齐等国际航空枢纽，增强区域枢纽机场功能，实施部分繁忙干线机场新建、迁建和扩能改造工程。科学安排支线机场新建和改扩建，增加中西部地区机场数量，扩大航空运输服务覆盖面。推进以货运功能为主的机场建设。优化完善航线网络，推进国内国际、客运货运、干线支线、运输通用协调发展。加快空管基础设施建设，优化空域资源配置，推进军民航空管融合发展，提高空管服务保障水平。

专栏4　快速交通网重点工程

（一）高速铁路。 建成北京至沈阳、北京至张家口至呼和浩特、大同至张家口、哈尔滨至牡丹江、石家庄至济南、济南至青岛、徐州至连云港、宝鸡至兰州、西安至成都、成都至贵阳、商丘至合肥至杭州、武汉至十堰、南昌至赣州等高速铁路。

续表

建设银川至西安、贵阳至南宁、重庆至昆明、北京至商丘、济南至郑州、福州至厦门、西宁至成都、成都至自贡、兰州至中卫、黄冈至黄梅、十堰至西安、西安至延安、银川至包头、盐城至南通、杭州至绍兴至台州、襄阳至宜昌、赣州至深圳、长沙至赣州、南昌至景德镇至黄山、池州至黄山、安庆至九江、上海至湖州、杭州至温州、广州至汕尾、沈阳至敦化、牡丹江至佳木斯、郑州至万州、张家界至怀化、合肥至新沂等高速铁路。

（二）高速公路。

实施京新高速（G7）、呼北高速（G59）、银百高速（G69）、银昆高速（G85）、汕昆高速（G78）、首都地区环线（G95）等 6 条区际省际通道贯通工程；推进京哈高速（G1）、京沪高速（G2）、京台高速（G3）、京港澳高速（G4）、沈海高速（G15）、沪蓉高速（G42）、连霍高速（G30）、兰海高速（G75）等 8 条主通道扩容工程。推进深圳至中山跨江通道建设，新建精河至阿拉山口、二连浩特至赛汗塔拉、靖西至龙邦等连接口岸的高速公路。

（三）民用航空。

建成北京新机场、成都新机场以及承德、霍林郭勒、松原、白城、建三江、五大连池、上饶、信阳、武冈、岳阳、巫山、巴中、仁怀、澜沧、陇南、祁连、莎车、若羌、图木舒克、绥芬河、芜湖/宣城、瑞金、商丘、荆州、鄂州/黄冈、郴州、湘西、玉林、武隆、甘孜、黔北、红河等机场。

建设青岛、厦门、呼和浩特新机场、邢台、正蓝旗、丽水、安阳、乐山、元阳等机场。建设郑州等以货运功能为主的机场。研究建设大连新机场、聊城等机场。开展广州、三亚、拉萨新机场前期研究。

扩建上海浦东、广州、深圳、昆明、重庆、西安、乌鲁木齐、哈尔滨、长沙、武汉、郑州、海口、沈阳、贵阳、南宁、福州、兰州、西宁等机场。

推进京沪、京广、中韩、沪哈、沪昆、沪广、沪兰、胶昆等单向循环空中大通道建设，基本形成以单向运行为主的民航干线航路网格局

（三）强化高效率的普通干线网。

以普速铁路、普通国道、港口、航道、油气管道等为主体，构建运行效率高、服务能力强的综合交通普通干线网络。

完善普速铁路网。加快中西部干线铁路建设，完善东部干线铁路网络，加快推进东北地区铁路提速改造，增强区际铁路运输能力，扩大路网覆盖面。实施既有铁路复线和电气化改造，提升路网质量。拓展对外通道，推进边境铁路建设，加强铁路与口岸的连通，加快实现与境外通道的有效衔接。

推进普通国道提质改造。加快普通国道提质改造，基本消除无铺装路面，全面提升保障能力和服务水平，重点加强西部地区、集中连片特困地区、老少边穷地区低等级普通国道升级改造和未贯通路段建设。推进口岸公路建设。加强普通国道日常养护，科学实施养护工程，强化大中修养护管理。推进普通国道服务区建设，提高服务水平。

完善水路运输网络。优化港口布局，推动资源整合，促进结构调整。强化航运中心功能，稳步推进集装箱码头项目，合理把握煤炭、矿石、原油码头建设节奏，有序推进液化天然气、商品汽车等码头建设。提升沿海和内河水运设施专业化水平，加快内河高等级航道建设，统筹航道整治与河道治理，增强长江干线航运能力，推进西江航运干线和京杭运河高等级航道扩能升级改造。

强化油气管网互联互通。巩固和完善西北、东北、西南和海上四大油气进口通道。新建和改扩建一批原油管道，对接西北、东北、西南原油进口管道和海上原油

码头。结合油源供应、炼化基地布局，完善成品油管网，逐步提高成品油管输比例。大力推动天然气主干管网、区域管网和互联互通管网建设，加快石油、成品油储备项目和天然气调峰设施建设。

专栏 5　普通干线网重点工程

（一）普速铁路。

建成蒙西至华中、库尔勒至格尔木、成昆扩能等工程。建设川藏铁路、和田至若羌、黑河至乌伊岭、酒泉至额济纳、沪通铁路太仓至四团、兴国至永安至泉州、建宁至冠豸山、瑞金至梅州、宁波至金华等铁路，实施渝怀、集通、焦柳、中卫至固原等铁路改造工程。

（二）普通国道。

实现 G219、G331 等沿边国道三级及以上公路基本贯通，G228 等沿海国道二级及以上公路基本贯通。建设 G316、G318、G346、G347 等 4 条长江经济带重要线路，实施 G105、G107、G206、G310 等 4 条国道城市群地区拥堵路段扩能改造，提升 G211、G213、G215、G216、G335、G345、G356 等 7 条线路技术等级。推进 G219 线昭苏至都拉塔口岸、G306 线乌里雅斯太至珠恩嘎达布其口岸、G314 线布伦口至红其拉甫口岸等公路升级改造。

（三）沿海港口。

稳步推进天津、青岛、上海、宁波一舟山、厦门、深圳、广州等港口集装箱码头建设。推进唐山、黄骅等北方港口煤炭装船码头以及南方公用煤炭接卸中转码头建设。实施黄骅、日照、宁波一舟山等港口铁矿石码头项目。推进唐山、日照、宁波一舟山、揭阳、洋浦等港口原油码头建设。有序推进商品汽车、液化天然气等专业化码头建设。

（四）内河高等级航道。

推进长江干线航道系统治理，改善上游航道条件，提升中下游航道水深，加快南京以下 12.5 米深水航道建设，研究实施武汉至安庆航道整治工程、长江口深水航道减淤治理工程。继续推进西江航运干线扩能，推进贵港以下一级航道建设。加快京杭运河山东段、江苏段、浙江段航道扩能改造以及长三角高等级航道整治工程。加快合裕线、淮河、沙颍河、赣江、信江、汉江、沅水、湘江、嘉陵江、乌江、岷江、右江、北盘江—红水河、柳江—黔江、黑龙江、松花江、闽江等高等级航道建设。

（五）油气管网。

建设中俄原油管道二线、仪长复线、连云港—仪征、日照—洛阳、日照—沾化、董家口—东营原油管道。新建樟树—株洲、湛江—北海、洛阳—临汾、三门峡—西安、永坪—晋中、鄂渝沿江等成品油管道，改扩建青ến成品油管道，适时建设蒙西、蒙东煤制油外输管道。建设中亚 D 线、中俄东线、西气东输三线（中段）、西气东输四线、西气东输五线、陕京四线、川气东送二线、新疆煤制气外输、鄂尔多斯—安平—沧州、青岛—南京、重庆—贵州—广西、青藏、闽粤、海口—徐闻等天然气管道，加快建设区域管网，适时建设储气库和煤层气、页岩气、煤制气外输管道

（四）拓展广覆盖的基础服务网。

以普通省道、农村公路、支线铁路、支线航道等为主体，通用航空为补充，构建覆盖空间大、通达程度深、惠及面广的综合交通基础服务网络。

合理引导普通省道发展。积极推进普通省道提级、城镇过境段改造和城市群城际路段等扩容工程，加强与城市干道衔接，提高拥挤路段通行能力。强化普通省道与口岸、支线机场以及重要资源地、农牧林区和兵团团场等有效衔接。

全面加快农村公路建设。除少数不具备条件的乡镇、建制村外，全面完成通硬化路任务，有序推进较大人口规模的撤并建制村和自然村通硬化路建设，加强县乡村公路改造，进一步完善农村公路网络。加强农村公路养护，完善安全防护设施，保障农村地区基本出行条件。积极支持国有林场林区道路建设，将国有林场林区道路按属性纳入各级政府相关公路网规划。

积极推进支线铁路建设。推进地方开发性铁路、支线铁路和沿边铁路建设。强化与矿区、产业园区、物流园区、口岸等有效衔接,增强对干线铁路网的支撑作用。

加强内河支线航道建设。推进澜沧江等国际国境河流航道建设。加强长江、西江、京杭运河、淮河重要支流航道建设。推进金沙江、黄河中上游等中西部地区库湖区航运设施建设。

加快推进通用机场建设。以偏远地区、地面交通不便地区、自然灾害多发地区、农产品主产区、主要林区和旅游景区等为重点,推进200个以上通用机场建设,鼓励有条件的运输机场兼顾通用航空服务。

完善港口集疏运网络。加强沿海、长江干线主要港口集疏运铁路、公路建设。

专栏6　基础服务网重点工程

(一)农村公路。
　　除少数不具备条件的乡镇、建制村外,全部实现通硬化路,新增3.3万个建制村通硬化路。改造约25万公里窄路基或窄路面路段。对约65万公里存在安全隐患的路段增设安全防护设施,改造约3.6万座农村公路危桥。有序推进较大人口规模的撤并建制村通硬化路13.5万公里。
(二)港口集疏运体系建设。
　　优先推进上海、大连、天津、宁波—舟山、厦门、南京、武汉、重庆等港口的铁路、公路连接线建设。加快推进营口、青岛、连云港、福州等其他主要港口的集疏运铁路、公路建设。支持唐山、黄骅、湄洲湾等地区性重要港口及其他港口的集疏运铁路、公路建设。新开工一批港口集疏运铁路,建设集疏运公路1500公里以上。

三、强化战略支撑作用

(一)打造"一带一路"互联互通开放通道。

着力打造丝绸之路经济带国际运输走廊。以新疆为核心区,以乌鲁木齐、喀什为支点,发挥陕西、甘肃、宁夏、青海的区位优势,连接陆桥和西北北部运输通道,逐步构建经中亚、西亚分别至欧洲、北非的西北国际运输走廊。发挥广西、云南开发开放优势,建设云南面向南亚东南亚辐射中心,构建广西面向东盟国际大通道,以昆明、南宁为支点,连接上海至瑞丽、临河至磨憨、济南至昆明等运输通道,推进西藏与尼泊尔等国交通合作,逐步构建衔接东南亚、南亚的西南国际运输走廊。发挥内蒙古联通蒙俄的区位优势,加强黑龙江、吉林、辽宁与俄远东地区陆海联运合作,连接绥芬河至满洲里、珲春至二连浩特、黑河至港澳、沿海等运输通道,构建至俄罗斯远东、蒙古、朝鲜半岛的东北国际运输走廊。积极推进与周边国家和地区铁路、公路、水运、管道连通项目建设,发挥民航网络灵活性优势,率先实现与周边国家和地区互联互通。

加快推进21世纪海上丝绸之路国际通道建设。以福建为核心区,利用沿海地区开放程度高、经济实力强、辐射带动作用大的优势,提升沿海港口服务能力,加强港口与综合运输大通道衔接,拓展航空国际支撑功能,完善海外战略支点布局,构建连通内陆、辐射全球的21世纪海上丝绸之路国际运输通道。

加强"一带一路"通道与港澳台地区的交通衔接。强化内地与港澳台的交通联系，开展全方位的交通合作，提升互联互通水平。支持港澳积极参与和助力"一带一路"建设，并为台湾地区参与"一带一路"建设作出妥善安排。

（二）构建区域协调发展交通新格局。

强化区域发展总体战略交通支撑。按照区域发展总体战略要求，西部地区着力补足交通短板，强化内外联通通道建设，改善落后偏远地区通行条件；东北地区提高进出关通道运输能力，提升综合交通网质量；中部地区提高贯通南北、连接东西的通道能力，提升综合交通枢纽功能；东部地区着力优化运输结构，率先建成现代综合交通运输体系。

构建京津冀协同发展的一体化网络。建设以首都为核心的世界级城市群交通体系，形成以"四纵四横一环"运输通道为主骨架、多节点、网格状的区域交通新格局。重点加强城际铁路建设，强化干线铁路与城际铁路、城市轨道交通的高效衔接，加快构建内外疏密有别、高效便捷的轨道交通网络，打造"轨道上的京津冀"。加快推进国家高速公路待贯通路段建设，提升普通国省干线技术等级，强化省际衔接路段建设。加快推进天津北方国际航运核心区建设，加强港口规划与建设的协调，构建现代化的津冀港口群。加快构建以枢纽机场为龙头、分工合作、优势互补、协调发展的世界级航空机场群。完善区域油气储运基础设施。

建设长江经济带高质量综合立体交通走廊。坚持生态优先、绿色发展，提升长江黄金水道功能。统筹推进干线航道系统化治理和支线航道建设，研究建设三峡枢纽水运新通道。优化长江岸线利用与港口布局，积极推进专业化、规模化、现代化港区建设，强化集疏运配套，促进区域港口一体化发展。发展现代航运服务，建设武汉、重庆长江中上游航运中心及南京区域性航运物流中心和舟山江海联运服务中心，实施长江船型标准化。加快铁路建设步伐，建设沿江高速铁路。统筹推进高速公路建设，加快高等级公路建设。完善航空枢纽布局与功能，拓展航空运输网络。建设沿江油气主干管道，推动管网互联互通。

（三）发挥交通扶贫脱贫攻坚基础支撑作用。

强化贫困地区骨干通道建设。以革命老区、民族地区、边疆地区、集中连片特殊困难地区为重点，加强贫困地区对外运输通道建设。加强贫困地区市（地、州、盟）之间、县（市、区、旗）与市（地、州、盟）之间高等级公路建设，实施具有对外连接功能的重要干线公路提质升级工程。加快资源丰富和人口相对密集贫困地区开发性铁路建设。在具备水资源开发条件的农村地区，统筹内河航电枢纽建设和航运发展。

夯实贫困地区交通基础。实施交通扶贫脱贫"双百"工程，加快推动既有县乡公路提级改造，增强县乡城镇中心的辐射带动能力。加快通乡连村公路建设，鼓励有需求的相邻县、相邻乡镇、相邻建制村之间建设公路。改善特色小镇、农村旅游景点景区、产业园区和特色农业基地等交通运输条件。

（四）发展引领新型城镇化的城际城市交通。

推进城际交通发展。加快建设京津冀、长三角、珠三角三大城市群城际铁路网，推进山东半岛、海峡西岸、中原、长江中游、成渝、关中平原、北部湾、哈长、辽中南、山西中部、呼包鄂榆、黔中、滇中、兰州—西宁、宁夏沿黄、天山北坡等城市群城际铁路建设，形成以轨道交通、高速公路为骨干，普通公路为基础，水路为补充，民航有效衔接的多层次、便捷化城际交通网络。

加强城市交通建设。完善优化超大、特大城市轨道交通网络，推进城区常住人口 300 万以上的城市轨道交通成网。加快建设大城市市域（郊）铁路，有效衔接大中小城市、新城新区和城镇。优化城市内外交通，完善城市交通路网结构，提高路网密度，形成城市快速路、主次干路和支路相互配合的道路网络，打通微循环。推进城市慢行交通设施和公共停车场建设。

四、加快运输服务一体化进程

（一）优化综合交通枢纽布局。

完善综合交通枢纽空间布局。结合全国城镇体系布局，着力打造北京、上海、广州等国际性综合交通枢纽，加快建设全国性综合交通枢纽，积极建设区域性综合交通枢纽，优化完善综合交通枢纽布局，完善集疏运条件，提升枢纽一体化服务功能。

专栏7 综合交通枢纽布局

（一）国际性综合交通枢纽。

重点打造北京—天津、上海、广州—深圳、成都—重庆国际性综合交通枢纽，建设昆明、乌鲁木齐、哈尔滨、西安、郑州、武汉、大连、厦门等国际性综合交通枢纽，强化国际人员往来、物流集散、中转服务等综合服务功能，打造通达全球、衔接高效、功能完善的交通中枢。

（二）全国性综合交通枢纽。

全面提升长春、沈阳、石家庄、青岛、济南、南京、合肥、杭州、宁波、福州、海口、太原、长沙、南昌—九江、贵阳、南宁、兰州、呼和浩特、银川、西宁、拉萨、秦皇岛—唐山、连云港、徐州、湛江、大同等综合交通枢纽功能，提升部分重要枢纽的国际服务功能。推进烟台、潍坊、齐齐哈尔、吉林、营口、邯郸、包头、通辽、榆林、宝鸡、泉州、喀什、库尔勒、赣州、上饶、蚌埠、芜湖、洛阳、商丘、无锡、温州、金华—义乌、宜昌、襄阳、岳阳、怀化、泸州—宜宾、攀枝花、酒泉—嘉峪关、格尔木、大理、曲靖、遵义、桂林、柳州、汕头、三亚等综合交通枢纽建设，优化中转设施和集疏运网络，促进各种运输方式协调高效，扩大辐射范围。

（三）区域性综合交通枢纽及口岸枢纽。

推进一批区域性综合交通枢纽建设，提升对周边的辐射带动能力，加强对综合运输大通道和全国性综合交通枢纽的支撑。

推进丹东、珲春、绥芬河、黑河、满洲里、二连浩特、甘其毛都、策克、巴克图、吉木乃、阿拉山口、霍尔果斯、吐尔尕特、红其拉甫、樟木、亚东、瑞丽、磨憨、河口、龙邦、凭祥、东兴等沿边重要口岸枢纽建设

提升综合客运枢纽站场一体化服务水平。按照零距离换乘要求，在全国重点打造 150 个开放式、立体化综合客运枢纽。科学规划设计城市综合客运枢纽，推进多种运输方式统一设计、同步建设、协同管理，推动中转换乘信息互联共享和交通导

向标识连续、一致、明晰，积极引导立体换乘、同台换乘。

促进货运枢纽站场集约化发展。按照无缝衔接要求，优化货运枢纽布局，推进多式联运型和干支衔接型货运枢纽（物流园区）建设，加快推进一批铁路物流基地、港口物流枢纽、航空转运中心、快递物流园区等规划建设和设施改造，提升口岸枢纽货运服务功能，鼓励发展内陆港。

促进枢纽站场之间有效衔接。强化城市内外交通衔接，推进城市主要站场枢纽之间直接连接，有序推进重要港区、物流园区等直通铁路，实施重要客运枢纽的轨道交通引入工程，基本实现利用城市轨道交通等骨干公交方式连接大中型高铁车站以及年吞吐量超过1000万人次的机场。

（二）提升客运服务安全便捷水平。

推进旅客联程运输发展。促进不同运输方式运力、班次和信息对接，鼓励开展空铁、公铁等联程运输服务。推广普及电子客票、联网售票，健全身份查验制度，加快完善旅客联程、往返、异地等出行票务服务系统，完善铁路客运线上服务功能。推行跨运输方式异地候机候车、行李联程托运等配套服务。鼓励第三方服务平台发展"一票制"客运服务。

完善区际城际客运服务。优化航班运行链条，着力提升航班正常率，提高航空服务能力和品质。拓展铁路服务网络，扩大高铁服务范围，提升动车服务品质，改善普通旅客列车服务水平。发展大站快车、站站停等多样化城际铁路服务，提升中心城区与郊区之间的通勤化客运水平。按照定线、定时、定点要求，推进城际客运班车公交化运行。探索创新长途客运班线运输服务模式。

发展多层次城市客运服务。大力发展公共交通，推进公交都市建设，进一步提高公交出行分担率。强化城际铁路、城市轨道交通、地面公交等运输服务有机衔接，支持发展个性化、定制化运输服务，因地制宜建设多样化城市客运服务体系。

推进城乡客运服务一体化。推动城市公共交通线路向城市周边延伸，推进有条件的地区实施农村客运班线公交化改造。鼓励发展镇村公交，推广农村客运片区经营模式，实现具备条件的建制村全部通客车，提高运营安全水平。

（三）促进货运服务集约高效发展。

推进货物多式联运发展。以提高货物运输集装化和运载单元标准化为重点，积极发展大宗货物和特种货物多式联运。完善铁路货运线上服务功能，推动公路甩挂运输联网。制定完善统一的多式联运规则和多式联运经营人管理制度，探索实施"一单制"联运服务模式，引导企业加强信息互联和联盟合作。

统筹城乡配送协调发展。加快建设城市货运配送体系，在城市周边布局建设公共货运场站，完善城市主要商业区、社区等末端配送节点设施，推动城市中心铁路货场转型升级为城市配送中心，优化车辆便利化通行管控措施。加快完善县、乡、村三级物流服务网络，统筹交通、邮政、商务、供销等农村物流资源，推广"多站合一"的物流节点建设，积极推广农村"货运班线"等服务模式。

促进邮政快递业健康发展。以邮区中心局为核心、邮政网点为支撑、村邮站为延伸，加快完善邮政普遍服务网络。推动重要枢纽的邮政和快递功能区建设，实施快递"上车、上船、上飞机"工程，鼓励利用铁路快捷运力运送快件。推进快递"向下、向西、向外"工程，推动快递网络下沉至乡村，扩大服务网络覆盖范围，基本实现乡乡设网点、村村通快递。

推进专业物流发展。加强大件运输管理，健全跨区域、跨部门联合审批机制，推进网上审批、综合协调和互联互认。加快发展冷链运输，完善全程温控相关技术标准和服务规范。加强危险货物全程监管，健全覆盖多种运输方式的法律体系和标准规范，创新跨区域联网联控技术手段和协调机制。

（四）增强国际化运输服务能力。

完善国际运输服务网络。完善跨境运输走廊，增加便利货物和人员运输协定过境站点和运输线路。有效整合中欧班列资源，统一品牌，构建"点对点"整列直达、枢纽节点零散中转的高效运输组织体系。加强港航国际联动，鼓励企业建设海外物流中心，推进国际陆海联运、国际甩挂运输等发展。拓展国际航空运输市场，建立海外运营基地和企业，提升境外落地服务水平。完善国际邮件处理中心布局，支持建设一批国际快件转运中心和海外仓，推进快递业跨境发展。

提高国际运输便利化水平。进一步完善双多边运输国际合作机制，加快形成"一站式"口岸通关模式。推动国际运输管理与服务信息系统建设，促进陆路口岸信息资源交互共享。依托区域性国际网络平台，加强与"一带一路"沿线国家和地区在技术标准、数据交换、信息安全等方面的交流合作。积极参与国际和区域运输规则制修订，全面提升话语权与影响力。

鼓励交通运输走出去。推动企业全方位开展对外合作，通过投资、租赁、技术合作等方式参与海外交通基础设施的规划、设计、建设和运营。积极开展轨道交通一揽子合作，提升高铁、城市轨道交通等重大装备综合竞争力，加快自主品牌汽车走向国际，推动各类型国产航空装备出口，开拓港口机械、液化天然气船等船舶和海洋工程装备国际市场。

（五）发展先进适用的技术装备。

推进先进技术装备自主化。提升高铁、大功率电力机车、重载货车、中低速磁悬浮轨道交通等装备技术水平，着力研制和应用中国标准动车组谱系产品，研发市域（郊）铁路列车，创新发展下一代高速列车，加快城市轨道交通装备关键技术产业化。积极发展公路专用运输车辆、大型厢式货车和城市配送车辆，鼓励发展大中型高档客车，大力发展安全、实用、经济型乡村客车。发展多式联运成套技术装备，提高集装箱、特种运输等货运装备使用比重。继续发展大型专业化运输船舶。实施适航攻关工程，积极发展国产大飞机和通用航空器。

促进技术装备标准化发展。加快推进铁路多式联运专用装备和机具技术标准体系建设。积极推动载货汽车标准化，加强车辆公告、生产、检测、注册登记、营运使用等环节的标准衔接。加快推进内河运输船舶标准化，大力发展江海直达船舶。推广应用集装化和单元化装载技术。建立共享服务平台标准化网络接口和单证自动转换标准格式。

专栏 8 　提升综合运输服务行动计划

（一）旅客联程运输专项行动。

建设公众出行公共信息服务平台，为旅客提供一站式综合信息服务。推进跨运输方式的客运联程系统建设，实现不同运输方式间有效衔接。鼓励企业完善票务服务系统，提高联程、往返和异地票务服务便捷性。

（二）多式联运专项行动。

加快完善货运枢纽多式联运服务功能，支持运载单元、快速转运设备、运输工具、停靠与卸货站点的标准化建设改造，加快多式联运信息资源共享，鼓励组织模式、管理模式和重大技术创新，培育一批具有跨运输方式货运组织能力并承担全程责任的多式联运经营企业。

（三）货车标准化专项行动。

按照"政策引导消化存量、强化标准严把增量"的原则，引导发展符合国家标准要求、技术性能先进的车辆运输车、液体危险物品罐车、模块化汽车列车等货运车辆，强化对非法改装、超限超载货运车辆的治理，推动建立门类齐备、技术合理的货运车型标准体系，推进标准化货运车型广泛应用。

（四）城乡交通一体化专项行动。

选取 100 个左右县级行政区组织开展城乡交通一体化推进行动，完善农村客货运服务网络，支持农村客货运场站网络建设和改造，鼓励创新农村客运和物流配送组织模式，推广应用农村客运标准化车型，推进城乡客运、城乡配送协调发展。

（五）公交都市建设专项行动。

在地市级及以上城市全面推进公交都市建设，新能源公交车比例不低于 35%，城区常住人口 300 万以上城市基本建成公交专用道网络，整合城市公交运输资源，发展新型服务模式，全面提升城市公共交通服务效率和品质。

五、提升交通发展智能化水平

（一）促进交通产业智能化变革。

实施"互联网+"便捷交通、高效物流行动计划。将信息化智能化发展贯穿于交通建设、运行、服务、监管等全链条各环节，推动云计算、大数据、物联网、移动互联网、智能控制等技术与交通运输深度融合，实现基础设施和载运工具数字化、网络化，运营运行智能化。利用信息平台集聚要素，驱动生产组织和管理方式转变，全面提升运输效率和服务品质。

培育壮大智能交通产业。以创新驱动发展为导向，针对发展短板，着眼市场需求，大力推动智能交通等新兴前沿领域创新和产业化。鼓励交通运输科技创新和新技术应用，加快建立技术、市场和资本共同推动的智能交通产业发展模式。

（二）推动智能化运输服务升级。

推行信息服务"畅行中国"。推进交通空间移动互联网化，建设形成旅客出行与公务商务、购物消费、休闲娱乐相互渗透的"交通移动空间"。支持互联网企业与交通运输企业、行业协会等整合完善各类交通信息平台，提供综合出行信息服务。完善危险路段与事故区域的实时状态感知和信息告警推送服务。推进交通一卡通跨区（市）域、跨运输方式互通。

发展"一站式""一单制"运输组织。推动运营管理系统信息化改造，推进智能协同调度。研究铁路客票系统开放接入条件，与其他运输方式形成面向全国的"一站式"票务系统，加快移动支付在交通运输领域应用。推动使用货运电子运单，建立包含基本信息的电子标签，形成唯一赋码与电子身份，推动全流程互认和可追溯，加快发展多式联运"一单制"。

（三）优化交通运行和管理控制。

建立高效运转的管理控制系统。建设综合交通运输运行协调与应急调度指挥中心，推进部门间、运输方式间的交通管理联网联控在线协同和应急联动。全面提升铁路全路网列车调度指挥和运输管理智能化水平。开展新一代国家交通控制网、智慧公路建设试点，推动路网管理、车路协同和出行信息服务的智能化。建设智慧港航和智慧海事，提高港口管理水平和服务效率，提升内河高等级航道运行状态在线监测能力。发展新一代空管系统，加强航空公司运行控制体系建设。推广应用城市轨道交通自主化全自动运行系统、基于无线通信的列车控制系统等，促进不同线路和设备之间相互联通。优化城市交通需求管理，提升城市交通智能化管理水平。

提升装备和载运工具智能化自动化水平。拓展铁路计算机联锁、编组站系统自动化应用，推进全自动集装箱码头系统建设，有序发展无人机自动物流配送。示范推广车路协同技术，推广应用智能车载设备，推进全自动驾驶车辆研发，研究使用汽车电子标识。建设智能路侧设施，提供网络接入、行驶引导和安全告警等服务。

（四）健全智能决策支持与监管。

完善交通决策支持系统。增强交通规划、投资、建设、价格等领域信息化综合支撑能力，建设综合交通运输统计信息资源共享平台。充分利用政府和企业的数据信息资源，挖掘分析人口迁徙、公众出行、枢纽客货流、车辆船舶行驶等特征和规律，加强对交通发展的决策支撑。

提高交通行政管理信息化水平。推动在线行政许可"一站式"服务，推进交通运输许可证件（书）数字化，促进跨区域、跨部门行政许可信息和服务监督信息互通共享。加强全国治超联网管理信息系统建设，加快推动交通运输行政执法电子化，推进非现场执法系统试点建设，实现异地交换共享和联防联控。加强交通运输信用信息、安全生产等信息系统与国家相关平台的对接。

（五）加强交通发展智能化建设。

打造泛在的交通运输物联网。推动运行监测设备与交通基础设施同步建设。强化全面覆盖交通网络基础设施风险状况、运行状态、移动装置走行情况、运行组织调度信息的数据采集系统，形成动态感知、全面覆盖、泛在互联的交通运输运行监控体系。

构建新一代交通信息基础网络。加快车联网、船联网等建设。在民航、高铁等载运工具及重要交通线路、客运枢纽站点提供高速无线接入互联网公共服务。建设铁路下一代移动通信系统，布局基于下一代互联网和专用短程通信的道路无线通信网。研究规划分配智能交通专用频谱。

推进云计算与大数据应用。增强国家交通运输物流公共信息平台服务功能。强化交通运输信息采集、挖掘和应用，促进交通各领域数据资源综合开发利用和跨部门共享共用。推动交通旅游服务等大数据应用示范。鼓励开展交通大数据产业化应用，推进交通运输电子政务云平台建设。

保障交通网络信息安全。构建行业网络安全信任体系，基本实现重要信息系统和关键基础设施的安全可控，提升抗毁性和容灾恢复能力。加强大数据环境下防攻击、防泄露、防窃取的网络安全监测预警和应急处置能力建设。加强交通运输数据保护，防止侵犯个人隐私和滥用用户信息等行为。

专栏 9　交通运输智能化发展重点工程

（一）高速铁路、民用航空器接入互联网工程。

选取示范高速铁路线路，提供基于车厢内公众移动通信和无线网的高速宽带互联网接入服务。选取示范国内民用航空器，提供空中接入互联网服务。

（二）交通运输数据资源共享开放工程。

建设综合交通运输大数据中心，形成数据开放共享平台。增强国家交通运输物流公共信息平台服务功能，着力推动跨运输方式、跨部门、跨区域、跨国界交通物流信息开放与共享。

（三）综合交通枢纽协同运行与服务示范工程。

在京津冀、长江经济带开展综合交通枢纽协同运行与服务示范，建设信息共享与服务平台、应急联动和协调指挥调度决策支持平台，实现城市公交与对外交通之间动态组织、灵活调度。

（四）新一代国家交通控制网示范工程。

选取公路路段和中心城市，在公交智能控制、营运车辆智能协同、安全辅助驾驶等领域开展示范工程，应用高精度定位、先进传感、移动互联、智能控制等技术，提升交通调度指挥、运输组织、运营管理、安全应急、车路协同等领域智能化水平。

（五）高速公路电子不停车收费系统（ETC）应用拓展工程。

提高全国高速公路 ETC 车道覆盖率。提高 ETC 系统安装、缴费等便利性，着重提升在道路客运车辆、出租汽车等各类营运车辆上的使用率。研究推进标准厢式货车不停车收费。提升客服网点和省级联网结算中心服务水平，建设高效结算体系。实现 ETC 系统在公路沿线、城市公交、出租汽车、停车、道路客运等领域广泛应用。

（六）北斗卫星导航系统推广工程。

加快推动北斗系统在通用航空、飞行运行监视、海上应急救援和机载导航等方面的应用。加强全天候、全天时、高精度的定位、导航、授时等服务对车联网、船联网以及自动驾驶等的基础支撑作用。鼓励汽车厂商前装北斗用户端产品，推动北斗模块成为车载导航设备和智能手机的标准配置，拓宽在列车运行控制、港口运营、车辆监管、船舶监管等方面的应用。

六、促进交通运输绿色发展

（一）推动节能低碳发展。

优化交通运输结构，鼓励发展铁路、水运和城市公共交通等运输方式，优化发展航空、公路等运输方式。科学划设公交专用道，完善城市步行和自行车等慢行服务系统，积极探索合乘、拼车等共享交通发展。鼓励淘汰老旧高能耗车船，提高运输工具和港站等节能环保技术水平。加快新能源汽车充电设施建设，推进新能源运输工具规模化应用。制定发布交通运输行业重点节能低碳技术和产品推广目录，健全监督考核机制。

（二）强化生态保护和污染防治。

将生态环保理念贯穿交通基础设施规划、建设、运营和养护全过程。积极倡导生态选线、环保设计，利用生态工程技术减少交通对自然保护区、风景名胜区、珍稀濒危野生动植物天然集中分布区等生态敏感区域的影响。严格落实生态保护和水土保持措施，鼓励开展生态修复。严格大城市机动车尾气排放限值标准，实施汽车检测与维护制度，探索建立重点区域交通运输温室气体与大气污染物排放协同联控机制。落实重点水域船舶排放控制区管理政策，加强近海以及长江、西江等水域船舶溢油风险防范和污染排放控制。有效防治公路、铁路沿线噪声、振动，减缓大型机场噪声影响。

（三）推进资源集约节约利用。

统筹规划布局线路和枢纽设施，集约利用土地、线位、桥位、岸线等资源，采取有效措施减少耕地和基本农田占用，提高资源利用效率。在工程建设中，鼓励标准化设计及工厂预制，综合利用废旧路面、疏浚土、钢轨、轮胎和沥青等材料以及无害化处理后的工业废料、建筑垃圾，循环利用交通生产生活污水，鼓励企业加入区域资源再生综合交易系统。

专栏 10　交通运输绿色化发展重点工程

（一）交通节能减排工程。
支持高速公路服务区充电桩、加气站，以及长江干线、西江干线、京杭运河沿岸加气站等配套设施规划与建设。推进原油、成品油码头油气回收治理，推进靠港船舶使用岸电。在京津冀、长三角、珠三角三大区域，开展船舶污染物排放治理，到2020年硫氧化物、氮氧化物、颗粒物年排放总量在2015年基础上分别下降65%、20%、30%。

（二）交通装备绿色化工程。
加快推进天然气等清洁运输装备、装卸设施以及纯电动、混合动力汽车应用，鼓励铁路推广使用交—直—交电力机车，逐步淘汰柴油发电车。加速淘汰一批长江等内河老旧客运、危险品运输船舶。

（三）交通资源节约工程。
提高土地和岸线利用效率，提升单位长度码头岸线设计通过能力。积极推广公路服务区和港口水资源综合循环利用。建设一批资源循环利用试点工程。

（四）交通生态环保工程。
建设一批港口、装卸站、船舶修造厂和船舶含油污水、生活污水、化学品洗舱水和垃圾等污染物的接收设施，并与城市公共转运处置设施衔接。在枢纽、高速公路服务区建设一批污水治理和循环利用设施

七、加强安全应急保障体系建设

（一）加强安全生产管理。

强化交通运输企业安全管理主体责任，推动企业依法依规设置安全生产管理机构，健全安全生产管理制度，加强安全生产标准化建设和风险管理。实施

从业人员安全素质提升工程,加强安全生产培训教育。重点围绕基础设施、装备设施、运输工具、生产作业等方面安全操作与管理,打造全寿命周期品质工程。强化对安全生产法律法规和安全常识的公益宣传引导,广泛传播交通安全价值观与理念。

(二)加快监管体系建设。

构建安全生产隐患排查治理和风险分级管控体系,加强重大风险源动态全过程控制,健全交通安全事故调查协调机制。完善集监测、监控和管理于一体的铁路网络智能安全监管平台和信息传输系统。完善国家公路网运行监测体系,实时监测东中部全部路段和西部重点路段的高速公路运行情况,全面实现重点营运车辆联网联控。完善近海和内河水上交通安全监管系统布局,加强远海动态巡航执法能力建设,加强"四类重点船舶"运行监测。提升民航飞机在线定位跟踪能力,建立通用航空联合监管机制,实现全过程、可追溯监管。加快城市公交安全管理体系建设,加强城市轨道交通运营安全监管和物流运行监测。实施邮政寄递渠道安全监管"绿盾"工程,实现货物来源可追溯、运输可追踪、责任可倒查。加快实现危险货物运输全链条协同监管,强化应对危险化学品运输中泄漏的应急处理能力,防范次生突发环境事件。

(三)推进应急体系建设。

加强交通运输部门与公安、安全监管、气象、海洋、国土资源、水利等部门的信息共享和协调联动,完善突发事件应急救援指挥系统。完善全国交通运输运行监测与应急指挥系统,加快建设省级和中心城市运行监测与应急指挥系统。加快建设铁路、公路和民航应急救援体系。完善沿海、长江干线救助打捞飞行基地和船舶基地布局,加强我国管辖海域应急搜救能力和航海保障建设。提升深海远洋搜寻和打捞能力,加强海外撤侨等国际应急救援合作。

专栏11 交通运输安全应急保障重点工程

(一)深海远海监管搜救工程。

研究启动星基船舶自动识别系统,配置中远程监管救助载人机和无人机,提升大型监管救助船舶远海搜救适航性能,推动深海远海分布式探测作业装备研发与应用。提升南海、东海等重点海域监管搜救能力。

(二)长江干线交通安全工程。

完善长江干线船舶交通管理系统、船舶自动识别系统和视频监控系统,强化长江海事巡航救助一体化船舶、公安巡逻船和消防船舶配置,建设大型起重船及辅助装备、库区深潜器等成套打捞系统。加强长江干线船舶溢油应急设备库建设。

(三)铁路安保工程。

加快建设国家铁路应急救援基地,加强高铁运行、监控、防灾预警等安全保障系统建设;加大道口平交改立交及栅栏封闭等安全防护设施建设力度。

(四)公路安全应急工程。

继续实施公路安全生命防护工程。持续开展农村公路隐患治理,加强农村公路隧道隐患整治,继续开展农村公路危桥改造。不断完善道路交通应急体系,提高应急保障能力。

续表

（五）航空安全工程。

建设民航安保体系，提高民航空防安全保障和反恐怖防范能力。加强适航审定能力建设，建设全国民航安全保卫信息综合应用平台。依托航空运输等企业加快构建民航应急运输和搜救力量。

（六）邮政寄递渠道安全监管"绿盾"工程。

建设行政执法、运行监测、安全预警、应急指挥、决策支持、公共服务等六类信息系统，完善国家邮政安全监控中心，建设省级和重点城市邮政安全监控中心。

八、拓展交通运输新领域新业态

（一）积极引导交通运输新消费。

促进通用航空与旅游、文娱等相关产业联动发展，扩大通用航空消费群体，强化与互联网、创意经济融合，拓展通用航空新业态。有序推进邮轮码头建设，拓展国际国内邮轮航线，发展近海内河游艇业务，促进邮轮游艇产业发展。大力发展自驾车、房车营地，配套建设生活服务功能区。鼓励企业发展城市定制公交、农村定制班车、网络预约出租汽车、汽车租赁等新型服务，稳妥推进众包服务，鼓励单位、个人停车位等资源错时共享使用。

（二）培育壮大交通运输新动能。

以高速铁路通道为依托，以高铁站区综合开发为载体，培育壮大高铁经济，引领支撑沿线城镇、产业、人口等合理布局，密切区域合作，优化资源配置，加速产业梯度转移和经济转型升级。基本建成上海国际航运中心，加快建设天津北方、大连东北亚、厦门东南国际航运中心，提升临港产业发展水平，延伸和拓展产业链。建设北京新机场、郑州航空港等临空经济区，聚集航空物流、快件快递、跨境电商、商务会展、科技创新、综合保障等产业，形成临空经济新兴增长极。

（三）打造交通物流融合新模式。

打通衔接一体的全链条交通物流体系，以互联网为纽带，构筑资源共享的交通物流平台，创新发展模式，实现资源高效利用，推动交通与物流一体化、集装化、网络化、社会化、智能化发展。推进"平台+"物流交易、供应链、跨境电商等合作模式，鼓励"互联网+城乡配送"、"物联网+供应链管理"等业态模式的创新发展。推进公路港等枢纽新业态发展，积极发展无车承运人等互联网平台型企业，整合公路货运资源，鼓励企业开发"卡车航班"等运输服务产品。

（四）推进交通空间综合开发利用。

依据城市总体规划和交通专项规划，鼓励交通基础设施与地上、地下、周边空间综合利用，融合交通与商业、商务、会展、休闲等功能。打造依托综合交通枢纽的城市综合体和产业综合区，推动高铁、地铁等轨道交通站场、停车设施与周边空间的联动开发。重点推进地下空间分层开发，拓展地下纵深空间，统筹城市轨道交通、地下道路等交通设施与城市地下综合管廊的规划布局，研究大城市地下快速路建设。

> **专栏12　交通运输新领域建设重点工程**
>
> （一）通用航空工程。
> 积极发展通用航空短途运输，鼓励有条件的地区发展公务航空。在适宜地区开展空中游览活动，发展飞行培训，提高飞行驾驶执照持有比例。利用会展、飞行赛事、航空文化交流等活动，支持通用航空俱乐部、通用航空爱好者协会等社团发展。规划建设一批航空飞行营地，完善航空运动配套服务，开展航空体育与体验飞行。
>
> （二）国家公路港网络建设工程。
> 以国际性、全国性综合交通枢纽为重点，建设与铁路货运站、港口、机场等有机衔接的综合型公路港；以区域性综合交通枢纽为重点，建设与主干运输通道快速连通的基地型公路港；以国家高速公路沿线城市为重点，形成一批与综合型和基地型公路港有效衔接、分布广泛的驿站型公路港。
>
> （三）邮轮游艇服务工程。
> 有序推进天津、大连、秦皇岛、青岛、上海、厦门、广州、深圳、北海、三亚、重庆、武汉等邮轮码头建设，在沿海沿江沿湖等地区发展公共旅游和私人游艇业务，完善运动船艇配套服务。
>
> （四）汽车营地建设工程。
> 依托重点生态旅游目的地、精品生态旅游线路和国家旅游风景道，规划建设一批服务自驾车、房车等停靠式和综合型汽车营地，利用环保节能材料和技术配套建设生活服务等功能区。
>
> （五）城市交通空间开发利用工程。
> 重点在国际性、全国性综合交通枢纽，以高速铁路客运站、城际铁路客运站、机场为主体，建设一批集交通、商业、商务、会展、文化、休闲于一体的开放式城市功能区。鼓励建设停车楼、地下停车场、机械式立体停车库等集约化停车设施，并按照一定比例配建充电设施。
>
> （六）步道自行车路网建设工程。
> 规划建设城市步行和自行车交通体系，逐步打造国家步道系统和自行车路网，重点建设一批山地户外营地、徒步骑行服务站

九、全面深化交通运输改革

（一）深化交通管理体制改革。

深入推进简政放权、放管结合、优化服务改革，最大程度取消和下放审批事项，加强规划引导，推动交通项目多评合一、统一评审，简化审批流程，缩短审批时间；研究探索交通运输监管政策和管理方式，加强诚信体系建设，完善信用考核标准，强化考核评价监督。完善"大交通"管理体制，推进交通运输综合行政执法改革，建设正规化、专业化、规范化、标准化的执法队伍。完善收费公路政策，逐步建立高速公路与普通公路统筹发展机制。全面推进空域管理体制改革，扎实推进空域规划、精细化改革试点和"低慢小"飞行管理改革、航线审批改革等重点工作，加快开放低空空域。加快油气管网运营体制改革，推动油气企业管网业务独立，组建国有资本控股、投资主体多元的油气管道公司和全国油气运输调度中心，实现网运分离。

（二）推进交通市场化改革。

加快建立统一开放、竞争有序的交通运输市场，营造良好营商环境。加快开放民航、铁路等行业的竞争性业务，健全准入与退出机制，促进运输资源跨方式、跨区域优化配置。健全交通运输价格机制，适时放开竞争性领域价格，逐步扩大由市场定价的范围。深化铁路企业和客货运输改革，建立健全法人治理结构，加快铁路

市场化运行机制建设。有序推进公路养护市场化进程。加快民航运输市场化进程，有序发展专业化货运公司。积极稳妥深化出租汽车行业改革，完善经营权管理制度。

（三）加快交通投融资改革。

建立健全中央与地方投资联动机制，优化政府投资安排方式。在试点示范的基础上，加快推动政府和社会资本合作（PPP）模式在交通运输领域的推广应用，鼓励通过特许经营、政府购买服务等方式参与交通项目建设、运营和维护。在风险可控的前提下，加大政策性、开发性等金融机构信贷资金支持力度，扩大直接融资规模，支持保险资金通过债权、股权等多种方式参与重大交通基础设施建设。积极利用亚洲基础设施投资银行、丝路基金等平台，推动互联互通交通项目建设。

十、强化政策支持保障

（一）加强规划组织实施。

各有关部门要按照职能分工，完善相关配套政策措施，做好交通军民融合工作，为本规划实施创造有利条件；做好本规划与国土空间开发、重大产业布局、生态环境建设、信息通信发展等规划的衔接，以及铁路、公路、水运、民航、油气管网、邮政等专项规划对本规划的衔接落实；加强部际合作和沟通配合，协调推进重大项目、重大工程，加强国防交通规划建设；加强规划实施事中事后监管和动态监测分析，适时开展中期评估、环境影响跟踪评估和建设项目后评估，根据规划落实情况及时动态调整。地方各级人民政府要紧密结合发展实际，细化落实本规划确定的主要目标和重点任务，各地综合交通运输体系规划要做好对本规划的衔接落实。

（二）加大政策支持力度。

健全公益性交通设施与运输服务政策支持体系，加强土地、投资、补贴等组合政策支撑保障。切实保障交通建设用地，在用地计划、供地方式等方面给予一定政策倾斜。加大中央投资对铁路、水运等绿色集约运输方式的支持力度。充分发挥各方积极性，用好用足铁路土地综合开发、铁路发展基金等既有支持政策，尽快形成铁路公益性运输财政补贴的制度性安排，积极改善铁路企业债务结构。统筹各类交通建设资金，重点支持交通扶贫脱贫攻坚。充分落实地方政府主体责任，采用中央与地方共建等方式推动综合交通枢纽一体化建设。

（三）完善法规标准体系。

研究修订铁路法、公路法、港口法、民用航空法、收费公路管理条例、道路运输条例等，推动制定快递条例，研究制定铁路运输条例等法规。加快制定完善先进适用的高速铁路、城际铁路、市域（郊）铁路、城市轨道交通、联程联运、综合性交通枢纽、交通信息化智能化等技术标准，强化各类标准衔接，加强标准、计量、质量监督，构建综合交通运输标准体系和统计体系。完善城市轨道交通装备标准规范体系，开展城市轨道交通装备认证。依托境外交通投资项目，带动装备、技术和服务等标准走出去。

（四）强化交通科技创新。

发挥重点科研平台、产学研联合创新平台作用，加大基础性、战略性、前沿性技术攻关力度，力争在特殊重大工程建设、交通通道能力和工程品质提升、安全风险防控与应急技术装备、综合运输智能管控和协同运行、交通大气污染防控等重大关键技术上取得突破。发挥企业的创新主体作用，鼓励企业以满足市场需求为导向开展技术、服务、组织和模式等各类创新，提高科技含量和技术水平，不断向产业链和价值链高端延伸。

（五）培育多元人才队伍。

加快综合交通运输人才队伍建设，培养急需的高层次、高技能人才，加强重点领域科技领军人才和优秀青年人才培养。加强人才使用与激励机制建设，提升行业教育培训的基础条件和软硬件环境。做好国外智力引进和国际组织人才培养推送工作，促进人才国际交流与合作。

附件：1. 重点任务分工方案

2. 综合运输大通道和综合交通枢纽示意图（略）

3. "十三五"铁路规划建设示意图（略）

4. "十三五"国家高速公路规划建设示意图（略）

5. "十三五"民用运输机场规划建设示意图（略）

6. "十三五"内河高等级航道规划建设示意图（略）

7. "十三五"原油、成品油、天然气管道规划建设示意图（略）

重点任务分工方案

序号	任务	责任单位
1	建设多向连通的综合运输通道	国家发展改革委、交通运输部牵头，国家铁路局、中国民航局、中国铁路总公司等按职责分工负责
2	构建高品质的快速交通网。推进高速铁路建设，完善高速公路网络，完善运输机场功能布局	国家发展改革委、交通运输部、国家铁路局、中国民航局、中国铁路总公司等按职责分工负责
3	强化高效率的普通干线网。完善普速铁路网，推进普通国道提质改造，完善水路运输网络，强化油气管网互联互通	交通运输部、国家发展改革委牵头，国家能源局、国家铁路局、中国民航局、中国铁路总公司等按职责分工负责
4	拓展广覆盖的基础服务网。合理引导普通省道发展，全面加快农村公路建设，积极推进支线铁路建设，加强内河支线航道建设，加快推进通用机场建设，完善港口集疏运网络	交通运输部、国家发展改革委牵头，国家铁路局、中国民航局、中国铁路总公司等按职责分工负责
5	打造"一带一路"互联互通开放通道。着力打造丝绸之路经济带国际运输走廊，加快推进21世纪海上丝绸之路国际通道建设，加强"一带一路"通道与港澳台地区的交通衔接	国家发展改革委牵头，交通运输部、外交部、商务部、国家铁路局、中国民航局、中国铁路总公司等按职责分工负责

续表

序 号	任 务	责 任 单 位
6	构建京津冀协同发展的一体化网络。打造"轨道上的京津冀",完善综合交通网络	国家发展改革委牵头,交通运输部、住房城乡建设部、国家铁路局、中国民航局、中国铁路总公司等按职责分工负责
7	建设长江经济带高质量综合立体交通走廊。打造长江黄金水道,构建立体交通走廊	国家发展改革委牵头,交通运输部、水利部、环境保护部、国家铁路局、中国民航局、中国铁路总公司等按职责分工负责
8	发挥交通扶贫脱贫攻坚基础支撑作用。强化贫困地区骨干通道建设,夯实贫困地区交通基础	交通运输部、国家发展改革委牵头,国务院扶贫办、国家铁路局、中国民航局、中国铁路总公司等按职责分工负责
9	发展引领新型城镇化的城际城市交通。推进城际交通发展,加强城市交通建设	国家发展改革委、交通运输部、住房城乡建设部牵头,国家铁路局、中国民航局、中国铁路总公司等按职责分工负责
10	优化综合交通枢纽布局。完善综合交通枢纽空间布局,提升综合客运枢纽站场一体化服务水平,促进货运枢纽站场集约化发展,促进枢纽站场之间有效衔接	交通运输部、国家发展改革委牵头,住房城乡建设部、国家铁路局、中国民航局、国家邮政局、中国铁路总公司等按职责分工负责
11	提升客运服务安全便捷水平。推进旅客联程运输发展,完善区域城际客运服务,发展多层次城市客运服务,推进城乡客运服务一体化	交通运输部牵头,国家发展改革委、国家铁路局、中国民航局、中国铁路总公司等按职责分工负责
12	促进货运服务集约高效发展。推进货物多式联运发展,统筹城乡配送协调发展,促进邮政快递业健康发展,推进专业物流发展	交通运输部牵头,国家发展改革委、商务部、质检总局、国家铁路局、中国民航局、国家邮政局、中国铁路总公司等按职责分工负责
13	增强国际化运输服务能力。完善国际运输服务网络,提高国际运输便利化水平,鼓励交通运输走出去	交通运输部牵头,国家发展改革委、商务部、海关总署、质检总局、国家铁路局、中国民航局、国家邮政局、中国铁路总公司等按职责分工负责
14	发展先进适用的技术装备。推进先进技术装备自主化,促进技术装备标准化发展	国家发展改革委、交通运输部、工业和信息化部牵头,科技部、公安部、质检总局、国家铁路局、中国民航局、国家邮政局、中国铁路总公司等按职责分工负责
15	促进交通产业智能化变革。实施"互联网+"行动计划,培育壮大智能交通产业	国家发展改革委、交通运输部牵头,工业和信息化部、科技部、国家铁路局、中国民航局、中国铁路总公司等按职责分工负责
16	推动智能化运输服务升级。推行信息服务"畅行中国",发展"一站式"、"一单制"运输组织	交通运输部、国家发展改革委牵头,工业和信息化部、国家铁路局、中国民航局、中国铁路总公司等按职责分工负责

续表

序号	任务	责任单位
17	优化交通运行和管理控制。建立高效运转的管理控制系统，提升装备和载运工具智能化自动化水平	交通运输部牵头，国家发展改革委、工业和信息化部、公安部、国家铁路局、中国民航局、中国铁路总公司等按职责分工负责
18	健全智能决策支持与监管。完善交通决策支持系统，提高交通行政管理信息化水平	交通运输部牵头，工业和信息化部、国家铁路局、中国民航局、中国铁路总公司等按职责分工负责
19	加强交通发展智能化建设。打造泛在的交通运输物联网，构建新一代交通信息基础网络，推进云计算与大数据应用，保障交通网络信息安全	国家发展改革委、交通运输部牵头，工业和信息化部、国家国防科工局、国家铁路局、中国民航局、中国铁路总公司等按职责分工负责
20	推动节能低碳发展。优化运输结构，推广应用节能低碳技术和产品	交通运输部、住房城乡建设部牵头，国家发展改革委、环境保护部、国家能源局、国家铁路局、中国民航局、中国铁路总公司等按职责分工负责
21	强化生态保护和污染防治。加强全过程全周期生态保护，强化大气、水、噪声污染防治	交通运输部牵头，国家发展改革委、环境保护部、国家铁路局、中国民航局、中国铁路总公司等按职责分工负责
22	推进资源集约节约利用。提高交通资源利用效率，加强资源综合循环利用	交通运输部牵头，工业和信息化部、环境保护部、国家铁路局、中国民航局、中国铁路总公司等按职责分工负责
23	加强交通运输安全生产管理	交通运输部牵头，公安部、安全监管总局、国家铁路局、中国民航局、中国铁路总公司等按职责分工负责
24	加快交通安全监管体系建设	交通运输部牵头，公安部、安全监管总局、国家铁路局、中国民航局、国家邮政局、中国铁路总公司等按职责分工负责
25	推进交通运输应急体系建设	交通运输部牵头，公安部、安全监管总局、国家铁路局、中国民航局、中国铁路总公司等按职责分工负责
26	积极引导交通运输新消费	国家发展改革委、交通运输部牵头，工业和信息化部、住房城乡建设部、国家旅游局、中国民航局、国家邮政局、中国铁路总公司等按职责分工负责
27	培育壮大交通运输新动能	国家发展改革委、交通运输部牵头，商务部、海关总署、国家旅游局、体育总局、中国铁路总公司等按职责分工负责
28	打造交通物流融合新模式	国家发展改革委、交通运输部牵头，商务部、工业和信息化部、海关总署、中国铁路总公司等按职责分工负责

续表

序号	任务	责任单位
29	推进交通空间综合开发利用	国家发展改革委、交通运输部、住房城乡建设部牵头，国土资源部等按职责分工负责
30	深化交通管理体制改革	国家发展改革委、交通运输部牵头，工商总局、国家铁路局、中国民航局、中国铁路总公司等按职责分工负责
31	推进交通市场化改革	国家发展改革委、交通运输部牵头，工商总局、国家铁路局、中国民航局、中国铁路总公司等按职责分工负责
32	加快交通投融资改革	国家发展改革委、财政部、交通运输部牵头，国土资源部、人民银行、银监会、证监会、保监会、国家铁路局、中国民航局、中国铁路总公司等按职责分工负责
33	完善法规体系	交通运输部牵头，国务院法制办、国家铁路局、中国民航局、国家邮政局、国家交通战备办公室、中国铁路总公司等按职责分工负责
34	强化标准支撑	质检总局、交通运输部牵头，工业和信息化部、科技部、住房城乡建设部、国家铁路局、中国民航局、国家邮政局、中国铁路总公司等按职责分工负责

A.2 国家物流枢纽布局和建设规划

物流枢纽是集中实现货物集散、存储、分拨、转运等多种功能的物流设施群和物流活动组织中心。国家物流枢纽是物流体系的核心基础设施，是辐射区域更广、集聚效应更强、服务功能更优、运行效率更高的综合性物流枢纽，在全国物流网络中发挥关键节点、重要平台和骨干枢纽的作用。为贯彻落实党中央、国务院关于加强物流等基础设施网络建设的决策部署，科学推进国家物流枢纽布局和建设，经国务院同意，制定本规划[1]。

一、规划背景

党的十八大以来，我国物流业实现较快发展，在国民经济中的基础性、战略性、先导性作用显著增强。物流专业设施和交通基础设施网络不断完善，特别是一些地区自发建设形成一批物流枢纽，在促进物流资源集聚、提高物流运行效率、支撑区

---

[1] 国家发展改革委，交通运输部. 关于印发《国家物流枢纽布局和建设规划》的通知（发改经贸〔2018〕1886号）[EB/OL]. http://www.gov.cn/xinwen/2018-12/25/content_5351874.htm,2018-12-25/2019-01-20.

域产业转型升级等方面发挥了重要作用，为建设国家物流枢纽网络奠定良好基础。

基础设施条件不断完善。截至 2017 年年底，我国铁路、公路营运总里程分别达到 12.7 万公里和 477.3 万公里，万吨级以上港口泊位 2366 个，民用运输机场 226 个，铁路专用线总里程约 1.8 万公里。全国营业性通用仓库面积超过 10 亿平方米，冷库库容约 1.2 亿立方米，运营、在建和规划的各类物流园区超过 1600 个。

运行组织效率持续提高。互联网、物联网、大数据、云计算等现代信息技术与物流业发展深度融合，无人机、无人仓、物流机器人、新能源汽车等智能化、绿色化设施设备在物流领域加快推广应用，物流枢纽运行效率显著提高，有力引导和支撑物流业规模化集约化发展，为加快物流转型升级和创新发展注入新的活力。

综合服务能力大幅提升。货物集散转运、仓储配送、装卸搬运、加工集拼等基础服务能力不断增强，与制造、商贸等产业融合发展趋势日益明显，物流要素加速向枢纽聚集，以平台整合、供应链融合为特征的新业态新模式加快发展，交易撮合、金融结算等增值服务功能不断拓展，物流枢纽的价值创造能力进一步增强。

经济支撑带动作用明显。国际陆港、中欧班列枢纽节点等快速发展，跨境电商、同城配送等物流新需求持续增长，物流枢纽的资源聚集效应和产业辐射效应不断显现，对经济增长的带动作用日益增强，有效支撑我国世界第二大经济体和第一大货物贸易国的地位。

但也要看到，与发达国家相比，我国物流枢纽发展还存在一定差距。一是系统规划不足，现有物流枢纽设施大多分散规划、自发建设，骨干组织作用发挥不足，物流枢纽间协同效应不明显，没有形成顺畅便捷的全国性网络。二是空间布局不完善，物流枢纽分布不均衡，西部地区明显滞后，部分地区还存在空白；一些物流枢纽与铁路、港口等交通基础设施以及产业集聚区距离较远，集疏运成本较高。三是资源整合不充分，部分物流枢纽存在同质化竞争、低水平重复建设问题，内部缺乏有效分工，集聚和配置资源要素的作用没有充分发挥。四是发展方式较为粗放，一些已建成物流枢纽经营方式落后、功能单一，无法开展多式联运；有的枢纽盲目扩大占地面积，物流基础设施投入不足，服务质量有待提高。

当前，我国经济已由高速增长阶段转向高质量发展阶段。加快国家物流枢纽网络布局和建设，有利于整合存量物流基础设施资源，更好发挥物流枢纽的规模经济效应，推动物流组织方式变革，提高物流整体运行效率和现代化水平；有利于补齐物流基础设施短板，扩大优质物流服务供给，打造低成本、高效率的全国性物流服务网络，提升实体经济活力和竞争力；有利于更好发挥干线物流通道效能，加快推进要素集聚、资源整合和城乡空间格局与产业布局重塑，促进区域协调发展，培育新的经济增长极；有利于深化国内国际物流体系联动协同，促进生产制造、国际贸易和国际物流深度融合，提高国际供应链整体竞争力，培育国际竞争新优势，加快推动我国产业向全球价值链中高端迈进。

二、总体要求

（一）指导思想。

以习近平新时代中国特色社会主义思想为指导，全面贯彻党的十九大和十九届二中、三中全会精神，牢固树立和贯彻落实新发展理念，按照高质量发展的要求，统筹推进"五位一体"总体布局和协调推进"四个全面"战略布局，坚持以供给侧结构性改革为主线，认真落实党中央、国务院决策部署，推动物流组织模式和行业管理体制机制创新，加快现代信息技术和先进设施设备应用，构建科学合理、功能完备、开放共享、智慧高效、绿色安全的国家物流枢纽网络，打造"通道+枢纽+网络"的物流运行体系，实现物流资源优化配置和物流活动系统化组织，进一步提升物流服务质量，降低全社会物流和交易成本，为优化国家经济空间布局和构建现代化经济体系提供有力支撑。

（二）基本原则。

市场主导、规划引领。遵循市场经济规律和现代物流发展规律，使市场在资源配置中起决定性作用和更好发挥政府作用，通过规划引领和指导，推动物流资源向有市场需求的枢纽进一步集聚，支持和引导具备条件的物流枢纽做大做强，在物流运行体系中发挥骨干作用。

集约整合、融合创新。坚持以存量设施整合提升为主、以增量设施补短板为辅，重点提高现有物流枢纽资源集约利用水平。依托国家物流枢纽加强物流与交通、制造、商贸等产业联动融合，培育行业发展新动能，探索枢纽经济新范式。

统筹兼顾、系统成网。统筹城市经济发展基础和增长潜力，兼顾东中西部地区协调发展，围绕产业发展、区域协调、公共服务、内联外通等需要，科学选址、合理布局、加强联动，加快构建国家物流枢纽网络。

协调衔接、开放共享。加强物流与交通基础设施衔接，提高不同运输方式间货物换装效率，推动信息互联互通、设施协调匹配、设备共享共用，增强国家物流枢纽多式联运功能，提高运行效率和一体化组织水平。

智慧高效、绿色发展。顺应现代物流业发展新趋势，加强现代信息技术和智能化、绿色化装备应用，推进货物运输结构调整，提高资源配置效率，降低能耗和排放水平，打造绿色智慧型国家物流枢纽。

（三）发展目标。

到 2020 年，通过优化整合、功能提升，布局建设 30 个左右辐射带动能力较强、现代化运作水平较高、互联衔接紧密的国家物流枢纽，促进区域内和跨区域物流活动组织化、规模化运行，培育形成一批资源整合能力强、运营模式先进的枢纽运营企业，初步建立符合我国国情的枢纽建设运行模式，形成国家物流枢纽网络基本框架。

到 2025 年，布局建设 150 个左右国家物流枢纽，枢纽间的分工协作和对接机制更加完善，社会物流运行效率大幅提高，基本形成以国家物流枢纽为核心的现代化物流运行体系，同时随着国家产业结构和空间布局的进一步优化，以及物流降本增效综合措施的持续发力，推动全社会物流总费用与 GDP 的比率下降至 12%左右。

——高效物流运行网络基本形成。以"干线运输+区域分拨"为主要特征的现代化多式联运网络基本建立，全国铁路货运周转量比重提升到 30%左右，500 公里以上长距离公路运量大幅减少，铁路集装箱运输比重和集装箱铁水联运比重大幅提高，航空货运周转量比重明显提升。

——物流枢纽组织效率大幅提升。多式联运、甩挂运输等先进运输组织方式广泛应用，各种运输方式衔接更加紧密，联运换装转运效率显著提高，集疏运体系更加完善，国家物流枢纽单元化、集装化运输比重超过 40%。

——物流综合服务能力显著增强。完善互联互通的枢纽信息网络，国家物流枢纽一体化运作、网络化经营、专业化服务能力进一步提高，与供应链、产业链、价值链深度融合，对实体经济的支撑和促进作用明显增强，枢纽经济效应充分显现。

到 2035 年，基本形成与现代化经济体系相适应的国家物流枢纽网络，实现与综合交通运输体系顺畅衔接、协同发展，物流规模化、组织化、网络化、智能化水平全面提升，铁路、水运等干线通道能力充分释放，运输结构更加合理。全社会物流总费用与 GDP 的比率继续显著下降，物流运行效率和效益达到国际先进水平。依托国家物流枢纽，形成一批具有国际影响的枢纽经济增长极，将国家物流枢纽打造成为产业转型升级、区域经济协调发展和国民经济竞争力提升的重要推动力量。

三、合理布局国家物流枢纽，优化基础设施供给结构

（一）国家物流枢纽的类型和功能定位。

国家物流枢纽分为陆港型、港口型、空港型、生产服务型、商贸服务型、陆上边境口岸型 6 种类型。

陆港型。依托铁路、公路等陆路交通运输大通道和场站（物流基地）等，衔接内陆地区干支线运输，主要为保障区域生产生活、优化产业布局、提升区域经济竞争力，提供畅通国内、联通国际的物流组织和区域分拨服务。

港口型。依托沿海、内河港口，对接国内国际航线和港口集疏运网络，实现水陆联运、水水中转有机衔接，主要为港口腹地及其辐射区域提供货物集散、国际中转、转口贸易、保税监管等物流服务和其他增值服务。

空港型。依托航空枢纽机场，主要为空港及其辐射区域提供快捷高效的国内国际航空直运、中转、集散等物流服务和铁空、公空等联运服务。

生产服务型。依托大型厂矿、制造业基地、产业集聚区、农业主产区等，主要为工业、农业生产提供原材料供应、中间产品和产成品储运、分销等一体化的现代供应链服务。

商贸服务型。依托商贸集聚区、大型专业市场、大城市消费市场等，主要为国

际国内和区域性商贸活动、城市大规模消费需求提供商品仓储、干支联运、分拨配送等物流服务，以及金融、结算、供应链管理等增值服务。

陆上边境口岸型。依托沿边陆路口岸，对接国内国际物流通道，主要为国际贸易活动提供一体化通关、便捷化过境运输、保税等综合性物流服务，为口岸区域产业、跨境电商等发展提供有力支撑。

（二）国家物流枢纽布局和规划建设要求。

国家物流枢纽基本布局。加强宏观层面的系统布局，依据区域经济总量、产业空间布局、基础设施联通度和人口分布等，统筹考虑国家重大战略实施、区域经济发展、产业结构优化升级等需要，结合"十纵十横"交通运输通道和国内物流大通道基本格局，选择127个具备一定基础条件的城市作为国家物流枢纽承载城市，规划建设212个国家物流枢纽，包括41个陆港型、30个港口型、23个空港型、47个生产服务型、55个商贸服务型和16个陆上边境口岸型国家物流枢纽。

专栏1　国家物流枢纽布局承载城市

1. 陆港型国家物流枢纽承载城市。包括石家庄、保定、太原、大同、临汾、呼和浩特、乌兰察布、沈阳、长春、哈尔滨、佳木斯、南京、徐州、杭州、合肥、南昌、鹰潭、济南、潍坊、郑州、安阳、武汉、长沙、衡阳、南宁、柳州、重庆、成都、遂宁、贵阳、遵义、昆明、拉萨、西安、延安、兰州、酒泉、格尔木、乌鲁木齐、哈密、库尔勒。

2. 港口型国家物流枢纽承载城市。包括天津、唐山、秦皇岛、沧州、大连、营口、上海、南京、苏州、南通、连云港、宁波－舟山、芜湖、安庆、福州、厦门、九江、青岛、日照、烟台、武汉、宜昌、岳阳、广州、深圳、湛江、钦州－北海－防城港、洋浦、重庆、泸州。

3. 空港型国家物流枢纽承载城市。包括北京、天津、哈尔滨、上海、南京、杭州、宁波、厦门、青岛、郑州、长沙、武汉－鄂州、广州、深圳、三亚、重庆、成都、贵阳、昆明、拉萨、西安、银川、乌鲁木齐。

4. 生产服务型国家物流枢纽承载城市。包括天津、石家庄、唐山、邯郸、太原、鄂尔多斯、包头、沈阳、大连、长春、哈尔滨、大庆、上海、南京、无锡、苏州、杭州、宁波、嘉兴、金华、合肥、蚌埠、福州、三明、南昌、青岛、郑州、洛阳、武汉、十堰、襄阳、长沙、郴州、广州、深圳、珠海、佛山、东莞、南宁、柳州、重庆、成都、攀枝花、贵阳、西安、宝鸡、石河子。

5. 商贸服务型国家物流枢纽承载城市。包括天津、石家庄、保定、太原、呼和浩特、赤峰、沈阳、大连、长春、吉林、哈尔滨、牡丹江、上海、南京、南通、杭州、温州、金华（义乌）、合肥、阜阳、福州、平潭、厦门、泉州、南昌、赣州、济南、青岛、临沂、郑州、洛阳、商丘、南阳、信阳、武汉、长沙、怀化、广州、深圳、汕头、南宁、桂林、海口、重庆、成都、达州、贵阳、昆明、大理、西安、兰州、西宁、银川、乌鲁木齐、喀什。

6. 陆上边境口岸型国家物流枢纽承载城市。包括呼伦贝尔（满洲里）、锡林郭勒（二连浩特）、丹东、延边（珲春）、黑河、牡丹江（绥芬河－东宁）、防城港（东兴）、崇左（凭祥）、德宏（瑞丽）、红河（河口）、西双版纳（磨憨）、日喀则（吉隆）、伊犁（霍尔果斯）、博尔塔拉（阿拉山口）、克孜勒苏（吐尔尕特）、喀什（红其拉甫）。

国家物流枢纽规划建设要求。一是区位条件良好。毗邻港口、机场、铁路场站等重要交通基础设施和产业聚集区，与城市中心的距离位于经济合理的物流半径内，并与城市群分工相匹配。二是空间布局集约。以连片集中布局为主，集中设置物流设施，集约利用土地资源。同一国家物流枢纽分散布局的互补功能设施原则上不超过2个。三是存量设施优先。以完善提升已建成物流设施的枢纽功能为主，必要情况下可结合区域经济发展需要适当整合、迁移或新建枢纽设施。四是开放性公共性强。具备提供公共物流服务、引导分散资源有序聚集、推动区域物流集约发展等功能，并在满足区域生产生活物流需求中发挥骨干作用。五是服务功能完善。具备干线运输、区域分拨等功能，以及多式联运转运设施设备和系统集成、互联兼容的公共信息平台等，可根据需要提供通关、保税等国际物流相关服务。六是统筹运营管理。由一家企业或多家企业联合主导国家物流枢纽建设、运营和管理，统筹调配物流服务资源，整合对接物流业务，实行统一的安全作业规范。七是区域协同联动。鼓励同一承载城市内不同类型的国家物流枢纽加强协同或合并建设，增强综合服务功能；支持京津冀、长三角、珠三角等地区的承载城市在城市群内部开展国家物流枢纽合作共建，实现优势互补。

国家物流枢纽培育发展要求。各承载城市要遵循市场规律，尊重市场选择，以市场自发形成的物流枢纽设施和运行体系为基础，对照上述要求，选择基础条件成熟、市场需求旺盛、发展潜力较大的物流枢纽进行重点培育，并可根据市场和产业布局变化情况以及交通基础设施发展情况等进行必要的调整。同时，通过规划引导和政策支持，加强公共服务产品供给，补齐设施短板，规范市场秩序，促进公平竞争。要加强国家物流枢纽与其他物流枢纽的分工协作和有效衔接，两者不排斥、不替代，通过国家物流枢纽的发展带动其他物流枢纽做大做强，打造以国家物流枢纽为骨干，以其他物流枢纽为补充，多层次、立体化、广覆盖的物流枢纽设施体系。

四、整合优化物流枢纽资源，提高物流组织效率

（一）培育协同高效的运营主体。

鼓励和支持具备条件的企业通过战略联盟、资本合作、设施联通、功能联合、平台对接、资源共享等市场化方式打造优势互补、业务协同、利益一致的合作共同体，推进国家物流枢纽设施建设和统筹运营管理，有序推动干线运输、区域分拨、多式联运、仓储服务、跨境物流、城市配送等物流服务资源集聚，引导物流服务企业集群发展，提升物流一体化组织效率。

（二）推动物流设施集约整合。

整合优化存量物流设施。优先利用现有物流园区特别是国家示范物流园区，以及货运场站、铁路物流基地等设施规划建设国家物流枢纽。鼓励通过统筹规划迁建等方式整合铁路专用线、专业化仓储、多式联运转运、区域分拨配送等物流设施及通关、保税等配套设施，推动物流枢纽资源空间集中；对迁建难度较大的分散区块设施，支持通过协同运作和功能匹配实现统一的枢纽功能。支持国家物流枢纽集中承接第三方物流、电子商务、邮政、快递等物流服务的区域分拨和仓储功能，减少物流设施无效低效供给，促进土地等资源集约利用，提升设施综合利用效率。

统筹补齐物流枢纽设施短板。加强物流枢纽设施薄弱地区特别是中西部地区物流软硬件设施建设，支持物流枢纽设施短板突出地区结合产业发展和城市功能定位等，按照适度超前原则高起点规划新建物流枢纽设施，推动国家物流枢纽网络空间结构进一步完善，带动区域经济发展。

（三）增强国家物流枢纽平台支撑能力。

加强综合信息服务平台建设。鼓励和支持国家物流枢纽依托现有资源建设综合信息服务平台，打破物流信息壁垒，推动枢纽内企业、供应链上下游企业信息共享，实现车辆、货物位置及状态等信息实时查询；加强交通、公安、海关、市场监管、气象、邮政等部门公共数据开放共享，为便利企业生产经营和完善物流信用环境提供支撑；加强物流服务安全监管和物流活动的跟踪监测，推动相关企业落实实名登记和信息留存等安全管理制度，实现货物来源可追溯、责任可倒查。依托国家交通运输物流公共信息平台等建立国家物流枢纽间综合信息互联互通机制，促进物流订单、储运业务、货物追踪、支付结算等信息集成共享、高效流动，提高物流供需匹配效率，加强干线运输、支线运输、城市配送的一体化衔接。完善数据交换、数据传输等标准，进一步提升不同枢纽信息系统的兼容性和开放性。

推动物流资源交易平台建设。依托具备条件的国家物流枢纽综合信息服务平台，建设物流资源要素交易平台，开展挂车等运输工具、集装箱、托盘等标准化器具及叉车、正面吊等装卸搬运设备的租赁交易，在制度设计和交易服务等方面加强探索创新，允许交易平台开展水运、航空货运、陆运等运力资源和仓储资源交易，提高各类物流资源的市场化配置效率和循环共用水平。

专栏2　国家物流枢纽资源整合工程

1. 国家物流枢纽建设运营主体培育工程。借鉴国外成熟经验，遵循市场化原则，创新物流枢纽经营管理模式，探索建立国家物流枢纽建设运营参与企业的利益协同机制，培育协同高效的运营主体，提高枢纽组织效率。

目标及完成时限：2020年年底前，争取培育10家左右国家物流枢纽建设运营标杆企业，形成可推广、可复制的枢纽建设运营经验。

2. 国家物流枢纽联盟工程。发挥行业协会等作用，支持和推动枢纽建设运营企业成立国家物流枢纽联盟。发挥骨干企业网络化经营优势，推动国家物流枢纽之间加强业务对接，积极推进要素流动、信息互联、标准协同等合作机制建设，加快推动形成国家物流枢纽网络。

目标及完成时限：2020年年底前，依托已投入运行的国家物流枢纽，成立国家物流枢纽联盟，在信息互联互通、标准规范对接等方面取得突破。2025年年底前，基本形成稳定完善的国家物流枢纽合作机制，力争将已建成的国家物流枢纽纳入联盟，形成顺畅衔接、高效运作的国家物流枢纽网络。

五、构建国家物流枢纽网络体系，提升物流运行质量

（一）建设国家物流枢纽干线网络体系。

构建国内物流干线通道网络。鼓励国家物流枢纽间协同开展规模化物流业务，建设高质量的干线物流通道网络。重点加快发展枢纽间的铁路干线运输，优化运输组织，构建便捷高效的铁路货运网络。鼓励陆港型、生产服务型枢纽推行大宗货物铁路中长期协议运输，面向腹地企业提供铁路货运班列、点到点货运列车、大宗货物直达列车等多样化铁路运输服务；支持陆港型、港口型、商贸服务型枢纽间开行

"钟摆式"铁路货运专线、快运班列，促进货物列车客车化开行，提高铁路运输的稳定性和准时性，优先鼓励依托全国性和区域性铁路物流中心培育发展陆港型枢纽；加密港口型枢纽间的沿海沿江班轮航线网络，提升长江中上游港口码头基础配套水平和货物集散能力；拓展空港型枢纽货运航线网络，扩大全货机服务覆盖范围。完善进出枢纽的配套道路设施建设，提高联运疏解效率。

提升国际物流网络化服务水平。提高国家物流枢纽通关和保税监管能力，支持枢纽结合自身货物流向拓展海运、空运、铁路国际运输线路，密切与全球重要物流枢纽、能源与原材料产地、制造业基地、贸易中心等的合作，为构建"全球采购、全球生产、全球销售"的国际物流服务网络提供支撑。促进国家物流枢纽与中欧班列融合发展，指导枢纽运营主体集中对接中欧班列干线运力资源，加强分散货源组织，提高枢纽国际货运规模化组织水平。充分发挥中欧班列国际铁路合作机制作用，强化国家物流枢纽与国外物流节点的战略合作和业务联系，加强中欧班列回程货源组织，进一步提高运行质量。发挥陆上边境口岸型枢纽的辐射作用，加强与"一带一路"沿线国家口岸相关设施的功能衔接、信息互联，加强单证规则、检验检疫、认证认可、通关报关、安全与应急等方面的国际合作，畅通陆路双向贸易大通道。

（二）依托国家物流枢纽加快多式联运发展。

加强干支衔接和组织协同。充分发挥国家物流枢纽的资源集聚和区域辐射作用，依托枢纽网络开发常态化、稳定化、品牌化的"一站式"多式联运服务产品。推动港口型枢纽统筹对接船期、港口装卸作业、堆存仓储安排和干线铁路运输计划。鼓励空港型枢纽开展陆空联运、铁空联运、空空中转，发展"卡车航班"，构建高价值商品的快捷物流服务网络。支持具备条件的国家物流枢纽建立"公共挂车池"，发展甩挂运输，试点开展滚装运输；支持建设多式联运场站和吊装、滚装、平移等快速换装转运设施，加快发展国内国际集装箱公铁联运和海铁联运。

创新标准形成和应用衔接机制。支持和引导国家物流枢纽采用已发布的快递、仓储、冷链、口岸查验等推荐性国家标准和行业标准，严格执行有关规划建设和安全作业标准。研究国家物流枢纽间多式联运转运、装卸场站等物流设施标准，完善货物装载要求、危险品界定等作业规范，加强物流票证单据、服务标准协调对接。充分发挥物流骨干企业作用，通过高频次、规模化、市场化的物流活动，推动多式联运服务、设施设备等标准进一步衔接，重点在水铁、公铁联运以及物流信息共享等领域，探索形成适应枢纽间多式联运发展的市场标准，为制定国家和行业有关标准提供依据。

推广多式联运"一单制"。研究在国家物流枢纽间推行集装箱多式联运电子化统一单证，加强单证信息交换共享，实现"一单制"物流全程可监测、可追溯。加强不同运输方式在货物交接、合同运单、信息共享、责任划分、保险理赔等方面的制度与规范衔接。鼓励企业围绕"一单制"物流创新业务模式，拓展统一单证的金融、贸易、信用等功能，扩大单证应用范围，强化与国际多式联运规则对接，推动"一单制"物流加快发展。

（三）打造高效专业的物流服务网络。

现代供应链。促进国家物流枢纽与区域内相关产业协同联动和深度融合发展，打造以国家物流枢纽为核心的现代供应链。鼓励和引导制造、商贸、物流、金融等企业，依托国家物流枢纽实现上下游各环节资源优化整合和高效组织协同，发展供应链库存管理、生产线物流等新模式，满足敏捷制造、准时生产等精益化生产需要；探索发展以个性化定制、柔性化生产、资源高度共享为特征的虚拟生产、云制造等现代供应链模式，提升全物流链条价值创造能力，实现综合竞争力跃升。

邮政快递物流。推动邮政和快递物流设施与新建国家物流枢纽同步规划、同步建设，完善提升已有物流枢纽的邮件快件分拨处理功能。推动快递专业类物流园区改扩建，积极承接国家物流枢纽功能。提升邮件快件分拨处理智能化、信息化、绿色化水平。鼓励发展航空快递、高铁快递、冷链快递、电商快递、跨境寄递，推动快递物流与供应链、产业链融合发展。支持建设国际邮件互换局（交换站）和国际快件监管中心。

电子商务物流。鼓励和支持国家物流枢纽增强电子商务物流服务功能，发挥干线与区域分拨网络作用，为电商提供覆盖更广、效率更高的专业物流服务，促进农村电子商务物流体系建设，推动农产品"上行"和工业品"下行"双向高效流通，提高电子商务物流服务的时效性、准确性。鼓励国家物流枢纽综合信息服务平台与电子商务物流信息平台对接，推动国家物流枢纽网络与电子商务网络信息互联互通，实现"双网"融合。增强国家物流枢纽在跨境电商通关、保税、结算等方面的功能，提高枢纽支撑电子商务物流一体化服务的能力。

冷链物流。引导冷链物流设施向国家物流枢纽集聚，促进冷链物流规模化发展。鼓励国家物流枢纽高起点建设冷链物流设施，重点发展流通型冷库、立体库等，提高冷链设施供给质量。鼓励企业依托国家物流枢纽建设面向城市消费的低温加工处理中心，开展冷链共同配送、"生鲜电商+冷链宅配"等新模式；大力发展铁路冷藏运输、冷藏集装箱多式联运。依托国家物流枢纽综合信息服务平台，加强全程温度记录和信息追溯，促进消费升级，保障食品质量安全。

大宗商品物流。鼓励粮食、棉花等大宗商品物流嵌入国家物流枢纽服务系统，通过供应链信息协同、集中存储、精细化生产组织等方式，加快资源产地、工业聚集区、贸易口岸的物流组织变革，推动大宗商品物流从以生产企业安排为主的传统模式向以枢纽为载体的集约模式转型，促进枢纽与相关生产企业仓储资源合理配置，进一步降低库存和存货资金占用。发展铁路散粮运输、棉花集装箱运输和能源、矿产品重载运输，推动运输结构调整。

驮背运输。依托国家物流枢纽在具备条件的地区选择适合线路发展驮背运输，充分发挥驮背运输安全可靠、节能环保、运输灵活等优势。加强国家物流枢纽网络的驮背运输组织体系建设，完善与既有铁路、公路运输体系的高效衔接，进一步推动公铁联运发展，促进货物运输"公转铁"。

航空物流。促进国家物流枢纽与机场等航空货运基础设施协同融合发展，加强设施联通和流程对接。依托国家物流枢纽创新航空货运产品体系和业务模式，为集成电路等高端制造业以及生鲜冷链等高附加值产业发展提供高效便捷的物流服务支撑，优化提升航空物流产业链，增强服务实体经济能力。

应急物流。发挥国家物流枢纽网络功能和干线转运能力优势，构建应对突发情况能力强、保障效率和可靠性高的应急物流服务网络。优化存量应急物资储备设施布局，完善枢纽综合信息平台应急功能，提升统一调度、信息共享和运行协调能力。研究制定枢纽应急物流预案，建立制度化的响应机制和协同机制，确保应急物流运行迅速、精准、顺畅。

（四）促进国家物流枢纽网络军民融合发展。

按照军民融合发展战略和国防建设有关要求，明确有关枢纽设施服务军事物流的建设内容和标准，支持军队后勤保障社会化。根据军事物流活动保密性、时效性、优先性等要求，拓宽军队使用地方运力、仓储设施、交通网络等物流资源的工作渠道，打通军地物流信息系统数据安全交换通道，建设物流信息资源军地共享平台，建立枢纽服务军事物流需求的运行机制，利用国家物流枢纽的干线调配能力和快速分拨网络服务军事物流需要。

专栏3　国家物流枢纽服务能力提升工程

1. 内陆集装箱体系建设工程。结合我国国情和物流业发展实际，研究推广尺寸和类型适宜的内陆集装箱，完善相关技术标准体系。加强载运工具、转运设施等与内陆集装箱标准间的衔接，在国家物流枢纽网络内积极开展内陆集装箱多式联运，形成可复制的模式后逐步推广。

目标及完成时限：2020年年底前，在部分国家物流枢纽间试点建立"钟摆式"内陆集装箱联运体系。

2. 枢纽多式联运建设工程。加快国家物流枢纽集疏运铁路、公路和多式联运转运设施建设，建立规模化、专业化的集疏运分拨配送体系。研究制定满足多式联运要求的快速中转作业流程和服务规范。依托统一单证探索开展"一单制"物流。

目标及完成时限：2020年年底前，在已投入运行的国家物流枢纽间初步建立多式联运体系，标准化联运设施设备得到推广应用，多式联运相关的服务规范和运行规则建设取得积极进展。2025年年底前，多式联运体系基本建成，先进的标准化联运设施设备得到大规模应用，多式联运相关的服务规范和运行规则基本形成，"一单制"物流加快发展。

3. 枢纽铁路专用线工程。支持国家物流枢纽新建或改扩建铁路专用线，简化铁路专用线建设审批程序，建立专用线共建共用机制，提高国家物流枢纽内铁路专用线密度，加强装卸railway等联运换装配套设施建设。重点推进港口型枢纽建设连接码头堆场、铁路干线的专用线，鼓励有需要、有条件的铁路专用线向码头前沿延伸。鼓励具备条件的空港型枢纽加强铁路专用线建设。

目标及完成时限：结合国家物流枢纽建设持续推进，除空港型、部分陆上边境口岸型外，已投入运行的国家物流枢纽均具备铁路专用线，实现与铁路运输干线以及港口等交通基础设施有效连接。

4. 枢纽国际物流功能提升工程。支持基础条件好的国家物流枢纽扩大国际物流业务，建设全球转运中心、分拨中心，拓展全球交易中心、结算中心功能，积极推进中国标准"走出去"并与国际标准对接，提高在世界物流和贸易网络中的影响力。

目标及完成时限：2020年年底前，建设5~10个具有较强国际竞争力的国家物流枢纽，健全通达全球主要经济体的国际物流服务网络，辐射带动更多枢纽提升国际物流功能。

5. 标准化装载器具推广应用工程。重点加强集装箱、集装袋、周转箱等载运工具和托盘（1200mm×1000mm）、包装基础模数（600mm×400mm）在国家物流枢纽推广应用，促进不同物流环节、不同枢纽间的设施设备标准衔接，提高标准化装载器具循环共用水平。

目标及完成时限：到2020年，已投入运行的国家物流枢纽中标准托盘、集装箱、集装袋、周转箱等标准化装载器具得到广泛应用，基本建立标准化装载器具循环共用体系

六、推动国家物流枢纽全面创新，培育物流发展新动能

（一）加强新技术、新装备创新应用。

促进现代信息技术与国家物流枢纽运营管理深度融合，提高在线调度、全流程监测和货物追溯能力。鼓励有条件的国家物流枢纽建设全自动化码头、"无人场站"、智能化仓储等现代物流设施。推广电子化单证，加强自动化控制、决策支持等管理技术以及场内无人驾驶智能卡车、自动导引车、智能穿梭车、智能机器人、无人机等装备在国家物流枢纽内的应用，提升运输、仓储、装卸搬运、分拣、配送等作业效率和管理水平。鼓励发展智能化的多式联运场站、短驳及转运设施，提高铁路和其他运输方式换装效率。加强物流包装物在枢纽间的循环共用和回收利用，推广使用可循环、可折叠、可降解的新型物流设备和材料，鼓励使用新能源汽车等绿色载运工具和装卸机械，配套建设集中式充电站或充电桩，支持节能环保型仓储设施建设，降低能耗和排放水平。

（二）发展物流新业态新模式。

高效响应物流市场新需求。适应产业转型、内需扩大、消费升级带来的物流需求变化，加强国家物流枢纽与腹地生产、流通、贸易等大型企业的无缝对接，提高市场感知能力和响应力。发展集中仓储、共同配送、仓配一体等消费物流新模式，构建以国家物流枢纽为重要支撑的快速送达生活物流圈，满足城乡居民小批量、多批次、个性化、高品质生活物流需求。引导国家物流枢纽系统对接国际物流网络和全球供应链体系，支持中欧班列、跨境电商发展。鼓励大型物流企业依托国家物流枢纽开展工程设备、大宗原材料的国际工程物流服务。

鼓励物流枢纽服务创新。建立国家物流枢纽共享业务模式，通过设施共建、产权共有、利益协同等方式，引导企业根据物流需求变化合理配置仓储、运力等资源。加强基础性、公共性、联运型物流设施建设，强化物流枢纽社会化服务功能，提高设施设备共享共用水平。发展枢纽平台业务模式，将枢纽内分散的物流业务资源向枢纽平台整合，以平台为窗口加强业务资源协作，统一对接上游产业物流需求和下游物流服务供给。拓展枢纽供应链业务模式，发挥国家物流枢纽在区域物流活动中的核心作用，创新枢纽的产业服务功能，依托国家物流枢纽深化产业上下游、区域经济活动的专业化分工合作，推动枢纽向供应链组织中心转变。

（三）打造特色鲜明的枢纽经济。

引导地方统筹城市空间布局和产业发展，充分发挥国家物流枢纽辐射广、成本低、效率高的优势，带动区域农业、制造、商贸等产业集聚发展，打造形成各种要素大聚集、大流通、大交易的枢纽经济，不断提升枢纽的综合竞争优势和规模经济效应。依托陆港型枢纽，加快推进与周边地区要素禀赋相适应的产业规模化发展。

依托港口型枢纽，优先推进临港工业、国际贸易、大宗商品交易等产业联动发展。依托空港型枢纽，积极推进高端国际贸易、制造、快递等产业提质升级。依托生产服务型枢纽，着力推进传统制造业供应链组织优化升级，培育现代制造业体系。依托商贸服务型枢纽，重点推进传统商贸向平台化、网络化转型，带动关联产业集群发展壮大。依托陆上边境口岸型枢纽，推进跨境电商、进出口加工等产业聚集发展，打造口岸产业集群。

专栏 4　国家物流枢纽创新驱动工程

---

1. 枢纽经济培育工程。发挥国家物流枢纽要素聚集和辐射带动优势，推进东部地区加快要素有机融合与创新发展，提高经济发展效益和产业竞争力，培育一批支撑产业升级和高质量发展的枢纽经济增长极；推进中西部地区加快经济要素聚集，促进产业规模化发展，培育一批带动区域经济增长的枢纽经济区。

目标及完成时限：2025 年年底前，依托国家物流枢纽及相关产业要素资源，推动 20 个左右承载城市发展各具特色的枢纽经济，探索形成不同区域、不同类型国家物流枢纽支撑和带动经济发展的成熟经验。

2. 枢纽业务模式创新培育工程。支持和引导国家物流枢纽开展物流线上线下融合、共同配送、云仓储、众包物流等共享业务。在平台开展物流对接业务的基础上，进一步拓展交易担保、融资租赁、质押监管、信息咨询、金融保险、信用评价等增值服务，搭建物流业务综合平台。结合枢纽供应链组织中心建设，提高枢纽协同制造、精益物流、产品追溯等服务水平，有序发展供应链金融，鼓励开展市场预测、价格分析、风险预警等信息服务。

目标及完成时限：2025 年年底前，建设 30 个左右体现共享型、平台型、供应链组织型特色的国家物流枢纽。

3. 智能快递公共枢纽建设工程。依托国家物流枢纽，建设一批信息化、标准化、智能化、绿色化特征显著，设施配套、运行高效、开放共享的国际和国内快递公共枢纽，推进快递与上下游行业信息联通、货物畅通、资金融通，促进快运转效率进一步提升。

目标及完成时限：2025 年年底前，基于国家物流枢纽的快递高效服务网络基本建立，联结并辐射国际重要节点城市，实现物品安全便捷寄递。

七、加强政策支持保障，营造良好发展环境

（一）建立完善枢纽建设协调推进和动态调整机制。

充分发挥全国现代物流工作部际联席会议作用，建立国家物流枢纽培育和发展工作协调机制，统筹推进全国物流枢纽布局和规划建设工作。在符合国土空间规划的基础上加强与综合交通运输规划等的衔接。研究制定国家物流枢纽网络建设实施方案，有序推动国家物流枢纽建设。建立国家物流枢纽定期评估和动态调整机制，在规划实施过程中，对由市场自发建设形成且对完善国家和区域物流网络具有重要意义的枢纽和所在城市及时调整纳入规划范围，享受相关政策；对枢纽长期达不到建设要求或无法有效推进枢纽实施的承载城市要及时调出。有关地方要加强部门间的协调，扎实推进相关工作，形成工作合力和政策协同。

（二）优化枢纽培育和发展环境。

持续深化物流领域"放管服"改革，打破阻碍货畅其流的制度藩篱，支持国家物流枢纽的运营企业通过技术创新、模式创新、管理创新等方式提升运营水平，为

入驻企业提供优质服务。规范枢纽内物流服务企业的经营行为,严格执行明码标价有关规定,坚决消除乱收费、乱设卡等推高物流费用的"痼疾"。适当下浮枢纽间铁路干线运输收费,适当提高中西部地区铁路运输收费下浮比例。研究内陆地区国家物流枢纽实施陆港启运港退税的可行性。鼓励地方政府在国家物流枢纽统筹设立办事服务机构,支持交通、公安、市场监管、税务、邮政等部门进驻枢纽并开展联合办公。在全国信用信息共享平台和国家企业信用信息公示系统中,完善枢纽物流服务企业信用信息,增强企业信用信息记录和查询服务功能,落实企业失信联合惩戒制度,为国家物流枢纽发展提供良好信用环境。

(三)完善规划和用地支持政策。

对国家物流枢纽范围内的物流仓储、铁路站场、铁路专用线和集疏运铁路、公路等新增建设用地项目,经国务院及有关部门审批、核准、备案的,允许使用预留国家计划;地方相关部门审批、核准、备案的,由各省(区、市)计划重点保障。鼓励通过"先租后让""租让结合"等多种方式供应土地。对因建设国家物流枢纽需调整有关规划的,要积极予以支持。利用国家物流枢纽中的铁路划拨用地用于物流相关设施建设,从事长期租赁等物流经营活动的,可在五年内实行继续按原用途和土地权利类型使用土地的过渡期政策,期满及涉及转让需办理相关用地手续的,可按新用途、新权利类型和市场价格以协议方式办理。加强国家物流枢纽空间布局与城市功能提升的衔接,确保枢纽用地规模、土地性质和空间位置长期稳定。研究制定合理的枢纽容积率下限,提高土地资源利用效率。

(四)加大投资和金融支持力度。

中央和地方财政资金利用现有渠道积极支持枢纽相关设施建设。研究设立国家物流枢纽中央预算内投资专项,重点支持国家物流枢纽铁路专用线、多式联运转运设施、公共信息平台、军民合用物流设施以及内部道路等公益性较强的基础设施建设,适当提高中西部地区枢纽资金支持比例。中央财政投资支持的国家物流枢纽项目需签订承诺书,如改变项目土地的物流用途等,须连本带息退还中央财政资金。引导商业金融机构在风险可控、商业可持续条件下,积极支持国家物流枢纽设施建设。支持符合条件的国家物流枢纽运营主体通过发行公司债券、非金融企业债务融资工具、企业债券和上市等多种方式拓宽融资渠道。按照市场化运作原则,支持大型物流企业或金融机构等设立物流产业发展投资基金,鼓励包括民企、外企在内的各类社会资本共同参与国家物流枢纽规划建设和运营。

(五)加强规划组织实施。

各地区、各部门要按照职责分工,完善细化相关配套政策措施,认真落实规划各项工作任务。各省级发展改革部门要会同交通运输等部门,根据本规划和相关工作方案要求,指导承载城市结合城市总体规划和本地区实际编制具体方案,并对照有关要求和重点任务，积极推进枢纽规划建设。已编制物流业发展规划的城市，应结合国家物流枢纽布局，对原有规划进行调整修编；尚未编制物流业发展规划的城市，按照本规划要求结合实际尽快统筹编制相关规划。国家物流枢纽运营主体要完善统计制度，加强数据收集和分析，定期报送相关运营情况。国家发展改革委、交通运输部要会同有关部门加强统筹协调和工作指导，及时协调解决规划实施中存在的问题，重大问题及时向国务院报告。

反侵权盗版声明

电子工业出版社依法对本作品享有专有出版权。任何未经权利人书面许可，复制、销售或通过信息网络传播本作品的行为，歪曲、篡改、剽窃本作品的行为，均违反《中华人民共和国著作权法》，其行为人应承担相应的民事责任和行政责任，构成犯罪的，将被依法追究刑事责任。

为了维护市场秩序，保护权利人的合法权益，我社将依法查处和打击侵权盗版的单位和个人。欢迎社会各界人士积极举报侵权盗版行为，本社将奖励举报有功人员，并保证举报人的信息不被泄露。

举报电话：（010）88254396；（010）88258888
传　　真：（010）88254397
E-mail： dbqq@phei.com.cn
通信地址：北京市海淀区万寿路173信箱
　　　　　电子工业出版社总编办公室
邮　　编：100036